지식인마을32
푸코 & 하버마스
광기의 시대,
소통의 이성

지식인마을 32 광기의 시대, 소통의 이성
푸코 & 하버마스

저자_ 하상복

1판 1쇄 발행_ 2009. 6. 22.
1판 10쇄 발행_ 2023. 7. 1.

발행처_ 김영사
발행인_ 고세규

등록번호_ 제406-2003-036호
등록일자_ 1979. 5. 17.

경기도 파주시 문발로 197(문발동) 우편번호 10881
마케팅부 031)955-3100, 편집부 031)955-3200, 팩스 031)955-3111

저작권자 ⓒ 2009 하상복
이 책의 저작권은 저자에게 있습니다. 서면에 의한 저자와 출판사의
허락 없이 내용의 일부를 인용하거나 발췌하는 것을 금합니다.

Copyright ⓒ 2009 by Ha Sang bok
All rights reserved including the rights of reproduction in whole
or in part in any form. Printed in KOREA.

값은 표지에 있습니다.
ISBN 978-89-349-3488-2 04100
     978-89-349-2136-3 (세트)

홈페이지_ www.gimmyoung.com   블로그_ blog.naver.com/gybook
인스타그램_ instagram.com/gimmyoung   이메일_ bestbook@gimmyoung.com

좋은 독자가 좋은 책을 만듭니다.
김영사는 독자 여러분의 의견에 항상 귀 기울이고 있습니다.

지식인마을 32

푸코 & 하버마스
Michel Foucault & Jürgen Habermas

하상복 지음

김영사

Prologue1 지식여행을 떠나며

근대성과 이성, 비판적으로 바라보기

근대성近代性, modernity은 하나의 역사적 시대로서의 근대를 특징짓는 속성들의 집합적 원리를 뜻한다. 이렇게 보자면 근대성에 대한 이해는 근대라는 시기에 대한 인식을 필요로 한다. 서구의 역사적 시기 구분을 따라 근세近世 이후에 위치하는 근대는 대략 18세기 중반부터 서유럽에서 출현하기 시작한 사회 유형을 통칭하는 개념이다. 하지만 근대는 그러한 역사적 차원에 국한되는 것은 아니다. 서구의 근대를 특징짓는 여러 요인들이 19세기 후반을 기점으로 서구를 넘어 다른 대륙으로 확산되면서 일반적 의미를 획득함에 따라 근대는 전통과 대비되는 개념으로서 철학적이고 정치·사회학적인 위상을 갖게 되었기 때문이다.

먼저 역사적 개념으로서의 근대에 접근해보자. 18세기 중반 서유럽에서는 어떠한 유형의 사회가 등장하기 시작했을까? 또한 그 사회는 어떠한 특성들로 구축되었을까? 그 사회는 몇 가지 차원에서 앞서 존재했던 사회들, 특히 근세와는 근본적으로 상이한 모습을 보였다. 첫째, 정치적 차원에서 볼 때 근대 사회는 국민국가nation-state와 민주주의라는 새로운 제도와 이념을 바탕으로 하고 있었다. 이 두 개념은 근세 사회가 기초하고 있던 군주제 국가의 원리에 근본적으로 대립하는 것이다. 군주제 국가에서 국가의 최고 결정 권한을 의미하는 주권sovereignty은 군주라는 특정한 인물에게 귀속되어 있었다. 그 밖의 다른 구성원들은 정치적 주체인 군주에 대비되어 정치적 객체로서 신민臣民, subject으로만 존재하고 있었다. 이렇게 보자면 그 속에서 다수의 지배를 의미하는 민주주의가 작동할 가능성은 전혀 없어 보인다. 이러한 군주주권론은 18세기 중반에 그 모습을 드러내기 시작한 새로운 사회의 정치적 이념에 의해 부정되었다. 새로운 사회는 군주주권론에 맞서 주권이 국민에게 귀속된다는 국민주권론을 주창했다. 이제 그 사회는 국민^{nation}으로 불리는 다수의 인민이 국가의 정치적 주체로 활동하는 국민국가를 수립하면서 다수의 국민에 의해 지배되는 민주주의를 구현해냈다. 둘째, 서유럽에서 등장하기 시작한 새로운 사회는 과거와는 전혀 다른 경제 체제를 근간으로 하고 있었다. 그 체제는 토지와 신분제적 노동력에 기초한 농업 경제와는 달리 자본과 자유로운 노동력을 기반으로 하는 산업자본주의 경제였다. 18세기 중반 영국에서 시작된 산업혁명으로 실현된 산업자본주의 경제는 적어도 두 측면, 즉 미증유의 생산력 증대와 신분제적 질서로부터 노동력의 해방이라는 관점에서 대단히 혁명적인 것이었다. 셋째, 산업자본주의 경제가 확산되면서 18세기 중반 이후 서유럽 사회는 전례 없는 사회적 변화가 일어났다. 농촌 중심의 촌락 공동체가 약화되고 산업 활동에 조응하는 도시 중심의 생활 체계가 수립되었다. 도시화로 불리는 생활 양식은 사람들의 공간 이동성 증대와 맞물려 있으므로 그것은 필연적으로 교통 체계의 혁신을 가져왔을 뿐 아니라 전통, 혈연, 친족 등 집단주의적 규범의 지배적 위상이 개인주의적 규범으로 대체되는 결과를 만들어냈다.

　서유럽의 근대 사회는 이러한 정치, 경제, 사회적 변화 속에서 수립되었다. 앞의 설명에 비춰 볼 때 근대 사회의 형성에 기여한 일련의 변화는 가히 혁명에 버금가는 것들이었다. 다수의 피치자가 국가 주권자라는 민주주의 이념과 자유로운 노동력, 혁명적인 생산력 증대, 무한한 이동성, 전통적 공동체의 해체, 개인의 발견 등은 사실상 그 이전의 어떤 시대에서도 감히 꿈꿀 수 없었던 관념과 현상이 아닌가! 그러한 엄청난 사회적 변화들을 통해 이룩된 사회였기에 근대 사회는 필연코 당대 지식인의 학문적 성찰의 대상이 될 수밖에 없었다. 콩트를 필두로 마르크스, 베버, 뒤르켐, 지멜, 퇴니에스 등 이른바 고전 사회학자들의 본질적인 문제의식은 공히 근대 사회에 대한 비판적 이해에 관한 것이었다. 그들의 연구 영역은 각각 근대 경제 체계, 행정 체계, 문화 체계, 일상생활, 친족관계 등으로 상이했지만 그럼에도 불구하고 그들 모두는 근대 사회의 전체적 원리로서 근대성에 천착한 연구자로 불릴 수 있을 것이다.

  서유럽의 근대 사회는 19세기 후반에 접어들어 새로운 국면을 향해 나아갔다. 제국주의를 통해 근대의 원리가 서유럽 밖으로 확장되기 시작한 것이다. 근대의 막대한 경제력을 기초로 한 제국주의는 근본적으로 유럽적 근대성이 보편적인 의미와 가치를 갖는다는 신념을 내재하고 있었다. 그러한 믿음 앞에서 비서구 대륙의 고유한 제도와 가치들은 '전근대적' 또는 '반근대적'이란 딱지가 붙여져 무가치한 것으로 여겨졌다. 제국주의는 비서구의 전통성을 해체하고 그 자리에 서유럽의 근대성을 이식하고자 했다. 전통성과 특수성을 서유럽의 근대성으로 대체하는 것이 비서구 국가들이 지향해야 할 역사적 발전의 길로 받아들여지기 시작했다. 하지만 20세기 중반 이후 비서구 제국들의 역사는 과연 서유럽의 근대성이 보편적인 사회 발전의 원리가 될 수 있는가에 대한 심각한 고민을 낳게 했다. 왜냐하면 비서구 국가들의 현대사는 서유럽 근대 사회가 이룩한 결과물들을 결코 재현할 수 없었기 때문이다. 이로써 서유럽의 근대성에 대한 비판적 문제의식이 다시 등장하기 시작했다. 1950~1960년대에 촉발된, 유럽 최후의 식민 전쟁인 알제리 전쟁과 새로운 형태의 제국주의 전쟁인 베트남 전쟁이 서유럽의 근대성에 대한 비판적 문제의식에 도화선이 되었다. 19세기의 고전 사회학자들이 이끈 근대성에 대한 사회학적 반성의 흐름이 20세기 중반을 지나면서 새로운 모습으로 등장하기 시작한 것이다.

1960년대 중반부터 서구의 인문학자와 사회과학자들은 근대성의 본질에 대한, 그리고 근대성이 만들어낸 사회적 결과에 대한 규범적 논의를 광범위하게 전개해나갔다. 하지만 그 문제에 대한 답은 대단히 모순적이고 대립적인 것이었다. 일군의 연구자들은 근대성을 보편을 가장한 일방주의적인 폭력으로 이해하면서 그것의 무용성과 폐기를 주장한 반면, 다른 연구자들은 근대성에 내재한 보편적 원리를 부각시키면서 그것의 사수를 강조했다.

자, 어느 쪽이 옳은가? 서유럽의 근대성은 인권, 인간 존엄, 자유, 평등, 우애, 관용 등 인류의 보편적인 가치들을 발명해내지 않았는가? 인류는 그러한 가치에 힘입어 인간다운 삶과 권리를 향유할 수 있게 된 것이 아닐까? 전 세계의 모든 사회적 차별, 갈등, 폭력에 대한 규탄 역시 바로 그 가치에 근거한 것이 아닌가? 그렇다면 서유럽의 근대성을 인류 발전의 추동력이라고 말해야 하지 않을까? 하지만 서유럽의 근대성은 자신의 가치와 이념을 보편화시킨다는 명목으로 수많은 갈등과 폭력을 초래하지 않았던가? 20세기 초중반 두 차례의 대전은 서유럽의 근대성에 내재되어 있는 폭력성의 발현이 아닐까? 서구의 식민주의 또한 폭력성의 또 다른 모습이 아닐까? 이러한 문제 제기들을 가능케 하는 서유럽의 근대성에 대한 논쟁은 궁극적으로 근대성을 정초定礎한 정신성인 '이성'과, 이성의 발현으로서 '합리성'에 대한 논쟁으로 나아갔다.

이 책에서 다루게 될 두 연구자인 푸코와 하버마스의 사상 역시 이러한 문제의식에 깊이 뿌리내리고 있다. 두 사람 모두 근대성을 필생의 연구 대상으로 설정했지만 연구의 결과는 정반대의 모습으로 나타났다. 푸코가 근대성의 일방적이고 폭력적인 속성에 주목하고 있다면 하버마스는 근대성의 보편적이고 긍정적인 힘을 역설하고 있다. 1960년대 근대성에 대한 대논쟁의 중심에 섰던 이 두 사람에게는 서유럽의 근대성을 관통하는 핵심적 원리로서의 이성에 대한 상이하고 대립적인 인식론이 자리하고 있다. 그렇다면 이성이란 무엇인가? 그것은 서유럽의 근대성과 어떠한 관련을 맺는가? 푸코와 하버마스는 각각 어떠한 방식으로 이성을 이해하고 있는가? 하나의 개념인 이성이 이중의 대립적 의미로 해석되는 이유는 어디에 있는가? 이 책은 이러한 문제들에 대한 답을 찾아가고자 한다.

난해한 철학적 개념과 구조로 축조된 푸코와 하버마스의 사회사상을 비교적 쉽게 전달하겠다는 애초의 포부와는 달리, 글을 써나가면서 때때로 미궁 속을 헤매기도 했음을 고백하지 않을 수 없다. 가능하면 쉽게 풀어 쓰고자 노력했으나 본문 곳곳에 잘 이해되지 않는 용어와 문장이 있다면 그건 전적으로 나의 책임이다. 독자들의 이해와 질책을 바란다.

작업에 필요한 자료들을 찾아주고 독일어 해석을 해주신 목포대학교 정치언론홍보학과의 김영태 교수님께 이 자리를 빌려 감사를 표하고 싶다. 여러 일로 바쁜 와중에도 꼼꼼한 교정을 해준 나양은 언제나 나의 든든한 학문적 조력자다. 그저 고마울 뿐이다. 이제 마음 놓고 연재와 놀이터도 가고 산책도 할 수 있겠다. 나양과 딸 연재에게 이 책을 바친다.

2009년 5월 20일

하상복

Prologue2 이 책을 읽기 전에

「지식인마을」시리즈는…

「지식인마을」은 인문·사회·과학 분야에서 뛰어난 업적을 남긴 동서양 대표 지식인 100인의 사상을 독창적으로 엮은 통합적 지식교양서이다. 100명의 지식인이 한 마을에 살고 있다는 가정하에 동서고금을 가로지르는 지식인들의 대립·계승·영향 관계를 일목요연하게 볼 수 있도록 구성했으며, 분야별·시대별로 4개의 거리를 구성하여 해당 분야에 대한 지식의 지평을 넓히는 데 도움이 되도록 했다.

「지식인마을」의 거리
플라톤가 플라톤, 공자, 뒤르켐, 프로이트같이 모든 지식의 뿌리가 되는 대사상가들의 거리이다.
다윈가 고대 자연철학자들과 근대 생물학자들의 거리로, 모든 과학사상이 시작된 곳이다.
촘스키가 촘스키, 벤야민, 하이데거, 푸코 등 현대사회를 살아가는 인간에 대한 새로운 시각을 제시한 지식인의 거리이다.
아인슈타인가 아인슈타인, 에디슨, 쿤, 포퍼 등 21세기를 과학의 세대로 만든 이들의 거리이다.

이 책의 구성은

「지식인마을」시리즈의 각 권은 인류 지성사를 이끌었던 위대한 질문을 중심으로 서로 대립하거나 영향을 미친 두 명의 지식인이 주인공으로 등장한다. 그리고 다음과 같은 구성 아래 그들의 치열한 논쟁을 폭넓고 깊이 있게 다룸으로써 더 많은 지식의 네트워크를 보여주고 있다.

초대 각 권마다 등장하는 두 명의 주인공이 보내는 초대장. 두 지식인의 사상적 배경과 책의 핵심 논제가 제시된다.

만남 독자들을 더욱 깊은 지식의 세계로 이끌고 갈 만남의 장. 두 주인공의 사상과 업적이 어떻게 이루어졌으며, 그들이 진정 하고 싶었던 말은 무엇이었는지 알아본다.

대화 시공을 초월한 지식인들의 가상대화. 사마천과 노자, 장자가 직접 인터뷰를 하고 부르디외와 함께 시위 현장에 나가기도 하면서, 치열한 고민의 과정을 직접 들어본다.

이슈 과거 지식인의 문제의식은 곧 현재의 이슈. 과거의 지식이 현재의 문제를 해결하는 데 어떻게 적용될 수 있는지 살펴본다.

이 시리즈에서 저자들이 펼쳐놓은 지식의 지형도는 대략적일 뿐이다. 「지식인마을」에서 위대한 지식인들을 만나, 그들과 대화하고, 오늘의 이슈에 대해 토론하며 새로운 지식의 지형도를 그려나가기를 바란다.

지식인마을 책임기획 장대익
서울대학교 자유전공학부 교수

Contents 이 책의 내용

Prologue1 지식여행을 떠나며 · 4
Prologue2 이 책을 읽기 전에 · 10

초대

이성에 관한 두 가지 이야기 · 16
　상황 1: 『월든 투』를 소재로 합리성을 논하다
　상황 2: TV 토론을 시청하고 합리성을 논하다

만남

1. 서구 근대 이성, 그 탄생과 발현의 역사 · 28
　르네상스, 인간을 발견하다 | 휴머니즘의 문학과 철학
　새로운 예술의 탄생 | 종교개혁, 중세 기독교 질서의 부정
　과학혁명, 합리적 정신의 발현

2. 근대 이성의 역사적 실천 · 63
　근대 사회사상과 계몽주의 정신
　이성의 역사적 구현 : 혁명과 근대 사회의 형성

3. 푸코, 근대를 해부하다 · 89
　모든 권위를 거부하다 | 근대를 향한 칼날
　인간의 주체성을 부정하다 | 권력에 대한 고발과 저항

4. 근대 이성의 본질을 폭로하라 · 105
　광기, 정신병이 되다 | 사이비 진리로 인간을 해부하다
　근대 인간과학의 오류를 밝히다 | 교묘한 통제와 은폐된 권력
　권력과 결탁한 지식-담론

5. 하버마스, 이성의 새로운 가능성을 제시하다 · 151
　　보수적 철학 속에 싹튼 진보적 정치의식
　　비판이론의 비판적 계승 | 참여하는 지성

6. 근대 이성을 새롭게 보라 · 166
　　근대 이성의 또 다른 얼굴을 찾아서
　　살롱과 커피하우스, 부르주아 공론장의 무대들
　　부르주아 공론장, 붕괴 위기에 처하다

7. 푸코와 하버마스, 새로운 희망을 찾아서 · 209
　　푸코와 '자기배려'의 인간 | 하버마스와 '의사소통'의 인간

Chapter 3 대화
　　푸코와 하버마스, 촛불 시위를 이야기하다 · 240

Chapter 4 이슈
　　우리 사회의 금기와 편견에 도전하기 · 258
　　매스미디어, 공론장, 민주주의 · 263

Epilogue　1 지식인 지도 · 270　　2 지식인 연보 · 272
　　　　　　3 키워드 찾기 · 275　　4 깊이 읽기 · 279　　5 찾아보기 · 281

Michel Foucault

Chapter 1

초대
INVITATION

푸코와 하버마스는 서구 근대 사회를 정초한
이성과 합리성이라는 원리를 각각 다르게 이해하고 있다.
이제 두 개의 대화 상황을 통해 그들이 생각하고 있는
이성과 합리성에 접근해보기로 하자.

Jürgen Habermas

초대
이성에 관한 두 가지 이야기

상황 1
『월든 투』를 소재로 합리성을 논하다

현아 | 은성아, 얼마나 재미있는 책을 읽기에 불러도 대답이 없니? 무슨 책이야?

은성 | 아, 그랬어? 이 책? 심리학자 스키너[B. F. Skinner, 1904~1990]가 쓴 『월든 투[Walden Two]』(1948)라는 소설이야.

현아 | '월든 투'라고? 『월든[Walden]』(1854)이라면 미국의 자연주의 시인이자 사상가였던 소로[Henry D. Thoreau, 1817~1862]의 에세이 아니야? 소로가 1845년부터 2년간 숲으로 들어가 살면서 맛보았던 자급자족적이고 고립적인 생활을 자전적으로 기록한 작품 맞지?

은성 | 그렇지. 그런데 소로의 『월든』이 물질문명과 거리를 둔 자연주의적 이상 사회를 뜻하는 것이라면 스키너의 『월든 투』는 과학적 합리성의 원리에 따라 실현된 이상 사회를

의미한다는 면에서 서로 차이가 있지.

현아 | 같은 '월든'이란 제목을 달고 있으면서도 소로의 작품과는 정반대의 원리를 드러내고 있구나. 스키너의 이상 사회에 대해 좀 자세히 말해줄래?

은성 | 그럴까? 스키너는 『월든 투』에서 모든 구성원이 행복한 삶을 영위하는 사회의 가능성을 탐색하고 있어. 다분히 유토피아적이라고 할 수 있지. 그런데 스키너는 그러한 사회가 실제로 실현될 수 있다고 생각하고 있어. 어떻게 가능할까? 언니도 잘 알겠지만 스키너 상자, 티칭 머신 등의 실험 장치들이 말해주고 있듯이, 스키너는 외적인 자극에 대한 반복 학습을 통해 동물의 행동 습성을 특정한 방향으로 이끌 수 있다고 주장했잖아. 예컨대, 폭력적인 동물을 길들이려 한다면 그 동물이 폭력적 행동을 할 때마다 물리적인 고통을 주고 그 동물이 '폭력=고통'이라는 원리를 깨닫도록 해서 폭력적 행동을 억제할 수 있다는 거지.

현아 | 무슨 뜻인지는 알겠는데, 그건 동물을 다루는 방법이잖아.

은성 | 그렇지 않아. 행동 원리와 관련해 스키너는 동물과 인간 사이에 근본적인 차이가 없다고 생각하고 있거든.

현아 | 그렇다면 스키너가 말하는 행복한 인간 사회도 동물들의 행동 습성을 통제하는 것과 같은 원리로 실현될 수 있다는 거니?

은성 | 그렇다고 봐야지. 스키너는 『월든 투』라는 이상적 공동체의 구성원들에겐 사회적 대립과 갈등의 원인이 되는 탐욕이나 게으름 등의 습성이 없다고 말하고 있어. 어릴 때부

터 반복적으로 이루어지는 성장 교육을 통해 각자가 자기 고유의 노동을 충실히 수행하는 인간으로 자랄 것이고, 그 결과 사회적으로 부정적인 습성이 나타나는 것을 원천적으로 봉쇄할 수 있다는 거지.

현아 | 글쎄, 별로 마음에 들지는 않는데……. 인간을 동물과 같은 존재로 보는 것도 그렇고, 완벽한 질서 속에서 움직이는 사회를 구상하고 있는 것도 그렇고. 인간과 동물은 결코 같지 않잖아. 그리고 완벽한 질서로 구축된 사회가 과연 바람직한 걸까? 오히려 변화의 가능성이 사라져버린 무미건조한 사회란 생각이 드는데…….

은성 | 음, 난 생각이 좀 다른데. 지금까지 인류는 너무나 심각하게 대립하고 반목해왔고 그에 따른 무질서를 해결하기 위해 적잖은 희생과 비용을 치렀잖아. 그런데 그런 부정적 요소들을 원천적으로 제거하고 조화와 질서라는 긍정적 요소들을 최대한 향유할 수 있다면 그것보다 더 합리적이고 바람직한 사회가 있을까?

현아 | 부정적 요소의 최소화와 긍정적 요소의 최대화로 요약되는 합리성의 원리를 신봉하는 사람들이라면 스키너의 『월든 투』가 대단히 희망적이고 정당한 이상 사회의 프로젝트라고 생각할 수 있겠지. 하지만 합리성의 원리가 가져올 또 다른 부정적 결과에 초점을 맞추는 사람들의 관점에서 보자면 그건 대단히 잘못된 아이디어로 보일 거야.

은성 | 또 다른 부정적 결과가 뭔데?

현아 | 완벽하게 조화로운 인간을 만들기 위해서 모든 구성원을

어릴 적부터 철저히 계산된 반복 교육 아래 놓아두는 게 과연 합리적일까? 사회 전체의 비용과 산출이라는 관점에서는 합리적일지도 모르지. 하지만 각 개인의 입장에서도 그렇다고 말하기는 어려울 것 같아. 인간이란 단 하나의 전체적 원리를 따를 만큼 그렇게 단순하거나 획일적이지 않잖아.

은성 | 언니는 모든 사람의 고유성과 적성이 합리적으로 배치되어 운영되는 사회를 대단히 비인간적이고 폭력적인 것처럼 생각하나 봐. 내 눈에는 그런 사회가 각 개인의 행복에 무게를 두는 좋은 사회로 보이는데.

현아 | 만약 '특정한 하나의 일'이 아니라 '다양한 일들을 하면서 살아가고 싶어 하는' 아이가 있다면? 그 아이에게 "아니야, 넌 이 사회를 위해서 너에게 가장 적합한 일 하나만 선택해야 해"라고 말하는 게 과연 바람직한 걸까? 그건 오히려 사회 전체의 합리성이란 미명하에 개인에게 가하는 폭력은 아닐까? 그런 사회를 합리적이라고 말할 수 있을까?

은성 | 언니 논리는 너무 극단적이고 왜곡된 것 같아.

현아 | 그럴까? 난 합리성에 대한 이해가 보다 넓어져야 한다고 생각해. 개인의 고유성에 대한 배려 없이 단순히 사회적 비용과 이익의 관점에서만 합리성을 파악하는 건 문제가 있다고 봐.

은성 | 문제가 자꾸 복잡해지는 것 같네. 좀 쉬었다 얘기하자.

상황 2
TV 토론을 시청하고 합리성을 논하다

은성 | 어휴, 저렇게 중차대한 국가적 사안을 다루면서 어쩜 저렇게 수준 낮은 토론을 벌일 수가 있을까? 토론자들의 자질이 의심스럽네. 방송 전파가 너무 아까워. 감정에 치우치고 사적인 이해관계만 따지니 토론이 제대로 이루어질 수가 있나. 토론이란 게 대립적이고 갈등이 있는 문제에 대해 공동의 해결책을 찾아가는 일 아냐? 근데, 저기 출연한 토론자들은 자기 입장만 고수하면서 오히려 대립과 갈등을 더 증폭시키잖아.

현아 | 그러게 말이야. 그래도 난 저 토론을 보면서 부정적인 생각만 한 건 아니야. 너도 잘 알겠지만 우리나라 방송에서 정치 토론이 자리 잡은 지가 얼마 안 되잖아. 오래전부터 우리 사회를 지배했던 권위주의적인 정치 문화 탓에 토론의 활성화를 기대하기가 어려웠던 거지. 아마도 방송 정치 토론의 기원은 1987년으로 거슬러 올라가야 할 것 같아. 그해에 공중파 방송에서 정치 토론 프로그램이 시작되었으니까. 그로부터 20여 년이 지난 지금은 공중파 방송사들은 물론 케이블 방송사까지 앞다투어 정치 토론 프로그램을 제작, 방영하고 있잖아. 그렇게 보면 오늘날 방송에서 정치 토론이 일상화되어 있다는 데에 부정적인 평가만을 내릴 수는 없다고 봐.

은성 | 물론 그렇지. 지난 시절에는 권력에 반대하고 저항하는 집단의 존재 자체를 인정하지 않았잖아. 그러다 보니 권력 집단이 반대 집단과 정치적 대화를 하는 모습은 상상조차

할 수 없었던 거고. 또 반대 집단의 목소리가 전달될 수 있는 언론 공간 역시 거의 없거나 최소한으로만 허용되었던 거지. 그러니 정치 집단들은 물리적 충돌을 일상적으로 경험할 수밖에 없었던 거 아니겠어?

현아 | 맞는 얘기야. 그렇게 보자면 지금의 상황을 긍정적으로 볼 필요도 있는 것 같아. 최소한 정치 집단들이 서로의 존재를 부정하고 있지는 않잖아. 서로를 대화 상대로 인정한다는 건 토론의 발전을 위해 대단히 중요한 조건이지. 또 정치와 관련된 방송 토론 프로그램도 다양한 것 같고.

은성 | 민주주의를 다양한 관점에서 접근할 수 있겠지만, 토론 역시 대단히 중요한 관점이잖아? 서양의 경우, 많은 학자들이 민주주의의 역사적 기원과 모델을 고대 도시국가 아테네의 '아고라 agora'에서 찾고 있지. 아고라는 시민들이 열린 공간에서 자신들의 의견을 자유롭게 이야기하며 합의를 찾아가는 이른바 민주적 의사결정의 과정을 의미하잖아. 이제 우리나라도 민주주의 발전이라는 차원에서 좀 더 성숙한 토론 문화를 만들어나가야 하지 않을까?

현아 | 필요한 얘기라고 봐. 그런데 성숙한 토론 문화를 실현하기 위해서는 몇 가지 중요한 조건과 절차가 필요할 것 같아. 먼저, 아까 얘기했듯이 토론 상대자를 자신과 동등한 주체로 인정하는 것이 중요해. 그렇지 않으면 토론 자체가 성립할 수 없잖아. 다음으로 네가 지적한 대로, 감정을 절제하지 못해 일관되지 않고 비논리적인 주장을 내세우면서 토론의 진행을 어렵게 해서는 안 돼. 또 자신의 사적이고

특수한 이해관계에 사로잡혀 공공의 보편적 이익이라는 관점에서 문제에 접근하지 못하는 어리석음을 범해서도 안 되지. 아울러, 만약 토론자들이 자신들만의 이익을 위해 토론에 참여한다면 그 토론은 제대로 이루어질 수 없을 뿐더러 어떠한 실질적인 합의도 끌어낼 수 없다는 사실을 인식해야 해. 이러한 조건이 중요한 이유는 토론을 통해 도출된 합의나 결정이 그 자리에 참여한 사람 모두에게 의미 있고 정당한 것이 되기 위해서는 토론 과정 자체가 진실해야 하기 때문이지.

은성 | 근데, 언니가 방금 말한 것들은 사실상 너무 이상적인 거 아냐? 그런 조건이 모두 지켜지는 토론이 가능할까?

현아 | 물론 그런 경우를 찾기란 대단히 어렵겠지. 그런 면에서 네가 말한 대로 이상적이라고 할 수 있을지도 몰라. 하지만 그렇다고 해서 그러한 기준과 절차가 의미가 없다고 할 수는 없잖아. 그리고 현실적으로 불가능한 이상적인 상황이라도 크게 두 가지 차원에서 의미가 있다고 봐. 우선 현실의 정치 토론의 한계와 문제점에 대한 규범적인 평가 기준으로 작용할 수 있고, 또 정치 토론의 이념형을 제공함으로써 현실 속의 정치 토론이 가능한 한 이념형에 가까이 접근할 수 있도록 하는 모티브가 될 수 있잖아?

은성 | 그렇겠네. 그렇다면 언니가 지금 말한 조건과 절차에 비춰 우리나라 정치 토론의 상황을 평가해본다면 어때? 긍정적인 평가를 할 수는 없겠지?

현아 | 글쎄, 우리가 지금 얘기한 것처럼 상대를 토론의 주체로

인정한다는 조건은 어느 정도 충족되었다고 봐도 좋지 않을까? 문제는 여전히 토론을 자신들의 특수한 이해관계와 이익을 위한 기회로 이용하려는 데 있는 것 같아. 그러다 보니 모두가 토론의 진실성을 의심하게 되고 거기서 결론이 도출되더라도 큰 힘을 발휘하지 못하는 것 같고. 근데, 우리 정치만 그렇겠니? 토론 문화가 성숙하다고 평가받는 나라들의 토론을 지켜봐도 사적인 이익에 따른 정치 전략이 개입하고 있는 것 같거든.

은성 | 그럴 것 같아. 정도 차이가 있겠지만 현실과 이상의 괴리는 모든 나라에 존재하겠지.

현아 | 물론이지. 내가 얘기한 토론의 조건과 절차는 한마디로 합

리적인 토론, 즉 감정에 치우치거나 지배되지 않고 사적인 이익을 개입시키지 않으면서 진실한 자세로 전개되는 토론을 만들기 위한 것이라고 할 수 있어. 중요한 건 이러한 합리적인 토론을 향해 꾸준히 나아가는 모습이겠지. 바로 그 과정에서 민주주의가 서서히 정착할 수 있다고 생각해.

은성 | 언니 말에 동의해. 오늘 언니 덕에 많이 배웠다.

앞의 두 대화를 통해 우리는 서구 근대 사회를 정초한 정신성으로서 이성(그리고 이성의 구현으로서 합리성)에 대한 미셸 푸코 Michel Foucault, 1926~1984 와 위르겐 하버마스 Jürgen Habermas, 1929~ 의 인식론의 핵심적 측면을 볼 수 있다. '상황 1'이 푸코의 인식론에 관계한다면, '상황 2'는 하버마스의 인식론에 접근하고 있다. 먼저, 푸코는 이성이 근대의 유일한 사회적 원리가 되어 합리적이지 않은 다른 모든 원리는 부정적이고 무용한 것들로 간주한다는 점에서 이성을 상당히 비판적으로 바라봤다. 다른 원리들을 인정하지 않는 배타적인 지배 원리인 이성이 보편적이고 실증적인 '지식'의 외양을 통해 그 권력적 성격이 은폐되거나 인지의 범위를 벗어난다는 것이다. 푸코 사회철학의 근본적 목적은 근대의 이성과 합리성의 이러한 부정적이고 폭력적인 모습을 '폭로'하는 것이다.

한편, 하버마스는 푸코와는 다른 입장을 견지하고 있다. 그는 근대의 이성에 대한 푸코의 인식론은 불균형적이라고 주장한다. 왜냐하면 근대의 이성은 푸코의 분석에 부합하는 측면도 있지만 동시에 인간 삶의 진보와 해방을 이끈 힘이라는 측면도 내재하고 있기 때문이다. 한마디로 말하자면, 근대의 이성은 근대 민주주의의 동력이었다는 것이다. 하버마스는 그러한 철학적 주장을 서구의 근대사를 통해 제시하고 있다. 이런 시각에서 볼 때, 푸코와 같이 서구 근대 사회의 이성을 무조건 해체하기보다는 근대 민주주의를 이끈 이성의 힘을 새롭게 부활시킬 필요가 있다. 하버마스는 합리적인 의사소통의 영역 속에서 그 가능성을 모색하고 있다.

서구 근대의 이성과 합리성에 대한 이 두 사회철학자의 입장은 한 치의 양보도 없이 팽팽하게 맞서고 있다. 그럼, 지금부터 이성을 둘러싼 이 두 학자의 대립 양상을 살펴보기로 하자. 이를 위해 먼저 서구 근대의 이성이 역사적 과정 속에서 어떻게 정립되고 발전해나갔는지에 대한 논의부터 시작하기로 한다.

만남
MEETING

이제 본격적으로 푸코와 하버마스의 사유 세계로 들어갈 시점이다. 그보다 앞서 르네상스 이래 서구의 역사를 음미해보면서 이성과 합리성이 어떻게 형성되고 발현되는지 살펴보기로 하자.

만남 1

서구 근대 이성, 그 탄생과 발현의 역사

　서구 근대 사회의 주요한 양상은 크게 두 가지로 압축할 수 있다. 첫째는 강제와 구속으로부터 인간 해방이라는 가치를 구현한 것이고, 둘째는 인간의 무한한 물질적 능력의 실현을 가져온 것이다. 전자를 민주주의라고 한다면 후자는 자본주의라 부를 수 있을 것이다. 앞서 언급했듯이 이러한 혁명적 변화상을 추동한 힘은 바로 이성이었다. 그렇다면 그 이성이란 과연 무엇이며, 어떤 면에서 서구 근대 사회를 정초한 근본적 힘으로 작용한 것일까?

　이성에는 크게 두 가지 의미가 있다. 먼저, '연결하다'의 의미를 가진 그리스어 '로고스logos', '계산하다'의 의미를 가진 라틴어 '라티오ratio'와 어원이 같다는 사실에서 알 수 있듯이, 이성은 사물의 원리를 사물의 내적 상관성과 인과성 속에서 파악할 수 있는 인식 능력을 의미한다. 가령, 병의 원인을 신체 기관의 기능

장애가 아니라 귀신 또는 악령과 같은 신비하고 초월적인 힘에서 찾는다면 그것은 결코 이성적인 사유라고 할 수 없다. 다음으로 이성은 감성, 열정, 정념 등 무원칙적이고 본능적인 자질과는 달리 일관성과 명철성을 통해 사물에 접근하는 비본능적인 자질을 뜻한다. 프랑스 철학자 파스칼^{Blaise Pascal, 1623~1662}의 저작 『팡세^{Pensées}』(1670)에 나오는 "이성을 버리고 짐승이 되려고 했다"라는 구절은 이러한 의미에 잘 부합한다.

논리성과 일관성을 통해 사물의 내적 원리를 인식하는 능력인 이성은 본래 개인의 정신적 자질이었다. 하지만 이성이 특정 역사적 시기에 지배적 정신의 위치에 오르면서 그것은 개인이 아닌 집단적 차원에서 작동하기 시작했다. 바로 서구의 근대라는 역사적 시간 속에서 이성은 지배적 집단 정신이 되어 정치·사회적으로 엄청난 힘을 발휘했다. 그런데 여기서 주목해야 하는 점은 이성이 서구 근대의 지배적인 원리이자 정신성으로 자리 잡는 데는 적어도 14세기 르네상스로부터 17세기 과학혁명까지 수백 년의 시간이 필요했다는 사실이다. 그럼, 이제부터 14세기로 시간 여행을 떠나보자.

르네상스, 인간을 발견하다

프랑스어 '르네상스^{renaissance}'는 재탄생을 의미한다. 과연 무엇이 새롭게 태어났다는 말일까? 14세기 이탈리아에서 시작되어 서유럽과 북유럽으로 확산된 르네상스를 얘기할 때 반드시 수반되는 용어가 휴머니즘^{humanism}이다. 그것은 광의로는 인간주의, 협의로는 인문주의로 해석된다. 해석의 폭이 어떻든 간에, 르네상스는 인간에 관한 것들을 새롭게 탄생시킨 정신 운동이라는 점이 중요하다.

흔히 '암흑의 시대'라고 일컫는 서양의 중세 1,000년 동안 인간은 본질적으로 신의 뜻과 의지에 종속된 피조물일 뿐 결코 자율적 존재일 수 없었다. 삶의 모든 영역은 신의 섭리 안에서 해석되고 의미를 부여받았다. 더욱이 평범한 인간들은 신의 대리자였던 사제들의 명령 체계에 구속되어 있었다. 이런 인간을 중세의 기독교적 질서로부터 벗어나게 한 운동이 바로 르네상스였다. 이로써 종교적 굴레를 벗어난 인간은 현세적 삶과 욕망의 공간에 자리하게 되었다. 그것은 기독교가 부정했던 가치들이었다. 이제 인간은 신만큼, 아니 신보다 더 중요한 존재가 되었으며 지상에서 삶의 주체가 되었다. 르네상스의 예술, 문학, 철학은 이렇듯 인간을 노래하기 시작했다. 르네상스의 이러한 정열은 무엇보다 고대 그리스와 로마의 정신세계에 대한 재발견 덕택이었다. 중세 유럽과는 달리, 그리스와 로마는 본질적으로 인간은 육체적 욕망을 지닌 현세적 존재라는 관념을 중시한 세계였다. 이는 인간과 동일하거나 유사한 형상과 욕망을 지닌 존재로 그려지고 있는 그리스와 로마 신화의 신들을 봐도 쉽게 알 수 있다. 그리스와 로마 문화의 쇠퇴와 함께 역사에서 사라졌던 현실적 인간의 모습이 르네상스를 통해 다시 발견된 것이다.

인간의 발견, 그것은 서구의 근대 이성이 형성되는 데 필수 불가결한 계기였다. 왜냐하면 앞서 얘기했듯 이성이란 곧 '인간'의 정신적 능력이기 때문이다. 인간에 대한 관심이 본격적으로 형성되지 않고서는 이성의 발견은 불가능한 것이었다. 이러한 정신사적 의미를 갖는 르네상스에 대해 자세히 언급하기 전에 이 시기의 분위기를 엿볼 수 있는 14세기 이탈리아의 문인 사케티 Franco Sacchetti, 1332?~1400의 콩트 하나를 살펴보자.

피렌체의 한 교회에 사람들이 모여 예수의 삶을 그린 벽화를 보고 있었다. 그중 한 사람이 "이 그림에서도 그렇지만 요셉은 왜 이렇게 늘 음울한 모습일까?"라고 묻자 그들 속에 있던 한 화가가 대답했다. "자기 약혼자가 임신했는데 그 아이의 아버지가

▶ **왜 '리나시멘토'가 아니라 '르네상스'일까?**

르네상스는 14세기 이탈리아에서 시작되었지만, 이 시기를 일컬을 때는 이탈리아어 '리나시멘토(Rinascimento)'보다 프랑스어 '르네상스'가 보편적으로 쓰인다. 이 시기의 예술에 대해 '재탄생', '부활'의 의미를 부여한 것은 이탈리아 화가이자 미술사가인 바사리(Giorgio Vasari, 1511~1574)를 그 기원으로 본다. 그는 당대 이탈리아 예술가 200명의 삶과 작품을 그린 대표 저서 『르네상스의 미술가 평전(Le vite de' più eccellenti pittori, scultori, e architettori)』(1550)에서 중세의 건축 양식에 대비되는 당대의 건축 양식을 고대 양식의 부활로 규정하면서, 중세의 양식을 '고딕(Gothic)'으로, 당대의 양식의 특성을 '리나시멘토' 등으로 일컬었다. 그러나 '르네상스'라는 프랑스어 표현이 널리 쓰이게 된 계기는 19세기에 와서였다. 프랑스 역사학자 미슐레(Jules Michelet, 1798~1874)가 『프랑스의 역사(Histoire de France)』(1855)에서 15세기 말부터 17세기 중반까지를 '르네상스 운동'이 일어난 기간으로 정의한 것이다. 그러나 그가 바라본 르네상스는 예술이나 문화 면보다 과학의 발전에 더 초점을 맞추었고 프랑스 내부의 운동으로 규정하는 한계가 있었다. 반면 스위스의 미술사가 부르크하르트(Jacob Burckhardt, 1818~1897)가 『이탈리아의 르네상스 문화(Die Cultur der Renaissance in Italien)』(1860)를 통해 르네상스 문화를 인간성의 해방과 재발견으로 규정하고 이탈리아 르네상스의 가치를 인정하면서 현대의 해석에 가까운 르네상스의 개념이 정립되었다.

누구인지 알 수 없으니 언짢은 표정일 수밖에." 재치 넘치는 대답으로 좌중을 폭소케 한 사람은 바로 피렌체의 화가 조토 디본도네Giotto di Bondone, 1267~1337였다. 그는 기독교적 신성함의 재현을 목적으로 하는 중세 성화의 영역을 넘어 인간의 현실적 삶을 통한 종교성의 해석이라는 새로운 회화의 영역을 개척함으로써 근대 회화로 들어가는 문을 연 인물이다. 위의 일화에서처럼 종교적 성스러움을 거침없이 비판했던 태도에서 그가 추구했던 새로운 회화의 모티브를 엿볼 수 있다. 이와 유사한 또 다른 이야기가 있다. 때는 15세기, 영혼 불멸과 구원을 부정하고 오로지 현재적 삶만이 의미 있다고 주장하고 했던 볼로냐 대학의 교수 우르체우스Antonius Codrus Urceus, 1446~1500는 어느 날 집에 불이 나 자신의 책과 원고가 송두리째 불타 없어져버리는 사고를 당했다. 이에 격분한 그는 성모 마리아상 앞에서 소리쳤다. "지금부터 당신에게 하는 말을 잘 들으시오. 나는 머리가 돈 게 아니라 제정신으로 말하는 거요. 내가 죽을 때 혹시 당신의 도움을 청할지도 모르는데 그 소리를 듣더라도 나를 구원해서 당신의 품에 안아줄 필요는 없소. 나는 영원히 악마와 함께 살고 싶은 생각뿐이오."

이 두 이야기 속의 주인공들은 모두 기독교의 신적 권위와 존엄성에 도전하고 있다. 조토가 동정녀에 의한 예수의 잉태를 부인하고 있다면 우르체우스는 신에 의한 구원의 은총을 근본적으로 거부하고 있다. 그들은 어떻게 1,000년을 지속한 서구 사회의 절대적 원리와 가치에 정면으로 대항할 수 있었을까? 혹시 정신병자가 아니었을까? 만약 그들이 정신병자가 아니라면 그러한 반종교적 의지의 표출은 분명 그들이 살았던 시대의 목소리였을 것이다. 그들이 활동한 14~15세기 서양 사회, 특히 이탈리아에는 이 에피소드가 예외적 사건이 아님을 말해주는 거대한 정신적 조류가 형성되고 있었다.

▌ 휴머니즘의
▌ 문학과 철학

14세기 이탈리아에서는 문학, 철학, 예술 전반에 걸쳐 일어난 휴머니즘 운동인 르네상스의 시작을 알리는 분위기가 무르익고 있었다. 말하자면 이탈리아는 '고대의 재탄생'을 주도한 지역이었다. 그렇다면 왜 이탈리아가 르네상스의 출발점이 된 것일까? 그것은 두 가지 역사적 사실에 기인한다. 그중 하나가 당시 이탈리아의 여러 도시국가들이 활발한 경제 활동을 통해 유럽의 중심으로 거듭나기 시작했고, 그럼으로써 자신들의 선조라고 생각한 고대 로마의 부활을 꿈꾸기 시작했다는 점이다. 또한, 1453년 비잔틴 제국(동로마 제국)이 오스만튀르크에 멸망하면서 제국의 많은 그리스 학자들이 이탈리아로 망명했는데, 이것이 로마의 부활에 대한 열망을 한층 더 뜨겁게 달구었다.

이런 분위기 속에서 이탈리아에서는 인간에 대한 고대적 관념의 부활을 촉진함으로써 중세의 인간관에 대한 반동을 주도하는 일군의 학자들이 나타나기 시작했다. 이들을 가리켜 휴머니스트humanist(고전학자 또는 인문주의자)라고 한다. 이런 명칭이 부여된 이유는 바로 그들에 의해 중세 시대에 잘 알려지지 않았던 로마의 문학, 철학, 예술이 소개되고, 그리스의 그것들도 라틴어로 번역되어 광범위한 관심이 형성되었기 때문이다. 그러한 휴머니스트의 집결지가 바로 이탈리아였다.

  그중 한 명이 '인문주의의 아버지'로 불렸던 페트라르카$^{Francesco\ Petrarca,\ 1304~1374}$이다. 이탈리아 토스카나^{Toscana} 지방에서 태어난 그는 고향에 머물지 않고 주변의 여러 지역을 두루 돌아다니며 다양한 경험을 쌓고 여러 학문을 접할 수 있었는데, 바로 이런 경험이 중세와는 전혀 다른 새로운 인간 관념을 형성하는 데 커다란 영향을 미쳤다. 그는 프랑스와 독일 등 유럽의 여러 나라를 방문하고 그곳 학자들과 교류하면서 고전 라틴어를 비롯해 로마의 문학과 철학에 대한 폭넓은 지식을 쌓았다. 고대 로마의 삶과 가치관에 매료된 페트라르카는 중세적 질서가 인간을 너무 협소하고 경직되게 바라보고 있다고 느꼈다. 그리하여 그는 여러 작품들 속에서 인간의 현실적 삶과 욕망을 노래하고 나아가 인간의 가치는 어떤 무엇보다 우선함을 이야기했다. 그의 서정시집 『칸초니에레^{Canzoniere}』는 인간의 현세적 삶과 그 속에서 표출되는 사랑, 미움, 기쁨, 슬픔 등의 감정을 노래한 작품이고, 『트리온피^{Trionfi}』는 인간 영혼의 진화와 완성 과정을 노래한 것이다. 또한 그는 현실적 성공이 신과의 관계와 모순되지 않는다고 주장하기도 했다. 아울러, 『자기 자신과 많은 사람들의 무지에 대하여$^{De\ sui\ ipsius\ et\ multorum\ ignorantia}$』라는 논저를 통해 자연과 인간 외의 존재에 대한 모든 지식은 인간의 본질과 의미, 운명에 대한 인식이 없는 한 아무런 의미가 없음을 강조하고 인간에 관한 진지한 성찰이 필요함을 설파했다. 중세를 넘어서는 것처럼 보이는 이런 모든 사고는 페트라르카에서 그치지 않고 다른 사람들에게까지 이어졌다.

페트라르카와 보카치오 '인문주의의 아버지'로 불렸던 페트라르카(왼쪽)와 그의 절친한 친구이자 『데카메론』의 저자인 보카치오.

페트라르카의 절친한 친구였던 보카치오Giovanni Boccaccio, 1313~1375 는 다양한 문학적 필치를 통해 탈중세적 인간관을 흥미롭게 펼쳐 보였다. 세계적으로 유명한 단편소설집 『데카메론Decameron』(1351) 이 그 대표적인 예다. 흑사병을 피해 피렌체를 떠난 열 명의 젊은 남녀가 조그마한 시골 마을에 모여 열흘간 서로에게 여러 가지 이야기를 들려준다. 그렇게 모인 100편의 이야기는 신이 아니라 인간의 이야기였다. 그 속에서 인간은 때로는 자신의 운명을 극복하기 위해 맞서 싸우고 때로는 운명 앞에 좌절하는 존재로, 또 사회적 속박이나 인습을 버리고 자유롭게 행동하는 존재로, 그리고 현세적 삶 속에서 다양한 욕망을 표출하는 존재로 그려지고 있다. 이런 점에서 단테Dante Alighieri, 1265~1321 의 『신곡神曲, Divina Commedia』(1321)과 대비해서 '인곡人曲'으로 불리는 『데카메론』은 인간을 이해하기 위한 보카치오의 열정이 담긴 작품인 것이다.

휴머니즘은 르네상스 문학의 영역에만 국한되지 않고 철학의 주제로도 이어졌다. 이는 피코 델라미란돌라$^{\text{Pico della Mirandola, 1463~1494}}$와 폼포나치$^{\text{Pietro Pomponazzi, 1462~1525}}$의 철학에서 잘 드러난다. 우선 피코는 법학, 철학, 언어학에 깊은 조예를 보인 인물이었다. 대표 저술 『인간의 존엄에 대하여$^{\text{De hominis dignitate oratio}}$』(1486)에서 피코는 새로운 인간관을 설파했는데 그것은 중세의 종교적 질서에서 정립된 인간의 모습과는 근본적으로 양립하지 않는 것이었다. 그러한 이유로 피코의 저술은 교황청으로부터 이단으로 탄핵되었다. 피코는 인간을 자유롭고 존엄한 존재로 이해했다. 물론 기독교의 인간도 자유롭고 존엄하지만 오직 절대자인 신의 영역 안에 존재할 때만 그 자유와 존엄을 인정받을 수 있었다. 하지만 피코는 종교의 범위를 넘어서는 인간의 자유로움과 존엄을 설파했다. 그가 생각하는 인간은 뚜렷이 정해진 성질로 규정되는 유한한 존재도, 신이 창조한 우주의 질서 속에서 특정한 자리를 차지하고 있는 제한적 존재도 아니기 때문에 오히려 자유롭고 존엄한 것이었다. 피코는 무한한 활력을 통해 새로운 것을 창조하고 무한한 존재로서 자신을 실현해나가는 인간의 관념을 창조해낸 것이다. 궁극적으로 그의 사상 속에서 인간은 신의 무한성을 지닌 존재로 거듭나게 되었다. 달리 말하자면 인간은 무한한 가능성을 지니고 있으면서 우주의 질서 밖에 위치하는 존재였다.

이처럼 이탈리아 르네상스는 근본적으로 인간에 대한 새로운 관념을 형성하기 위한 운동이었으며 이는 앞서 언급한 바와 같이 비잔틴 제국의 많은 그리스 학자들이 이탈리아로 이동한 역사적 사실과 관계있다. 르네상스 철학의 휴머니즘 역시 이와 무관할 수 없었다. 당시 피렌체와 같이 부유한 상업도시에서는 비잔틴 제국에서 망명해 온 그리스 철학자들의 주도로 그리스 철학 연구를 위한 여러 기관이 설립되었는데 그중 가장 대표적인 기관이 플라톤 아카데미$^{Accademia\ Neoplatonica}$였다. 비잔틴 제국 출신의 플라톤 전문가 게오르기오스 플레톤$^{Geōrgios\ Plēthōn,\ 1355~1452}$이 설립한 이 기관은 이름에서도 알 수 있듯이 기원전 385년경 플라톤$^{Platon,\ BC\ 428?~347?}$이 아테네 근처에 설립한 아카데메이아^{Akadēmeia}의 전통을 되살리겠다는 의도에서 세워져 많은 플라톤 전문가를 배출했다. 그중에서 가장 주목할 만한 인물이 피코의 스승이자 플라톤 아카데미의 원장을 지낸 피치노$^{Marsilio\ Ficino,\ 1433~1499}$였다. 이렇게 볼 때 피코의 철학에서 플라톤 철학의 영향을 지적하지 않을 수 없는데 그 영향은 사실상 예외적이거나 개별적이라기보다는 하나의 거대한 시대적 흐름 속에서 설명되어야 한다.

플라톤이 르네상스 휴머니즘 철학의 하나의 중요한 뿌리였다면 또 다른 뿌리로는 아리스토텔레스$^{Aristotelēs,\ BC\ 384~322}$를 들 수 있다. 플라톤이 오랫동안 망각되었다가 새롭게 부활한 인물인 데 비해, 아리스토텔레스의 질서정연한 우주론과 엄밀한 윤리학, 체계적인 논리학은 오랜 세월 중세 기독교 철학의 토대가 되어왔다. 중세 기독교가 설파한 영혼불멸설에 논리적 정당성을 부여한 것도 역시 아리스토텔레스의 철학이었다. 하지만 이 시기에 아리스토텔레스는 중세 스콜라 철학과는 다른 방식으로 해석되면서 새롭게 부상했다. 아리스토텔레스에 대한 새로운 해석을 주도했던 사람은 영혼불멸설을 부정했던 폼포나치였다. 그는

1516년에 출간되어 철학자와 신학자의 격렬한 논쟁을 불러일으키며 결국에는 불태워졌던 저서 『영혼불멸론 De immortalitate animae』을 통해 아리스토텔레스 철학을 엄밀하게 해석한 끝에 인간의 영혼 불멸설은 지지될 수 없다고 주장했다. 그는 인간을 매우 복잡하고 애매모호한 성질을 지닌 존재로 보았으며, 불멸적 존재와 사멸적 존재의 중간에 위치한, 영원하지도 유한하지도 않은 이중적 존재로 이해했다.

새로운 예술의 탄생

14~15세기 이탈리아 예술가들의 활동은 르네상스 휴머니즘의 이해에서 간과할 수 없는 또 하나의 중요한 영역이다. 중세 예술, 특히 건축과 미술은 말하자면 절대자의 집이었다. 그곳은 성스러운 분위기 속에서 절대자의 존재와 의미가 드러나는 공간이었다. 12세기 초 프랑스에서 등장해 서유럽 전역의 성당 건축에 400년간 활용된 고딕 Gothic 양식은 하늘을 찌를 듯이 솟아 있는 첨두아치, 얇은 두께의 벽, 스테인드글라스, 그리고 창문의 외측에 위치하는 벽체 등을 특징으로 한다. 이러한 건축 양식은 신을 향한 신실한 신앙심과 경외심의 발현을 시각적이고 공간적인 차원에서 창출하기 위한 것이었다. 중세의 회화와 조각 또한 성서에 기록되어 있는 특정 인물이나 사건 등을 시각적으로 보여줌으로써 사람들의 신앙심을 북돋는 종교적 기능을 수행했다. 그런데 르네상스 시대에 접어들면서 중세의 예술은 비판과 도전에 직면하게 되었다. 건축가들은 고딕 성당에 대해 혼동과 부조화

고딕양식 신을 향한 신실한 신앙심과 경외심의 발현을 시각적이고 공간적인 차원에서 창출하기 위한 건축 양식이었으나 르네상스로 접어들며 혼동과 부조화의 극치, 비례를 무시한 건축물이라는 비판을 받았다.

의 극치 또는 비례를 무시한 건축물이라 비판하면서 새로운 건축 양식에 대하 관심을 보이기 시작했다. 그리고 앞서 조토 회화의 특성에서도 간략히 설명했듯이 르네상스 시대의 화가들은 기독교 교의를 시각적으로 전달하는 데 만족하지 않고, 인간의 현실 세계에 관심을 보이기 시작했다.

새로운 예술 양식이 발전할 수 있었던 데에는 도시의 발달이라는 역사적 배경이 있었다. 서양 중세의 지배적인 경제는 토지를 생산수단으로 하는 농업 경제였지만 그렇다고 해서 상품 판매를 통해 이익을 창출하는 상업 경제가 전혀 존재하지 않았던 것은 아니었다. 오히려 유럽의 몇몇 지역들은 서유럽과 동유럽, 나아가 이슬람 세계와의 중계무역으로 막대한 이윤을 창출해냈다. 대체로 사치품에 대한 수요 증대와 조선술 및 항해술의 발달에 힘입어 11세기 이후부터 활발하게 이루어지기 시작한 중세 서유럽의 상업 경제는 도시가 형성되는 데 결정적인 역할을 수행했다. 물론 자치도시의 형성은 자연스러운 과정이 아니었다. 도시를 자신의 소유물로 생각하는 영주에 맞서 싸웠던 도시민들의 무력 투쟁 과정이 있었다. 여기서 주목해야 하는 부분은 중세 도시는 도시민들이 자유민으로 구성되어 있었다는 점(이는 상업 활동을 위해 반드시 필요한 요소다)과 중세의 지배 계급인 영주로부터 해방된 자치도시였다는 점이다.

지금의 이탈리아는 이러한 새로운 움직임이 가장 두드러진 지역이었다. 특히 북부에 위치한 베네치아, 피사, 피렌체 등은 활발한 상업 활동을 통해 '코무네^{comune}'라는 자치도시를 형성해나갔다. 코무네는 자유와 평등, 민주주의 운영 원리, 공공재의 공유, 자치법 등에 기반하고 있었다는 면에서 반중세적이었다. 위의 도시들을 포함하는 지금의 토스카나주는 12세기 초반까지 마틸데$^{Matilde\ di\ Canossa,\ 1046~1115}$의 소유였다. 대여백^{大女伯}이란 뜻의 '그란콘테사$^{La\ Grancontessa}$'로 불린 마틸데는 사망하면서 자신의 영지를 교황에게 제공했다. 그런데 교황은 그 땅의 상속자를 지명하지 않았고 결과적으로 영지의 지배력은 이미 지역의 자치도시화를 주도하고 있던 집단에게로 넘어갔다. 이렇듯 북부 이탈리아의 자치도시들은 중세의 봉건주의 세력에 맞서 자신들의 이해관계를 관철하고자 했다. 급기야 중세 도시들은 자율적이고 독립적인 정치 공동체로까지 발전해나가면서 중세의 정치적 영향권에서 벗어나기 시작했다. 그중 대표적인 곳이 로마에서 북서쪽으로 230여 킬로미터 떨어진, 이탈리아 상공업의 중심지이자 찬란한 문화 예술을 간직하고 있는 피렌체였다. 중세로 거슬러 올라가면, 이 도시는 활발한 상업 활동을 통해 이룩한 경제력을 기반으로 인근 도시들을 흡수하면서 14세기부터 이탈리아 지역에서 가장 강력한 공화국으로 성장했다. 이곳에서 상업을 통해 많은 돈을 벌어들여 14세기부터 정계에 진출하며 피렌체의 가장 강력한 세력으로 성장한 가문이 바로 메디치가다.

메디치 가문은 막강한 영향력을 기반으로 르네상스 예술의 주도적인 후원자가 되었는데, 그중에서도 로렌초 데메디치[Lorenzo de' Medici, 1449~1492]에 주목해야 한다. 왜냐하면 로렌초야말로 이탈리아 르네상스 예술의 눈부신 발전을 이끈 최고의 메세나[Mecenat](문화·예술 등에 대한 후원 활동 혹은 후원자)였기 때문이다. 로렌초는 피렌체 민중의 정치적 지지를 받으면서 국부로 군림했던 코시모 데메디치[Cosimo de' Medici, 1389~1464]의 손자로 '위대한 로렌초[Lorenzo il Magnifico]'로 불렸다. 교황 식스토 4세[Sixtus IV, 재위 1471~1484]와 피렌체 공화국과의 정치적 갈등을 탁월한 외교술로 원만히 해결하기도 했던 로렌초는 문학과 예술에도 깊은 관심과 재능이 있었다. 다빈치[Leonardo da Vinci, 1452~1519], 보티첼리[Sandro Botticelli, 1445~1510], 상갈로[Giuliano da Sangallo, 1445~1516], 베로키오[Andrea del Verrocchio, 1437~1488] 등이 로렌초의 후원을 받으며 이탈리아 르네상스 미술을 이끈 인물들이다. 특히 훗날 르네상스 최고의 조각가이자 건축가가 될 미켈란젤로[Michelangelo Buonarroti, 1475~1564]의 예술적 재능을 한눈에 알아본 로렌초는 그를 자신의 궁에 체류하게 하면서 당대 최고의 학자, 문예가들과 교류할 수 있게 했다. 미켈란젤로의 다재다능함은 그러한

로렌초와 미켈란젤로 르네상스 예술의 주도적 후원자였던 로렌초 데메디치(오른쪽)와 그의 후원으로 르네상스 최고의 조각가이자 건축가의 자리에 오른 미켈란젤로(왼쪽).

경험에서 비롯된 것이었다. 이러한 역사적 사실은 왜 피렌체가 이탈리아 르네상스 예술의 주 무대가 되었던가를 잘 설명해준다.

이탈리아 르네상스 예술에서 제일 먼저 언급해야 할 또 한 명의 인물이 피렌체 출신의 브루넬레스키$^{Filippo\ Brunelleschi,\ 1377~1446}$다. 건축과 회화 영역에서 절대적인 영향을 미친 인물인 그는 고딕 양식이 아니라 박공벽과 열주^{列柱} 등 그리스와 로마의 고전 양식을 응용해 피렌체 성당을 완성시키면서 르네상스 건축 양식의 창시자가 되었다. 또 그는 원근법의 수학적 원리를 발견함으로써 새로운 회화 영역의 등장을 이끌었다. 회화에서 원근법이란 궁극적으로 인간이 회화의 주체로서 등장하기 시작했음을, 인간의 눈이 그림의 기준이 되기 시작했음을 의미하는 것이다.

르네상스 예술의 특징이었던 예술과 인간의 결합은 브루넬레

보티첼리의 대표작 「비너스의 탄생」
바다의 거품에서 태어난 비너스가 바람의 신 제피로스Zephyros와 그의 연인(그림 왼쪽 상단)에게 떠밀려 키프로스 섬까지 오게 되자 계절의 여신 호라이Horai(그림 오른쪽)가 옷을 입히고 꾸며주는 장면이다. 그리스와 로마 신화를 소재했으며 피렌체 부유층의 예술적 욕구에 부응하고자 했던 당시의 예술적 경향을 보여준다.

스키의 친구였던 조각가 도나텔로Donatello, 1386~1466의 작품 속에서 한층 더 강력한 양상을 보였다. 로마의 조각들을 깊이 연구한 도나텔로는 인체에 대한 사실적인 관찰에 근거해 생명력과 율동감이 넘치는 조각상들을 제작했다. 이렇게 형성되기 시작한 르네상스 예술은 이후 재능 있는 예술가들에 의해 한층 더 발전된 모습을 갖추어나갔다. 알베르티Leon Alberti, 1404~1472가 성당과 궁전 건축을 통해 그리스와 로마의 건축 양식을 재현하고자 했다면, 보티첼리는 「비너스의 탄생Nascita di Venere」(1486)이 보여주고 있듯이 기독교가 아니라 그리스와 로마 신화를 소재로 당시 피렌체 부유층의 예술적 욕구에 부응하고자 했다. 한편, 르네상스를 대표

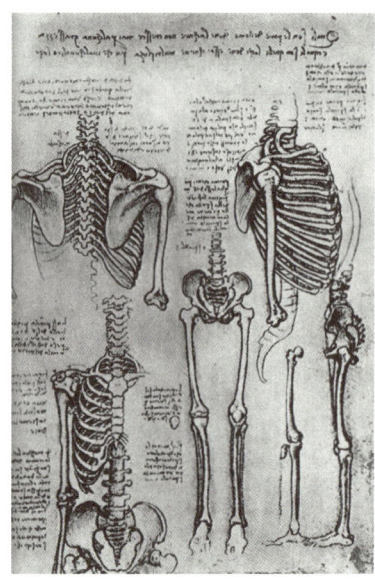
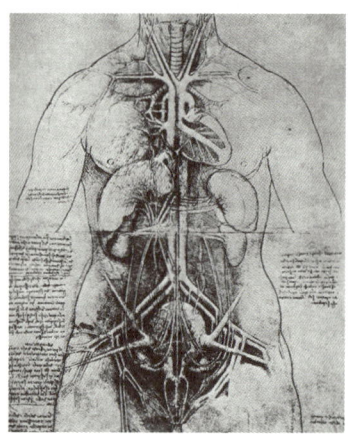

레오나르도 다빈치의 인체 골격도와 여성 해부도
다빈치는 수학, 해부학 등 자연과학적 지식을 예술과 결합해, 예술을 절대자의 세계가 아니라 대자연과 인체의 비밀에 대한 과학적 탐구 작업으로 전환시켰다.

하는 두 사람의 예술가 다빈치와 미켈란젤로는 각각 회화와 조각의 영역에서 르네상스 예술의 탈중세적 메시지를 가장 드라마틱하게 보여준 인물들이었다. 자신의 눈으로 본 것만을 믿었던 철저한 경험론자였던 다빈치는 수학, 해부학 등 자연과학적 지식을 예술과 결합해, 예술을 절대자의 세계가 아니라 대자연과 인체의 비밀에 대한 과학적 탐구 작업으로 전환시켰다. 고대 그리스와 로마의 조각을 깊이 연구했던 미켈란젤로 역시 해부학적 지식을 조각에 결합함으로써 육체와 영혼을 간직한 현실 속의 인간을 묘사하고자 했다. 서양 근대를 사회학적 관점에서 탐구한 지멜Georg Simmel, 1858~1918은 「미켈란젤로, 문화 형이상학을 위한 장Michelangelo. Ein Kapitel zur Metaphysik der Kultur」(1910)에서 미켈란젤로의 조각에는 근대적인 인간의 모습이 숨 쉬고 있다고 평가했다.

**■ 종교개혁,
■ 중세 기독교 질서의 부정**

르네상스가 서구 근대 이성의 토대가 되는 인간의 존재를 깨닫게 했다면 뒤이어 일어난 종교개혁은 이성의 자유로운 사용에 방해가 되는 중세의 기독교적 질서를 해체하고자 했다. 중세 1,000년 동안 지속된 기독교적 질서 속에서 인간의 이성은 결코 자유롭게 사용될 수 없었다. 인간은 자신의 추리와 판단이 아니라 성서에 기록된 신의 목소리와 신의 대리자인 사제들의 명령에 비추어 자연과 사회를 이해해야 했다. 16세기 초반 독일에서 점화되었던 종교개혁은 신과 성서에 대한 맹목적이고 관습적인 수용을 거부하고 텍스트에 기초한 합리적이고 객관적인 이해를 촉진했다. 궁극적으로, 신에 대한 이성적 사유의 길이 열리기 시작한 것이다.

 그럼, 종교개혁의 과정을 따라가며 역사적 동인을 살펴보기로 하자. 종교개혁은 본질적으로 이탈리아 르네상스가 파급한 휴머니즘이 서유럽과 북유럽에서 종교적·정치적으로 폭발한 사건이었다. 이탈리아 르네상스는 16세기에 접어들면서 알프스 산맥을 넘어 점차 주변으로 전파되기 시작했는데 그 과정에는 두 가지 요인이 주요하게 작용했다. 그중 하나가 정치·군사적 원인이다. 여러 개의 도시국가들로 분열되어 있던 이탈리아와 달리 프랑스와 독일(신성 로마 제국) 등 주변 국가들은 점차 중앙 집권적 국가 체제를 이룩해나갔다. 이 과정에서 이탈리아는 빈번하게 군사적 침략의 대상이 되었는데, 바로 이것이 역설적으로 이탈리아 르네상스 문화가 서유럽으로 확산되는 계기가 되었다. 이탈리아의 신흥 문화는 '인문주의 왕권'에 깊은 관심을 가졌던 서유럽의 군주들에 의해 보호되고 장려되었다.

둘째 원인으로는 경제적 요인을 들 수 있다. 서유럽 국가들은 강력한 왕권의 주도로 국내 경제의 활성화를 꾀할 수 있었고 이는 궁극적으로 도시의 발달을 가져왔다. 도시의 발달은 자연스럽게 문화와 예술의 욕구를 증가시켜 이탈리아 르네상스 문화가 대규모로 유입될 수 있는 토대가 되었다. 물론 여기서 북서유럽의 여러 도시와의 무역 교류 과정에서 이탈리아의 선진 문예를 소개하고 유능한 예술가들을 후원한 메디치가의 역할 또한 빼놓을 수 없다. 이로써 런던, 파리, 아우크스부르크 등 유럽의 주요 도시들은 서유럽과 북유럽 르네상스 문예 운동의 새로운 거점이 되었다. 이렇듯 알프스 이북의 세계에는 종교개혁에 동력을 제공할 휴머니즘이 확산되고 있었다. 에이크[Jan van Eyck, 1395?~1441]와 뒤러[Albrecht Dürer, 1471~1528], 홀바인[Hans Holbein, 1465~1524] 등 플랑드르와 독일의 대표적인 르네상스 화가들은 현세를 살아가는 인간의 얼굴과 움직임을 사실주의적이거나 고전주의적으로 또는 자연주의적으로 묘사함으로써 회화와 판화를 종교적 목적과 기능의 범주에서 해방시켰다.

문학에서는 프랑스의 대표적 인문주의자들인 라블레[François Rabelais, 1493?~1553]와 몽테뉴[Michel de Montaigne, 1533~1592]를 예로 들 수 있다. 라블레는 프랑스 르네상스 문학의 최대 걸작으로 불리는『가르강튀아와 팡타그뤼엘[La vie de Gargantua et de Pantagruel]』(1532~1564)의

제1권 『가르강튀아^{Gargantua}』(1534)에서 당시의 현실과는 정반대되는 수도원을 묘사했다. 수려한 용모와 훌륭한 성품의 남녀들만이 들어갈 수 있는, '텔렘^{Thélème}'이라 불리는 이 수도원은 매우 특이한 원칙 아래에서 운영된다. 수도원의 남녀들은 혼인을 할 수도 있고 사유재산도 모을 수 있다. 또한 행동을 구속하는 어떠한 규칙도 존재하지 않아, 그들은 오로지 자신이 원하는 바에 따라 행동한다. 라블레가 그린 이 수도원은 중세 수도원의 인위적이고 타율적인 규범과 규칙에 대한 저항이자 자율적인 인간에 대한 옹호로 해석할 수 있다.

몽테뉴 또한 『수상록^{Essais}』(1580)을 통해 새로운 인간 정신의 모델을 제시했다. 그는 존재하는 모든 것들을 있는 그대로 인정하지 말 것을, 그리고 습관이나 감각에 의존해 사물을 판단하지 말 것을 주장했다. 그에 따르면 인간은 오직 자기 내부로 향해 자기 자신을 검사하고 음미하며 성찰함으로써, 겉으로 드러나는 자신과는 다른 새로운 자신을 발견해야 한다.

여기서 우리는 다음과 같은 의문을 제기할 수 있다. 인간과 인간의 현세적 삶을 중심 테마로 한 문예 운동이 이탈리아가 아닌 북서유럽에서 종교개혁으로 이어진 원인은 무엇일까? 그 주된 이유는 이탈리아가 자유롭고 평등한 구성원들의 도시국가로 이루어진 반면, 북서유럽의 국가에서는 상대적으로 뿌리 깊은 중세 기독교적 질서가 유지되고 있었기 때문이다. 그 질서의 정점에는 교황청이 있었다. 하지만 초대교회의 순수함과 투명함을 상실하고 권력 기관화되어 정치적 억압과 물질적 착취를 일삼는 가톨릭교회는 르네상스 인문주의의 세례를 받은 신학자들에게 공격의 대상이었다. 이들은 정치적, 물질적 탐욕을 위해 성서의 참된 의미까지도 왜곡하고 있다고 교회를 비판했다. 또한 일체의 외적인 구속이나 강제 없이 신과 직접 교통하는 주체적이고 자율적인 신앙인의 모습이 참된 것이라고 역설했다. 자율적이고 주체적인 인간 관념에 눈을 뜨기 시작한 신학자들에게 교황과 사제들의 명령에 종속된 채 수동적인 신앙생활을 하는 인간이 결코 자연스러워 보일 수 없었던 것이다.

네덜란드의 인문주의 신학자인 에라스뮈스Desiderius Erasmus, 1466?~1536는 기독교 비판과 새로운 신앙의 비전에 커다란 영감을 제시한 대표적인 인물이었다. 엄격한 훈육과 금욕적 규칙을 혐오했던 에라스뮈스는 수도사가 되어 파리 대학으로 갔지만 그곳의 생활에 적응하지 못하고 영국에서 새로운 삶을 시작했다. 그는 영국에서 콜릿John Colet, 1467~1519, 모어Thomas More, 1477~1535 등과 교류했다. 플라톤 아카데미를 이끈 피치노와 피코 등 이탈리아의 인문주의 철학자들의 열렬한 신봉자였던 콜릿은 중세 신학이 대단히 형식적이고 지나치게 논쟁적이라고 비판하면서 진정한 의미의 신앙은 성서 자체로 돌아가 신과 인간의 사랑을 깨닫는 데 있음을 설파했다. 에라스뮈스가 중세 가톨릭교회의 악습과 도덕적 타락에 대한 통렬한 풍자와 비판을 담은 『우신예찬Encomium Moriae』 (1511)을 펴낸 것은 아마도 영국에서의 그러한 지적 교류와 무관하지 않은 듯하다. 그는 어리석음의 여신('우신')의 입을 빌려 다음과 같이 말했다. "요즈음 교황의 가장 중요한 역할은 한가한 성 베드로나 성 바울에게 거의 다 떠맡겨져 있고 교황 자신은 호화로운 의식이나 쾌락을 즐긴다. 바꿔 말하면 내 덕택에 교황만큼 즐겁게 생활하는 사람도 보기 드물 것이다." 모어의 『유토피아Utopia』(1516)에 사상적 영향을 끼쳤던 『우신예찬』의 사유는, 궁극적으로 에라스뮈스의 개인적인 의지와는 무관하게(그는 루터Martin Luther, 1483~1546의 종교개혁에 반대했다) 종교개혁이라는 거대한 혁명적 길을 예비하고 있었다.

유럽의 종교개혁이 독일에서 시작되었다는 사실은 잘 알려져 있다. 당시 독일은 형식적으로는 신성 로마 제국으로 통합되어 있었지만 실질적으로 소규모의 도시국가들로 분열되어 교황청의 통제와 수탈에 저항하기가 어려운 상태였다. 죄의 대가로 받아야 할 형벌을 돈으로 사해주는 교황청의 면죄부는 재정적 착취와 수탈을 가능하게 하는 가장 효과적인 장치였다. 면죄부 자체는 성서의 원리에 배치되는 것이 아니었지만, 면죄부의 오용과 남용이 심각한 문제였다. 교황청은 재정난을 타개하기 위해 면죄부를 남발했을 뿐만 아니라 면죄부의 효과 또한 왜곡했다. 1513년 교황 레오 10세Leo X, 재위 1513~1521는 로마의 산피에트로 대성당San Pietro Basilica 개축에 필요한 재정 확보를 위해 면죄부 판매를 촉진하는 설교를 했는데 이것이 루터와 같은 개혁적 신학자들을 분노하게 했다. 루터는 1517년 10월 31일 비텐베르크Wittenberg 대학 부속 성당의 정문에 교황청의 면죄부 판매를 비판하는 「95개조 반박문95 Thesen」을 게시했다. 그중 몇 가지 조항을 살펴보면 다음과 같다.

> 5조 교황은 그 직권으로 교회의 권위를 이용해서 징계나 그 어떤 벌도 용서할 권세를 갖지 못한다.

32조 면죄부에 의해 자신의 구원이 확실하다고 스스로 믿는 사람은 그것을 가르친 사람들과 함께 영원히 저주를 받을 것이다.

44조 인간은 면죄부로 선하게 되지 못하며 사랑의 선한 행위로만 이 형벌로부터 자유롭게 되는 것이다.

52조 교황 자신도 면죄부로 영혼을 구원받지 못할 것이며 그 행위 자체도 헛된 것임을 알아야 한다.

75조 하느님을 능욕한 죄까지도 면죄부로 사할 수 있다는 교황의 발언은 정신 나간 것이다.

이 사건은 급기야 1519년의 라이프치히 신학 논쟁으로 이어지는데 루터는 이 논쟁에서 패배하고 말았다. 결국 루터는 로마 교황청과의 단절을 선언하고 독일에서 로마 교황청에 대립하는 개혁 운동을 주도해나갔다. 사태의 심각성을 깨달은 신성 로마 제국 황제 카를 5세^{Karl V, 재위 1519~1556}는 보름스 제국의회^{Reichstag zu Worms}(1521)를 열어 루터의 추방을 결정했다. 루터는 작센^{Sachsen}의 한 성에 은거하면서『신약성서』를 독일어로 번역하는 일에 몰두했고, 농민들을 대상으로 설교를 하는 등 종교개혁을 지속해나갔다. 라틴어로 된 성서를 읽을 수 없어서 기독교의 진실을 알 수 없었던 독일 민중에게 종교에 대한 자신들의 합리적이고 객관적인 인식과 이해의 기초를 제공하고자 했던 것이다.

한편, 독일에서 시작된 종교개혁은 주변 지역으로 확산되어 나갔다. 특히 스위스는 가장 주목할 만한 지역이었다. 스위스 종교개혁의 중심에는 츠빙글리^{Ulrich Zwingli, 1484~1531}와 칼뱅^{Jean Calvin,}

루터와 칼뱅 교황청의 면죄부 판매를 비판하는 「95개조 반박문」을 통해 종교개혁의 계기를 마련한 루터(왼쪽)와 교회의 인적, 제도적 개혁을 꾀하고 성서 본래의 뜻에 충실한 신앙생활을 설파한 칼뱅.

1509~1564이 있었다. 에라스뮈스와 교류했던 츠빙글리는 취리히를 중심으로 개혁 운동을 전개했다. 그는 성경에 근거해 당시 교회가 제정한 법률과 제도의 오류를 지적하고 67개의 논제를 통해 가톨릭교회에 대한 공개적 비판을 시도했다. 수도원 해산과 성직자들의 결혼 허용 등 츠빙글리의 개혁 운동은 취리히 당국의 협력 아래에서 효과적으로 진행되었다. 택함을 받은 신앙인들로 구성된 종교 공동체를 구축해 신권 정치^{theocracy}를 구현하고자 했던 츠빙글리의 이상은 1531년 가톨릭 세력의 취리히 공격으로 그가 사망하면서 달성되지 못했다. 하지만 그의 개혁 노선은 칼뱅에게로 계승되었다.

칼뱅은 1530년대 초반 가톨릭에서 프로테스탄트로 개종한 뒤 제네바를 중심으로 종교개혁 운동을 이끌었다. 진리의 원천은 성서이며 구원은 오직 믿음을 통해 신에 의해 부여되는 것이라고 생각한 칼뱅에게 가톨릭은 그야말로 잘못된 신앙의 굴레였다. 칼뱅은 『그리스도교 강요Institutio Christianae Religionis』를 통해 프로테스탄트 주요 교리들을 설명하면서 가톨릭의 교리에 도전했고 이는 그를 일약 권위 있는 신학자로 만들어주었다. 그리고 이 책이 출간된 1536년에 제네바에 정착하면서 삶의 결정적인 전환점을 맞이하게 된다. 당시 제네바는 프로테스탄트로 개종한 뒤 얼마 안 된 상태였다. 그런 연유로 칼뱅은 제네바를 다시 가톨릭으로 복귀시키려는 제네바 주교에 맞서 아직 확고하게 정립되지 못한 프로테스탄트를 방어해야 했다. 칼뱅은 정치적 이유로 제네바를 떠나야 했지만 3년 뒤인 1541년 제네바 시민들의 요청으로 다시 입성했다. 가톨릭의 압박으로부터 프로테스탄트를 구출해야 하는 임무를 부여받은 것이다. 칼뱅은 제네바 교회의 인적, 제도적 개혁을 통해 도시민들이 성서 본래의 뜻을 이해하고 올바른 신앙생활을 영위하며 신앙의 이름으로 자선이 이루어지는 공동체 형성을 위해 노력하는 것으로 화답했다.

독일과 스위스의 종교개혁이 중세의 기독교 전통에 도전한 걸출한 종교개혁가들의 지도력에 힘입어 전개되었다면, 영국의 종교개혁은 군주 권력의 계승을 둘러싼 복잡다단한 정치적 요인이 그 추동력이었다. 하지만 궁극적으로 가톨릭교회의 정통성에 대한 도전과 프로테스탄트의 수용이라는 면에서는 다른 나라의 종교개혁과 다르지 않다. 영국 종교개혁의 시발점은 국왕 헨리 8세Henry VIII, 재위 1509~1547가 제공했다. 그가 1509년 왕위에 올랐을 때, 영국에는 위클리프John Wycliffe, 1320~1384와 에라스뮈스 등 개혁적 신학 사상의 영향 아래에서 가톨릭에 반대하는 분위기가 조성되고 있었다. 이러한 분위기 속에서 헨리 8세와 왕비 캐서린^{Catherine} $^{of\ Aragon,\ 1485~1536}$의 이혼 문제가 불거져 나왔다. 왕비와의 사이에 자신의 왕위를 계승할 아들이 없었던 헨리 8세는 왕실 시녀의 한 사람이었던 앤 불린$^{Anne\ Boleyn,\ 1507?~1536}$과 결혼해 아들을 얻고자 했다. 그러나 교황청은 헨리 8세의 이혼과 재혼을 인정하지 않았다. 이에 헨리 8세는 1533년 1월에 앤 불린과 비밀리에 결혼하고 나중에 이를 교황청에 알리면서 교황청과 대립 각을 세웠다. 그다음 해에 이르러 헨리 8세는 수장령首長令, Acts of Supremacy을 발표해 영국국교회의 독립을 선언했다. 이제부터 영국국교회의 수장은 교황이 아니라 영국 군주가 된 것이다. 헨리 8세는 가톨릭 신부들을 탄압하고 라틴어가 아니라 토속어인 영어로 된 성경을 보급하는 등 교황청의 저항을 살 만한 조치들을 취했다. 1533년 캐서린의 딸인 메리 1세$^{Mary\ I,\ 재위\ 1553~1558}$가 왕위에 오르면서 가톨릭으로 복귀하려는 움직임을 보였지만, 이후 앤 불린의 딸인 엘리자베스 1세$^{Elizabeth\ I,\ 재위\ 1558~1603}$가 왕이 되면서 상황은 역전되었다. 하지만 여왕은 종교적 화해를 통해 국가적 평화를 얻고자 했기에 영국국교회의 프로테스탄트 원리를 제도화하면서도 가톨릭의 의식과 제도를 일부 유지해야 했다.

과학혁명, 합리적 정신의 발현

르네상스와 종교개혁이라는 두 번의 중대한 역사적 계기가 지난 뒤에 서양은 근대 이성의 형성을 위한 또 하나의 의미심장한 국면을 맞이했다. 그것은 16~17세기에 전개된 과학혁명이었다. 고

▪▪ 16~17세기 과학혁명을 이끈 천문학자, 물리학자, 생리학자, 철학자들은 이성만을 진리에 도달하는 유일한 수단으로 여겼으며, 그에 반하는 일체의 지식 체계를 거부했다.

대와 중세에 정립된 우주와 자연과 인간에 대한 패러다임이 붕괴되고 근본적으로 새로운 패러다임이 형성되었다는 면에서 혁명이라 부를 만하다.

과학혁명을 이끈 천문학자, 물리학자, 생리학자, 철학자들은 오랫동안 관습적으로 받아들여졌던 우주와 자연, 인간에 대한 지식에 근본적인 의문을 제기하기 시작했다. 그들이 철학적 또는 신학적 정통성에 기반을 두고 있는 지식에 감히 도전할 수 있었던 이유는 결코 맹목적인 용기 때문이 아니었다. 그들은 감각 기관을 이용해 관찰하고, 손으로 실험해보고, 두뇌로 추리한 결과를 가지고 고대와 중세의 지적 전통에 도전했다. 진리를 파악할 수 있는 새로운 도구를 갖췄던 것이다. 그들은 현장에서 세심하게 관찰하고 실험하며 그 결과를 논리적으로 연관 짓는 사유만이 진리를 밝히는 힘이라고 믿었으며, 그에 반하는 일체의 지식 체계를 받아들이지 않았다. 한마디로 그 힘은 곧 이성이었다. 새로운 자연과학자들을 통해 이성은 진리에 도달하는 유일한 수단이 되었던 것이다. 이 혁명적 변화는 천문학으로부터 시작되었다.

2세기경에 활동했던 고대 그리스의 천문학자 프톨레마이오스 Klaudios Ptolemaeos, 85?~165?는 자신의 천문학 저술인 『알마게스트 Almagest』 제1권에서 지구는 우주의 중심이며 움직이지 않는 고정된 실체라고 주장했다. 그에 따르면 모든 물체는 우주의 중심을 향하고 있다. 물체를 위로 던졌을 때 모든 물체가 지구의 같은 지점으로 떨어진다는 것은 지구가 우주의 중심임을 증명하는 현상이었다. 만약 지구가 움직인다고 한다면 던져진 물체는 결코 지구의 같은 지점에 떨어질 수 없을 것이기 때문이다. 이것이 바로 천동설이다. 근본적으로 그의 천동설은 지구를 중심으로 질서 잡힌 우주관을 제시한 아리스토텔레스의 우주론을 반영한 것이었다. 고정된 지구가 우주의 중심이라는 사유는 오랜 시간 서양의 우주론을 지배한 패러다임이었다. 그런데 15세기 후반부터 이 패러다임이 뿌리째 흔들리는 혁명적 상황이 서서히 등장하기 시작했다.

육안으로 천체를 관찰해 지동설을 제창한 천문학자 코페르니쿠스.

코페르니쿠스 Nicolaus Copernicus, 1473~1543와 브루노 Giordano Bruno, 1548~1600는 이러한 변화의 선구적 인물들이었다. 코페르니쿠스는 수학과 천문학적 지식에 비춰 볼 때 프톨레마이오스의 천동설이 천체의 운동 원리를 정확하게 설명하지 못한다고 생각했다. 이러한 의문은 이탈리아의 볼로냐 대학에서 오랜 기간 동안 천문학을 연구하는 과정에서 점차 구체화되었다. 그는 성당 옥상에 올라가 천체를 관측하고 그에 대한 경험적 결과들을 통해 태양을 중심으로 하는 행성계의 개념을 구축해나갔다. 그리고 관찰한 결과를 토대로 『천체의 회전에 관하여 De revolutionibus orbium coelestium』(1543)를 집필했다. 하지만 당시의 종교적 상황 속에서 이 원고는 세상의 빛을 볼 수 없었고, 그가 사망하는 순간에야 제자들에 의해 출판된 책을 만져볼 수 있었을 뿐이었다.

코페르니쿠스가 지구가 세계의 중심이 아니라는 혁명적 우주관을 설파하는 동안 사상가 브루노는 기존의 우주관과 대립하는 새로운 천문 사상을 역설했다. 브루노는 엄밀한 의미에서 자연과학자는 아니었지만 특유의 상상력으로 매우 독창적인 우주관을 구상해냈다. 그는 인간의 정신 안에 무한히 확대되는 우주가 존재하는 것처럼 실재하는 우주 역시 이러한 원리를 따르고 있다고 생각했다. 즉, 인류가 사는 지구를 포함하는 태양계는 그보

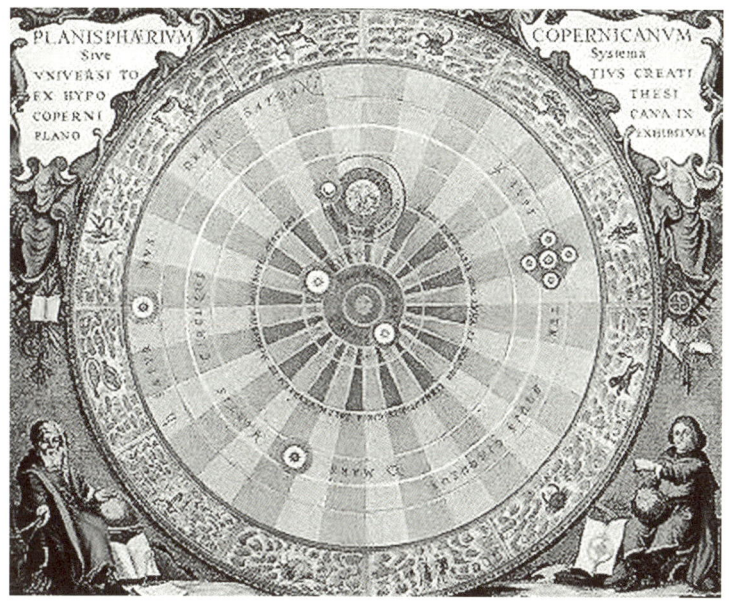

코페르니쿠스 태양계 정중앙의 태양에서부터 수성, 금성, 지구, 화성, 목성, 토성이 배열되어 있으며, 당시까지 발견되지 않은 천왕성과 해왕성, 명왕성(134340 플루토)은 빠져 있다. 그림에서 볼 수 있듯이 코페르니쿠스는 행성의 궤도를 타원이 아닌 원으로 보았다.

다 더 큰 천계에 둘러싸여 있고 그 천계 역시 그보다 큰 천계에 둘러싸여 있다는 가정 아래 무한히 확장되는 우주를 그렸다. 고대, 중세와는 다른 근대적 우주관의 출발을 알리는 상상력이 등장한 것이다.

코페르니쿠스의 새로운 우주관은 후대의 뛰어난 학자들, 특히 케플러[Johannes Kepler, 1571~1630], 갈릴레이[Galileo Galilei, 1564~1642]와 같은 천문학자들의 이론과 경험을 바탕으로 점차 설득력을 얻어나갔다. 처음부터 코페르니쿠스의 우주론을 신봉했던 케플러는 자신의 스승이 남긴 행성 운동에 관한 데이터를 기초로 지동설을 입증해 보이려 했다. 실패를 거듭한 끝에 케플러는 기하학적 도형과

속도의 법칙을 통해 코페르니쿠스의 지동설을 명확하게 설명해 주는 법칙들을 정립해냈다. 케플러와 동시대인이었던 갈릴레이는 직접 고안한 망원경으로 천체를 관찰하고 그 결과 코페르니쿠스의 지동설을 증명하는 여러 사실을 발견했다. 그중에서도 금성의 모양이 달과 같이 변화한다는 사실은 코페르니쿠스가 옳았음을 보여주는 명확한 증거였다. 또한 갈릴레이는 태양의 흑점과 울퉁불퉁한 달의 표면을 관찰하는 데도 성공함으로써 천상계는 가장 완벽하고 고귀하다는 중세적 관념에 타격을 가했다. 하지만 갈릴레이가 사람들에게 우주에 관한 이 새로운 지식들을 알린 대가는 너무 컸다. 독실한 가톨릭 신자였던 그는 교황청의 미움을 사 1633년 종교재판에 회부되어 유죄 판결을 받았다.

 새로운 사유는 천문학에 국한되지 않고 모든 사물의 운동에 관한 학문인 역학으로도 확장되었다. 갈릴레이는 유죄 판결을 받은 후에 물체의 운동의 문제에 몰두했다. 천문학과 마찬가지로 당시의 역학 또한 아리스토텔레스의 자연철학에 기초하고 있었는데, 아리스토텔레스의 운동론에 따르면 운동은 본질적으로 사물의 고유한 성질에 관계한다. 아리스토텔레스는 천상계의 운동과 지상계의 운동을 구분하여 천상계의 물체는 무게가 없고 깨지지 않는 완전한 성질을 지니고 있기 때문에 완전무결한 원운동을 하는 반면에 불완전한 성질을 지닌 지상계의 물체는 특정한 방향을 향해 직선 운동을 한다고 주장했다. 그런데 그 특정한 방향은 물체의 고유한 성질에 관계한다. 예컨대, 어떤 물체가 위로 향하는 이유는 그 물체가 가볍기 때문이고 아래로 떨어지는 이유는 무겁기 때문이라는 것이다. 단적으로 말해, 아리스토텔레스의 운동론을 따르자면 무게가 다른 두 물체를 떨어뜨릴 때 더 무거운 물체가 더 빨리 떨어진다는 결론에 도달한다.

갈릴레이는 이러한 운동론의 모순을 인식하고 몇 가지 실험과 엄밀한 추론 끝에 새로운 운동론을 정립했다. 그는 모든 물체는 종류나 크기에 관계없이 동일한 속도로 낙하하고, 물체의 무거움과 가벼움은 절대적인 성질이 아니라 상대적인 성질이며, 운동은 운동을 하지 않는 물체에 대해서 상대적으로 나타난다는 법칙 등을 정립했다. 이는 물체의 운동을 물체의 본원적 성질에서 찾았던 아리스토텔레스의 운동론에 대한 궁극적 도전이었다. 이후 갈릴레이의 역학은 데카르트$^{René\ Descartes,\ 1596~1650}$, 하위헌스$^{Christiaan\ Huygens,\ 1629~1695}$, 라이프니츠$^{Gottfried\ W.\ Leibniz,\ 1646~1716}$ 등에 의해 한층 더 다양하고 세밀하게 전개되었으며 최종적으로 뉴턴$^{Isaac\ Newton,\ 1642~1727}$의 이론으로 수렴되고 종합되었다.

1687년에 출판된 뉴턴의 『자연철학의 수학적 원리$^{Philosophiae\ Naturalis\ Principia\ Mathematica}$』(일명 '프린키피아')는 근대 역학과 천문학의 근간이 되는 법칙들을 제시하고 있다. 총 3권으로 구성된 『프린키피아』는 제1권과 제2권에서 각각 저항이 없는 공간과 저항이 있는 공간에서 힘과 운동에 관한 수학적 원리를 보여주고 있고, 제3권에서는 질량을 지닌 모든 물체 사이에는 서로 잡아당기는 힘, 즉 만유인력이 있음을 가정하고 제1권에서 제시된 힘과 운동의 법칙들(관성의 법칙, 힘과 가속도의 법칙, 작용과 반작용의 법칙)을 이용해 케플러가 제시한 행성의 운동을 수학적으로 증명하고 있다. 이렇듯 뉴턴의 물리학은 천체의 운동과 지상계의 운동을 단일한 원리로 설명하는 보편 법칙을 제시했다는 점에서,

즉 천문학을 역학의 일부로 만들었다는 점에서 가히 혁명적 의미를 지닌다고 할 수 있다(뉴턴의 역학에 대해서는 「지식인마을」 10권 『거인의 어깨에 올라선 거인: 뉴턴 & 데카르트』를 참고하라).

한편, 천체와 자연만이 합리적인 사유의 대상이었던 것은 아니다. 인체 또한 그 대상이 되었다. 17세기 초반 새로운 생리학이 탄생하기까지 인간의 신체를 설명하는 일반적인 이론은 고대 로마의 의학자 갈레노스$^{Claudios\ Galenos,\ 129~199}$의 인체 이론이었다. 갈레노스에 따르면 인체는 주요한 세 가지 기능을 수행하는데 영양분을 몸으로 흡수하는 소화 기능, 인체의 생명력과 기운을 끌어들이는 호흡 기능, 두뇌와 정신 활동을 가능하게 하는 신경 기능이 그것이다. 갈레노스는 이러한 인체 기능들이 각각 자연의 영$^{natural\ spirit}$, 생명의 영$^{vital\ spirit}$, 동물의 영$^{animal\ spirit}$을 통해 이루어진다고 믿었다. 소화 기능은 음식물이 들어와 각종 장기를 거쳐 자연의 영, 즉 피로 바뀌어 혈관을 통해 온몸으로 전달되고 영양분으로 소모되는 것이며, 호흡 기능은 심장에 들어온 피가 폐로 들어온 공기를 받아 생명의 영으로 바뀌어 기운과 열 등으로 소모되는 것이며, 신경 기능은 생명의 영이 인체의 특정한 곳에서 동물의 영으로 바뀌어 뇌에 전달되고 신경을 통해 온몸으로 퍼져 정신 활동으로 소모되는 것이다. 갈레노스의 이론은 중세 시대까지 받아들여졌다. 16세기 이래 해부학적 지식이 축적되면서 갈레노스의 이론에서 문제점들이 드러났지만, 그럼에도 불구하고 피가 생성되어 온몸에 전달되고 신체 활동으로 소모된다는 점은 굳게 신봉되었다. 하지만 17세기에 들어서며 그에 대한 도전이 시작되었다.

영국의 의학자 하비$^{William\ Harvey,\ 1578~1657}$는 『동물의 심장과 혈액의 운동에 관하여$^{Exercitatio\ Anatomica\ de\ Motu\ Cordis\ et\ Sanguinis\ in\ Animalibus}$』(1628)에서 밝힌 '피의 순환 이론'을 통해 갈레노스의 인체 이론을 반박했다. 하비는 심장으로부터 방출되는 피의 양을 정량적으로 고찰해 하루 동안 300킬로그램에 달하는 많은 피가 방출된다는 사실을 알아내고 그렇게 많은 피가 매일 생성되고 소모된다는 주장은 비합리적이라고 판단했다. 결국 피는 소모되는 것이 아니라 순환한다는 것이다.

이렇게 르네상스와 종교개혁, 과학혁명을 거치는 동안 그때까지 서구 유럽 사회를 지탱했던 세계관과 가치들은 조금씩 무너져내리고 있었다.

고대와 중세에 걸친 오랜 시간 동안 인간은 결코 세상의 주체가 아니었다. 인간은 생명으로 가득 찬 우주와 자연의 일부이거나, 신이 창조하고 관장하는 세계의 한 부분이었다. 하지만 르네상스, 종교개혁, 과학혁명으로 이어지는 서양 근세사를 통해 종국적으로 인간은 모든 영역에서 주체적 존재로 자리 잡기 시작했다. 인간은 현세적 삶의 주체이자, 신앙 행위의 주체이며, 우주와 자연 인식의 주체가 되었다. 인간이 모든 것의 주체라는 역사적 명제는 곧 철학적 성찰로 이어졌다. 17~18세기에 확립된 서양 철학의 새로운 영역인 '인식론^{epistemology}'이 바로 그것이다.

본질적으로 인식론은 이 세상의 진리에 도달할 수 있는 인간의 정신적 능력에 대한 반성적 사유를 그 내용으로 한다. 인간이 이 세상의 진리에 다가갈 수 있는 방법에는 두 가지가 있다. 부정할 수 없는 근본적인 관념과 명제를 확보하고 이를 기초로 세상의 진리를 파악하는 방법이 그 하나이고, 다른 하나는 감각 기관들을 통해 들어온 세상에 관한 정보들을 분류하고 체계화함으로써 진리에 도달하는 방법이다. 추상에서 구체로 향하는 앞의 방법을 합리론rationalism, 구체에서 추상으로 나아가는 뒤의 방법을 경험론empiricism으로 부를 수 있다. 대립적인 두 인식론을 종합한 독일의 철학자 칸트Immanuel Kant, 1724~1804는 인간을 이성적 능력으로 감각적 정보들을 정돈함으로써 세계를 인식하는 주체로 확립하기에 이른다(칸트는 이성 대신에 오성悟性, understanding으로 불렀다). 그런데 인간의 주체성에 대한 사유는 단지 철학적 인식론의 영역에 국한되지 않았다. 그 사유는 인간의 삶이 구체적으로 전개되는 공간인 사회 속에서도 이루어졌다. 사회인식론으로 불릴 법한 이러한 사유를 통해 인간은 자신이 살아가는 사회의 참된 모습을 발견하고자 했다. 근대 사회사상의 문이 열리기 시작한 것이다. 이 근대 사회사상은 '계몽주의Enlightenment'로 불리는 혁명적 이념의 형성을 주도하면서 유럽을 근본적인 변혁의 시대로 이끌어 갔다. 이제부터 그 역사적 과정을 추적해보기로 하자.

만남 2
근대 이성의 역사적 실천

근대 사회사상의 빛은 인간과 사회를 새로운 차원에서 조명했다. 먼저, 인간은 모든 것으로부터 해방된, 자유롭고 평등한 개인이자 물질적, 정신적 권리의 주체로 자리잡았고 사회는 그러한 인간들의 자유와 평등과 권리를 보장해주는 제도적 장치로 규정되었다. 고대와 중세 사회에서는 상상할 수 없었던 이러한 혁명적 사회사상은 계몽주의 사상가들을 통해 대중적 지식으로 확산되어 종국에는 유럽의 사회적 지평을 근본적으로 바꾸어놓은 정치혁명(영국혁명과 프랑스혁명)과 경제혁명(산업혁명)으로 발산되었다. 유럽은 두 혁명의 터널을 통과하면서 민주주의와 자본주의를 근간으로 하는 근대 사회$^{modern\ society}$로 재편되었다. 그런데 이렇게 형성된 유럽 근대의 풍경은, 한편으로는 '풍요와 진보'로, 다른 한편으로는 '갈등과 폭력'으로 점철된, 대단히 양면적인 모습이었다.

근대 사회사상과 계몽주의 정신

영국의 정치사상가 홉스$^{\text{Thomas Hobbes, 1588~1679}}$는 『리바이어던^{Leviathan}』(1651)에서 인간과 사회와 국가에 대한 아주 새로운 사고를 전개했다. 이 책의 제13장 '인류의 행·불행에 관한 그들의 자연 상태에 대하여'에서 그는 다음과 같이 말했다. "자연은 인간을 신체와 정신의 능력 면에서 평등하게 창조했다. …… 인간이 이와 같은 평등성을 불신하는 것은 자신의 지혜에 대해 갖는 헛된 자만심 때문이다." 여기서 알 수 있듯이 홉스는 인간의 평등성에 대한 확고한 입장을 견지하고 있다. 그런데 평등한 조건 속에서 동일한 목적을 추구하게 될 때 인간들 사이에는 불신과 갈등이 발생하게 된다. 홉스는 이를 "만인의 만인에 대한 전쟁 상태"로 묘사했다. 전쟁 상태 속에서 각 개인은 자연권$^{\text{natural right}}$을 행사할 수 있다. 인간 이성을 통해 파악할 수 있는 그 자연권은 "모든 사람이 그 자신의 본성, 즉 자신의 생명을 보존하기 위해 스스로가 원하는 대로 자신의 힘을 사용할 수 있는 자유"를 의미한다. 그런데 논리적으로 인식할 수 있듯이 자연권의 행사는 역설적으로 자신의 생명을 보존하기 어려운 상황을 초래한다. 이 모순적 상황은 인간 이성으로 하여금 자신의 생명과 안전을 보존하기 위한 방법을 모색하게 한다. 홉스는 그것을 자연법$^{\text{natural law}}$으로 명명했다. 이성은 인간에게 "평화를 추구하고 그것을 따르라"(제1의 법), "평화와 자신의 방어를 위해 권리가 필요하다고 생각하고 그와 동시에 타인도 그렇게 생각할 때는 모든 것에 대한 권리를 포기해야만 하며, 그가 타인에 허락한 만큼의 자유만 그도 타인에 대해 갖는 것으로 만족해야 한다"(제2의 법), "인간들은 자신들이 맺은 신약(信約)을 이행해야 한다"(제3의 법)라는 것을 주요 내용으로 하는 자연법을 명령한다. 이러한 자연법의 명령에 따라 인간은 자신의 생명과 평화를 위해 사회계약에 참여한다. 그리고 그 계약의 본질은 계약에 참여하는 인간들이 자신의 권리를 특정한 인물 또는 집단에게 부여해서 그들의 의사를 단일한 형식으로 만들어내는 데 있다. 이렇게 인간의 권리를 부여받은 단일한 정치체로서 국가가 성립한다. 계약에 의해 창조된 국가는 자신에게 부여된 힘과 권리를 구성원의 평화와 안전을 위해 사용할 수 있다는 것이 홉스의 생각이다.

홉스의 사상은 몇 가지 점에서 대단히 혁명적이다. 첫째, 고대와 중세의 개인은 자연적 또는 신적 공동체의 일부일 뿐 개인이 사적인 이익을 도모한다는 것은 상상할 수 없었다. 하지만 홉스의 사상에서는 자신의 이익을 추구하는 개인이 사회와 국가의 논리적 기초로 상정되고 있다. 둘째, 홉스 사상에서 개인은 욕구와 능력 면에서 자유롭고 평등한 권리의 독점적 주체로 설정되어 있다. 이 또한 신분제적 질서가 지배했던 고대와 중세 사회에서는 도저히 생각할 수 없는 것이었다. 셋째, 국가는 인간의 본성을 구현하기 위해 자연적으로 성립된 공동체라는 고대적 국가관 또는 신의 뜻을 지상에 실현하기 위해 건립한 세속적 정치체라는 중세적 국가관과는 근본적으로 단절된, 개인의 필요와 이익을 위해 인공적으로 만들어진 국가관을 제시하고 있다. 개인과 국가에 대한 새로운 사고는 명백히 근대적인 사회·정치사상의 출발을 알리는 신호탄이 되었다.

홉스보다 조금 늦게 활동했던 영국의 철학자이자 정치사상가

로크$^{\text{John Locke, 1632~1704}}$는 이러한 근대적인 사고를 한층 더 급진적으로 밀고 나갔다. 로크는 『통치론$^{\text{Two Treatises of Government}}$』(1689)에서 다음과 같이 주장했다. "인간은 완전한 자유와 자연법상의 모든 권리 및 특권을 간섭받지 않고 누릴 수 있는 자격을 어떤 사람 또는 세계의 많은 사람들과 더불어 평등하게 가지고 태어났다." 이는 개인에 대한 홉스의 이해와 전적으로 일치하고 있다고 해도 무방하다. 또한 로크는 홉스와 마찬가지로 개인이 천부적으로 지닌 자연권에 대해서도 다음과 같이 확고한 지지를 표명했다. "그리고 인간은 본래 타인의 침해와 공격으로부터 자신의 재산, 곧 생명, 자유, 자산을 보존할 권력뿐만 아니라 다른 사람들이 그 법을 위반한 것을 심판하고 그 위반 행위가 의당 치러야 한다고 자신이 확신하는 바에 따라 다른 사람을 처벌할 수 있는 권력도 가지고 있다." 로크는 홉스와는 달리 인간들 사이의 전면적인 전쟁 상태를 가정하고 있지는 않지만 그럼에도 불구하고 각 개인이 자신의 재산을 안전하게 보존하지 못하게 될 가능성을 배제하지 않고 있다. 바로 이 부분에서 사회계약의 필요성이 제기된다.

사회계약은 각 개인이 자신의 재산을 보호하기 위해 공동체에 자신들의 자연권을 양도하는 계약이다. 그런데 이와 관련해 중요하게 언급해야 할 사실은 홉스의 국가가 구성원들의 모든 자연권을 부여받아 절대권력체로 탄생한 국가(이런 차원에서 홉스의 국가는 성서에 나오는 엄청난 힘을 지닌 괴수인 '리바이어던'으로 불리고 있다)인 반면에 로크의 국가는 단지 처벌권만을 부여받은 제한적 권력의 국가라는 점이다. 나아가 로크는 국가가 부여받은 권력의 분할 필요성을 강조했다. 이는 국가가 막강한 권력을 지

홉스와 로크 두 사람 모두 사회계약의 필요성을 주장했지만 홉스(왼쪽)는 절대권력체로서의 국가를, 로크(오른쪽)는 처벌권만을 부여받은 제한적 권력의 국가를 주장했다는 점에서 차이가 있다.

님으로써 오히려 구성원의 생명, 자유, 자산을 침해하게 될 가능성을 미리 방지하기 위함이다. 절대군주제에 대한 비판과 권력 독점에 따른 폐해 등에 대한 언급은 이런 맥락에서 이해할 수 있다. 만약 국가가 본래의 목적을 위배하는 방향으로 나아간다고 판단될 때, 로크는 권력을 회수해 자신들의 재산을 보호해줄 다른 곳에 그 권력을 맡길 것을 주문했다. 이는 곧 저항권의 정당화를 의미한다. 절대주의 국가 사상을 제시한 홉스와는 달리 로크에게서는 자유주의 국가 사상의 본질적 측면을 볼 수 있다(홉스와 로크의 정치사상에 대해서는 「지식인마을」 22권 『국가를 계약하라: 홉스 & 로크』를 참고하라).

프랑스는 18세기 초부터 영국의 이러한 급진적 사회·정치사상을 적극적으로 받아들이기 시작했다. '짐이 곧 국가'라는 모토 아래에서 영토 확장을 위한 대외 전쟁에 몰두한 루이 14세^{Louis}

XIV, 재위 1643~1715의 절대주의 통치 체제는 프랑스 백성에게 점차 환멸과 고통으로 다가오기 시작했다. 전쟁에는 언제나 백성의 대규모 희생이 수반되었고 이러한 정치적 국면 속에서 영국 사상가들의 근대적 사회·정치사상은 프랑스 사회에 하나의 새로운 빛이었다. 특히 절대군주 체제에 대한 전면적인 공격을 의미했던 로크의 정치사상은 프랑스 절대군주 체제를 비판하는 데 매우 유용하고 설득력 있는 메시지를 담고 있었다.

『법의 정신』De l'Esprit des lois(1741)의 저자 몽테스키외Montesquieu, 1689~1755는 절대군주제 공격의 선두에 선 인물이었다. 몽테스키외는 절대군주가 무제한적 권력을 행사하는 전제 정치는 정치적 무질서와 혼란만을 초래할 뿐이라고 말하면서 정치적 안정과 균형을 꾀하고 시민적 자유를 보장하는 바람직한 제도로서 권력 분립에 기초하는 자유주의 정치 제도를 옹호했다. 그것은 명백히 로크의 사회계약 사상에서 제시된 권력 분립 이론의 발전된 형태였다. 그와 동시대 인물이었던 다르장송d'Argenson, 1694~1757 또한 프랑스의 절대군주 체제에 대한 비판적 시각을 표명했다. 그는 프랑스의 군주 체제가 절대주의를 넘어 전제주의로 귀착되었다고 주장하면서 그러한 역사적 과정과 그 과정에서 초래된 정치적 문제들(예컨대 매관매직)을 고발했다.

그런데 점차 전제주의로 변질돼가는 루이 14세의 권력 체제를 비판하는 사상적 원천에 로크와 같은 영국의 사회·정치사상만 있었던 것은 아니다. 또 다른 원천이 프랑스 내부에서 형성되고 있었다. 대표적으로 생피에르Abbé de Saint-Pierre, 1658~1743와 페늘롱François Fénelon, 1651~1715을 들 수 있다. 먼저, 『유럽의 영구 평화를 위한 기획$^{\text{Projet pour rendre la paix perpétuelle en Europe}}$』(1713)을 저술한 생피에르는 '글로리콜^{gloricole}'이란 신조어를 만들어내 루이 14세의 통치와 정복전쟁을 비판했다. '글루아르$^{\text{gloire, glory}}$'가 참된 영광을 뜻하는 반면에 글로리콜은 허영심, 자만과 같은 거짓된 영광을 의미한다. 참된 영광이 공공의 이익을 위해 봉사하고 헌신한 인물들에게 부여되는 훈장이라면 거짓된 영광은 자신만의 사적인 욕구에 몰두하는 사람들이 받는 가식의 훈장이다. 생피에르에게 루이 14세는 거짓된 영광, 즉 글로리콜의 인물이었다. 다음으로, 루이 14세 왕실의 가정교사를 담당하면서 위대한 교육자라는 평판을 얻었던 페늘롱은 『텔레마크의 모험$^{\text{Les Aventures de Télémaque}}$』(1699)과 『사자^{死者}들의 대화$^{\text{Dialogues des Morts}}$』(1712)와 같은 저술을 통해 진정한 국가적 영웅과 국부^{國父}의 모델을 그려냈다. 그에 따르면 진정한 영웅은 정복욕에 사로잡힌 군주가 아니라 지혜와 평화를 추구하는 군주이며 참된 국부는 위계질서의 정점에서 일방적으로 권위를 행사하는 존재가 아니라 자애와 관용으로 백성을 대하는 존재다.

절대주의 왕권을 비판하고 새로운 정치·사회 체제의 전망을 제시한 이러한 사상적 흐름은 종국적으로 프랑스 계몽주의의 기초가 되었다. 그중 볼테르$^{\text{Voltaire, 1694~1778}}$와 루소$^{\text{Jean-Jacques Rousseau, 1712~1778}}$는 프랑스 계몽주의의 핵심적 인물들이었다. 당대 최고의 문인이자 사상가로서 대중적으로 엄청난 인기를 한몸에 받았던 볼테르('볼테르'는 필명이며 본명은 '아루에$^{\text{François-Marie Arouet}}$')는 프랑스 군주제, 그리고 그것과 결탁해 특권을 행사하는 교회 권력을 신랄하게 비판했다. 프랑스 군주제 비판의 주된 근거는 자연권이었다. 그것은 앞서 살펴본 바와 같이 근대적인 국가 구성의 원리를 밝힌 사회계약론의 핵심적인 개념이었다. 볼테르는 자신의 문학적 천재성을 온전히 발현할 수 없었던 프랑스를 떠나 영국에 체류하면서 자연권과 자연법 등 근대 정치철학적 개념에 깊은 관심을 보였다. 그가 생각하는 자연권은 자유를 향유하기 위한 모든 형태의 권리를 의미했다.

> 자연권은 인격과 재산의 온전한 자유, 글을 통해 국가에 대해 말할 수 있는 자유, 독립적인 개인들로 구성된 재판관에 의해서만 형사재판을 받을 수 있는 자유, 법에 명시된 조항에 따라서 재판을 받을 자유, …… 각자가 원하는 종교를 믿을 수 있는 자유 등이다.
>
> 세Henri Sée, 「18세기 프랑스 정치사상 Les Idées politiques en France au XVIIIe siècle」(1920)

당시 프랑스의 가톨릭교회는 군주제 속에서 거대한 특권 계급으로 성장해 있었는데 볼테르는 프랑스의 종교적 폐쇄성과 불관용의 원인을 바로 이 점에서 찾았다. 1762년에 일어난 칼라스Calas 사건*은 프랑스 가톨릭교회의 편견과 불관용을 보여주는 가장 적나라한 사건이었다. 이 문제에 깊이 연루되었던 볼테르는 『관용론Traité sur la tolérance』(1763)을 통해 종교적 관용의 자연법적 정당성을 역설했다. "네가 타인에게 당하고 싶지 않은 일을 너 역시 타인에게 행하지 말라"라고 명령한 자연법에 비춰 볼 때 "내가 믿는 것을 믿어라. 만약 믿지 못하겠다면 너를 죽이겠다"라는 논리는 부당하다는 것이다. 그러한 차원에서 볼테르는 교회를 국가적 통제하에 두고, 종교적 관용을 제도적으로 보장하는 등의 개혁 조치를 제안했다.

루소 역시 프랑스 계몽주의 형성과 관련해 볼테르에 필적할 만한 영향을 미친 문인이자 사상가였자. 볼테르와 동시대를 살다 갔지만 볼테르가 대중적 영광에 둘러싸인 화려한 삶을 살았던 반면, 루소는 특히 말년에 이르러 고독하고 외로운 삶을 맛보아야 했다. 그렇지만 그의 사회·정치사상은 볼테르의 사상보다 훨씬 더 체계적이었으며 프랑스 근현대 정치에 매우 깊고 넓은 영향력을 끼쳤다. 이는 루소의 '일반의지$^{volonté\ générale}$' 개념이 프랑스혁명의 이념적 기초를 제공했으며 현대 프랑스 공화국의 헌

➠ 칼라스 사건

1761년 10월 프랑스의 남부 도시 툴루즈(Toulouse)에서 발생한 종교 사건. 당시 68세의 장 칼라스(Jean Calas, 1698~1762)와 그의 가족은 가톨릭교도인 장남 마르크앙투안(Marc-Antoine)을 제외하고는 모두 프로테스탄트(위그노)였다. 그런데 10월 13일 칼라스의 집에서 마르크앙투안이 목매달아 자살하는 사건이 벌어졌다. 변호사의 꿈을 이루지 못한 패배감에 자살을 택한 것이었지만 주변의 많은 이들은 칼라스 가족이 가톨릭에 대한 증오의 표시로 장남을 살해했다고 주장했다. 당시 툴루즈 시민 대다수는 가톨릭교도였다는 사실을 상기해봄 직하다. 툴루즈 고등법원은 개신교도에 대한 툴루즈 시민들의 적대감에 편승해 칼라스의 살인을 인정하고 사형을 선고했다. 칼라스는 사지를 여러 수레에 각각 묶어 찢기는 거열형(車裂刑)에 처해진 뒤 불태워졌다. 이 사건을 전해 들은 볼테르는 독자적인 조사를 벌여 사건의 진실이 왜곡되었다는 사실을 알아냈다. 그의 노력 덕분에 사건은 국왕 국무회의 재판부로 올라가 재심 판결을 받았고 칼라스의 무죄와 명예 회복이 이루어졌다. 사건의 진실에 접근하려는 볼테르의 용기와 실천은 프랑스 지식인의 사회 참여, 즉 '앙가주망(engagement)'의 역사적 원형으로 기록되고 있다.

루소와 『사회계약론』 인민주권론으로 프랑스혁명의 이념적 기초를 제공한 루소와 그의 저서 『사회계약론』의 표지.

법 정신에도 고스란히 녹아 있다는 사실을 통해서도 알 수 있다. 루소 사회·정치사상의 본질은 『인간불평등기원론Discours sur l'origine et les fondements de l'inégalité parmi les hommes』(1755)과 『사회계약론Du Contrat social』(1762)에 잘 나타나 있다. 『인간불평등기원론』은 인간의 자연 상태에 대한 고찰로부터 시작한다. 그런 면에서 루소는 영국 사회계약론자들의 방법적 시각을 따르고 있다. 그런데 루소가 생각하는 자연 상태의 인간은 홉스나 로크와는 본질적으로 다르다. 홉스와 로크의 경우 평화 상태이든, 전쟁 상태이든 사회적 관계에 놓인 개인들을 상정하고 있지만 루소는 그야말로 철저히 자신의 필요만을 위해 고립적이고 무관계적으로 살아가는 개인들을 상상하고 있다. 글자 그대로 원시적인 삶에 비견되는 그 개인들이 가령 타인과 관계를 맺는다고 하더라도 그것은 우연의 산물에 불과하다. 그 상태에서라면 개인들 사이의 지배와 종속의 관계 또한 존재하기 어려울 것이다. 그런데 토지에 경계를 둘러 자신의 것이라고 선언하는 순간, 즉 사유재산의 개념이 발생하는 순간부터 상황은 근본적으로 변화한다. 이제 자연 상태의 원시적 평등은 사라지고 소유의 불평등과 정치적 지배가 그 자리를 대신하게 된다. 이러한 상태는 무질서와 혼란을 초래하고 궁극적으로 유지할 수 없는 수준으로까지 나아갈 수 있다. 이러한 이유 때문에 자연 상태의 인간들은 새로운 존재 양식으로서 국가를 수립해야 하는 것이다. 바로 그것이 『사회계약론』

➡ 루소 사회계약론의 특징

루소의 사회계약론에는 홉스와 로크의 사회계약론과는 근본적으로 상이한 측면이 있다. 루소 사회계약론의 핵심은 계약에 참여한 개인들이 자신의 모든 권리를 전적으로 양도함으로써 완전히 평등한 상태를 만드는 데 있다. 말하자면 자신을 전체에 내줌으로써 결국 아무에게도 자신을 주지 않은 상태, 개인과 전체가 하나로 통합된 상태를 만드는 것이다. 루소의 말을 빌리자면 "우리 각자는 자신의 인격과 모든 권리를 일반의지라는 최고의 지도 아래에 공동의 것으로 두며, 모두 함께 각 성원을 전체와 떨어질 수 없는 부분으로 받아들인다"는 것이다. 이는 계약 당사자들이 자신의 모든 권리를 양도한다는 면에서 홉스의 사회계약과 유사한 듯하지만 홉스의 사회계약이 존재론적이고 의미론적인 차원에서 계약 당사자들과는 분리된 정치적 실체, 즉 리바이어던을 상정하는 반면에 루소의 사회계약은 개별자들이 불가분 그것의 일부로 존재하는 정치적 실체로서 일반의지를 제시하고 있다. 말하자면 홉스의 경우 주권자가 단일하고 독립적인 인격체로 등장한다면(군주주권론) 루소는 계약 당사자 모두가 주권자임을 밝히고 있다(인민주권론). 또한 로크의 사회계약과도 다른데 로크가 사회계약의 궁극적 목적을 개인의 자산, 즉 자연권을 보호하는 데 두었다면 루소의 사회계약은 모든 인간이 자연 상태에서 향유하던 자신의 보존과 안녕을 회복하는 것이다. 즉 루소의 목적은 물질적인 부를 의미하는 로크의 자연권이 아니라 소박하고 평등한 삶의 권리로서의 자연권을 보호하는 데 있다.

의 주요한 문제의식이다. 이렇게 해서 홉스, 로크와 함께 서양 근대 국가 체제의 사상적 원리를 기초한 루소의 사회계약론이 탄생했다.

프랑스 계몽주의적 사유의 근본에는 이성이 자리하고 있다. 이성은 자연권과 자연법을 통해 인간이란 본래 어떠한 형태의 정치적 지배에 예속되지 않는 자유롭고 평등한 존재임을 말해주고 있다. 그러한 이성적 가르침에 입각할 때 자유와 평등을 보장하지 못하는 전통적인 정치 체제와 종교 질서는 비난과 공격의 대상이 되어 마땅하다. 나아가 이성은 그 두 개의 가치를 구현할 새로운 정치적 질서에 대해 말해준다. 그것은 바로 권리의 양도를 통해 구성되는 인공적인 계약국가이다. 이를 보면, 당시의 계몽주의가 이성에 대해 절대적인 신뢰를 보내고 있음을 알 수 있다. 독일의 계몽주의 철학자 칸트가 1784년에 발표한 논문인 「계몽이란 무엇인가?Beantwortung der Frage: Was ist Aufklärung?」에는 이성에 대한 계몽주의적 믿음이 얼마나 깊은지 잘 표현되고 있다.

> 계몽이란 인간 스스로가 초래한 미성숙 상태에서 해방되는 것이다. 미성숙 상태는 다른 사람의 인도 없이는 자신의 오성을 사용할 수 없는 상태를 뜻한다. 그 원인이 오성의 결핍이 아니라 다른 사람의 안내 없이 오성을 사용할 결단력과 용기의 부족이라면 그 상태의 책임은 전적으로 자신에게 있다. 스스로 사고하기를 주저하지 말라! 자신 있게 자신의 고유한 오성을 사용하라! 이것이 계몽의 표어다.
> 「계몽이란 무엇인가?」

이성(칸트의 용어로는 '오성')은 자연적 진리만이 아니라 사회적 진리 인식을 가능하게 하는 유일한 '빛'이다. 이런 면에서 이성적 능력의 발휘 여부가 성숙하고 자율적인 인간을 판별하는 기준이 된다는 논리는 타당하다. 그런데 칸트가 말하고 있듯이 이성적 능력이 몇몇 인간에게만 한정된 것이 아니라 모든 인간에게 보편적으로 내재된 것이라면, 무엇보다 잠재된 이성이 발현될 수 있도록 촉진시키는 일이 필요하지 않겠는가? '백과전서파百科全書派, Encyclopédistes'로 불리는 18세기 프랑스 계몽사상가들, 즉 디드로Denis Diderot, 1713~1784와 달랑베르Jean le Rond d'Alembert, 1717~1783 등은 이를 위한 지적 작업의 선두에 선 인물들이었다. 이 두 사람의 책임하에 1751~1780년에 35권, 항목 7만 1,818개, 삽화 3,129개로 구성된 대작 『백과전서 또는 과학, 예술, 기술에 관한 체계적 사전Encyclopédie ou Dictionnaire raisonné des sciences, des arts et des métiers』(이하 '백과전서')이 완성되었다. 볼테르, 루소, 조쿠르Louis de Jaucourt, 1704~1779, 돌바크Paul-Henri d'Holbach, 1723~1789 등 당대의 영향력 있는 사상가와 철학자를 필두로 근대 수학과 과학에 정통한 학자, 전문 기술자 및 성직자의 참여로 이루어진 『백과전서』는 역사, 철학, 문학이라는 기본적인 분류 체계 아래에서 인류가 생성한 여러 지식을 소개하고 있다. 이러한 지식체계를 바탕으로 사람들에게 합리적, 비판적 사유의 필요성을 촉진시킨 이 책은 불가피하게 정부의 탄압을 감수해야 했다. 예컨대, 『백과전서』에는 가톨릭의 교리가 비판적으로 분석되어 있고, 종교 또한 철학의 범주로 포괄되어 있다. 아울러 『백과전서』의 '철학자' 항목과 '부部' 항목은 다음과 같은 설명을 포함하고 있다.

기독교인에게 은총이 필요한 것과 같은 이치로 철학자에게는 이성이 필요하다. …… 다른 사람들은 어둠 속을 걷지만 철학자들은 같은 정념을 지니고 있어도 성찰한 후에 행동한다. 철학자는 어둠 속을 걸어가지만 그 앞에는 횃불이 비추고 있다. 철학자는 셀 수 없이 많은, 세심한 관찰을 통해 원칙을 구축한다. 그는 진리와 사이비 진리를 혼동하지 않는다. …… 철학자의 정신은 관찰과 정확성의 정신이다.

「철학자」, 『백과전서』

배타적 특권이 인정되지 않고, 재정 체계가 부의 집중을 유도하지 않는다면 거부와 졸부는 존재할 수 없을 것이다. 부의 축적 수단이 많은 시민 사이에 고루 나뉘어 있다면 부는 한층 더 공평하게 분배될 것이다. 극단적인 부와 빈곤은 찾아보기가 힘들 것이다.

「부」, 『백과전서』

『백과전서』로 대표되는 프랑스 계몽주의는 한마디로 말하자면 비판과 자유의 정신이라고 할 수 있다. 프랑스 역사학자 샤르티에[Roger Chartier, 1945~]는 『프랑스 혁명의 문화적 기원[Les Origines culturelles de la Révolution française]』(1990)에서 프랑스 계몽주의를 "종교적 광신주의를 비판하며, 관용을 찬양하고, 관찰과 실험을 신뢰하며, 모든 제도와 관습을 비판적으로 검토하고, 자유라는 새로운 도덕의 이념에 따라 정치·사회적 관계를 재구성"할 것을 주창한 정신이라고 평가한 바 있다. 그렇다면 계몽의 힘, 보다 일반적으로 말해서 이성의 힘은 단순히 자연과 사회에 대한 관조가 아니라 기존 질서에 대한 비판을 통해 새로운 질서의 형성을 이끈 실천력으로 이해해야 한다. 그 정신과 힘은 정치와 경제 영역에서 일어난 혁명적 변동 과정을 통해 자신의 구체적인 모습을 여실히 드러내 보였다.

이성의 역사적 구현
혁명과 근대 사회의 형성

서유럽에서 형성된 근대 사회는 정치적으로는 국민국가와 민주주의로, 경제적으로는 산업자본주의로, 그리고 사회적으로는 도시화로 그 특징을 요약할 수 있다. 이러한 근대 사회의 태동을 이끈 힘은 새로운 정신성으로서 이성이라고 할 수 있다. 그렇다면 이제부터 이성이 어떤 면에서 서유럽 근대 사회의 성립에 추동력을 행사했는가를 살펴보기로 하자.

서유럽 근대 사회의 정치적 측면을 특징짓는 국민국가와 민주주의는 영국과 프랑스의 정치·사회적 혁명을 통해 구현되어 주변 국가들로 확산되어나갔다. 청교도혁명과 명예혁명을 아우르는 영국혁명은 17세기 중반에 시작되어 후반에 매듭지어졌으며 프랑스혁명은 18세기 후반에 발발해 수차례의 정치적 격변기를 거쳐 19세기 후반에 종결되었다.

먼저, 절대군주제로부터 공화제를 거쳐 입헌군주제로 귀결된 영국 혁명의 원인과 전개 과정을 간단히 살펴보기로 하자. 부왕 제임스 1세$^{\text{James I, 재위 1603~1625}}$가 주창한 절대군주제적 통치의 정당성을 신봉했던 찰스 1세$^{\text{Charles I, 재위 1625~1649}}$는 과도한 전쟁과 대외정책 등으로 탕진한 국고를 채우기 위해 무분별한 세금을 부과하면서 백성의 불만을 초래했다. 이에 의회는 '권리청원$^{\text{Petition of Right}}$'

을 제출해 의회의 승인 없이는 과세할 수 없다고 주장하면서 국왕과 대립했다. 그러나 찰스 1세는 권리청원을 받아들이지 않고 의회를 해산시켜 11년간 의회 없는 통치를 이어나갔다. 국왕과 의회의 대립이 전면전으로 치닫게 된 결정적 계기는 1641년 여름 아일랜드 농민들이 영국에 대항해 일으킨 대규모 봉기에서 시작되었다. 아일랜드 반란으로 인해 국왕에 대한 영국인들의 불신이 상승하자 의회는 그해 11월에 총 204개조로 구성된 '대간의서大諫議書, Grand Remonstrance'를 채택하여 국가 개혁을 추진하려 했다. 하지만 국왕은 이듬해 1월 무장 군인들을 이끌고 의회로 가서 대간의서 채택을 주도적으로 이끌었던 의원들을 체포하려는 것으로 맞섰다. 의회는 1642년 6월에 국왕의 정책을 비판하는 '19개 제안Nineteen Propositions'을 발표했지만 찰스 1세가 다시 군대 동원으로 응수하며 결국 내전이 발발했다. 초기에 우세했던 찰스 1세의 왕당파는 올리버 크롬웰Oliver Cromwell, 1599~1658이 이끄는 의회파에 의해 점차 수세에 몰렸고, 결국 찰스 1세가 1649년 1월에 처형되었다. 이제 영국은 공화국이 되었고 호국경護國卿, Lord Protector 크롬웰에 의해 통치되었다. 그러나 무력에 기반을 둔 그의 통치는 국민들의 불만을 초래했다. 찰스 2세Charles II, 재위 1660~1685에 의한 왕정복고는 그러한 정치적 불만의 해소책이었다. 그런데 찰스 2세는 초기의 신중함과는 달리, 전제적 통치자로 군림하기 시작했고, 뒤이어 왕위에 오른 동생 제임스 2세James II, 재위 1685~1688 또한 형의 통치 방식을 이어나갔다. 이에 의회는 네덜란드 총독인 오렌지공 윌리엄William III of Orange의 군대를 끌어들여 국왕에 대항했다. 제임스 2세가 의회에 굴복해 프랑스로 망명함에 따라

의회는 윌리엄과 그의 부인인 메리^{Mary}를 공동 왕으로 추대했다. 피를 흘리지 않고 이룩한 혁명, 즉 '명예혁명'이 완수되었다. 의회는 다음 해인 1689년에 '권리장전^{Bill of rights}'을 제정해 입헌군주제를 확립했다.

제임스 1세부터 찰스 1세와 2세를 거쳐 제임스 2세에 이르기까지 영국 절대군주제의 이념적 기반은 '왕권신수설^{王權神授說}' 즉, 왕의 권력은 신이 부여한 것이기 때문에 군주는 신에 대해서만 책임을 지며 피치자^{被治者}는 국왕에 절대복종해야 한다는 통치 이념이었다. 하지만 의회는 왕권신수설을 인정하려 하지 않았다. 왕의 권력은 인민의 의지를 구현하고 있는 의회에 의해 견제되어야 한다는 것이 의회의 생각이었다. 절대군주에 대한 의회의 저항과 투쟁에 정당성을 제공한 이념은 사회계약론을 근본으로 하는 영국의 근대 사회사상이었다. 홉스와 로크의 사회계약론은 왕권신수설에 대한 근본적 부정이었다. 왕권신수설은 피치자들은 종교적이고 생물학적으로 신성한 권력에 무조건 복종해야 한다고 설파했지만 사회계약론은 정치적 복종에는 합리적이고 타당한 원칙과 이유가 있다고 강조했다. 그 원칙과 이유는 이성의 빛이 알려준 자연권이었다. 리바이어던으로 상징되는 강력한 국가든, 권력 분립을 따르는 제한적 국가든 그 국가는 피치자들이 천부적으로 지니고 있는 자연권 보호를 궁극적 목표로 삼고 있는 것이다. 이렇게 볼 때 근대적인 정치 체제인 입헌군주제를 탄생시킨 영국혁명의 근간에는 이성주의 사유의 산물인 사회계약론이 깔려 있는 것으로 이해해야 한다.

프랑스혁명은 절대군주제를 혁파하고 입헌군주제로 이행했다가 종국에는 공화제로 귀결되는 혁명이었다. 물론 그 중간 과정이 제정, 왕정, 공화정이 서로 엎치락뒤치락하는 격동의 역사로 점철되었음을 언급해야겠다. 프랑스혁명은 1789년 루이 16세^{Louis XVI, 재위 1774~1792}의 통치에 대한 자본가들, 즉 부르주아^{bourgeois} 계급(부르주아지^{bourgeoisie})의 불만과 저항이 그 출발점이었지만 근본적으로는 루이 14세에서 시작된 절대주의 통치가 초래한 구조적 문제에서 그 원인을 찾을 수 있다.

　루이 16세는 거의 파탄 지경에 이른 국가 재정을 만회하기 위해 삼부회를 소집했다. 삼부회는 제1신분(성직자), 제2신분(세습 귀족), 제3신분(신흥 귀족, 부르주아지)으로 구분된 신분제 회의체였다. 그런데 막강한 경제력과 계몽주의라는 신흥 이념으로 무장해 새로운 정치, 경제, 사회 질서를 꿈꾸는 제3신분에게 기존의 구태를 벗어나지 못하는 삼부회는 마땅히 투쟁과 전복의 대상이었다. 그도 그럴 것이, 제1신분과 제2신분 어느 누구도 세금을 내야 하는 것에 동의하지 않았고 재무 대신의 연설 또한 루이 16세의 치적을 칭송하고 정당화하는 데 급급할 뿐이었다. 혁명은 제3신분의 대표들이 삼부회가 열리고 있던 베르사유 궁전을 빠져나와 근처 운동장에서 자신들만의 정치적 기구인 국민의회 수립을 선포하고 '인간과 시민의 권리 선언^{Déclaration des droits de l'homme et du citoyen}'(이하 '인권 선언')을 공표하면서 그 에너지를 발산하기 시작해 파리 민중에 의해 바스티유^{Bastille} 감옥이 함락되며 본격적인 국면으로 접어들었다. 루이 16세와 왕당파는 혁명 에너지를 분쇄하고 왕정을 지키기 위해 온갖 노력과 힘을 다 동원했지만 번번이 실패로 돌아갔다.

애초에 혁명 세력은 왕에 대한 처형을 계획하지 않았다. 그들이 추구했던 새로운 국가 체제 또한 공화제가 아니었기에 1791년 헌법은 혁명 이후 프랑스의 국체國體를 입헌군주제로 명문화했다. 하지만 국왕이 오스트리아에 도움을 청하기 위해 프랑스를 빠져나가다 붙잡히고, 반혁명 음모의 증거물이 튈르리^{Tuileries} 궁전에서 발견되는 등 혁명 세력의 인내와 관용을 시험하는 여러 사건이 발발하면서 상황이 급변했다. 결국 1792년 9월에 공화정이 수립되었고, 다음 해 1월에는 루이 16세의 목이 콩코르드^{Concorde} 광장에 떨어졌다. 하지만 혁명 세력의 비타협적인 태도는 세력 내부의 분열과 그에 따른 정치적 혼란을 초래했다. 이후 프랑스 정국은 혁명의 목표와 속도를 둘러싼 대립 그리고 반혁명 세력의 지속적 저항으로 인해 엄청난 격변을 감수해야 했다. 예컨대, 1804년 나폴레옹$^{Napoléon\ I,\ 1769~1821}$에 의한 제정 수립, 1814년 왕정복고, 1830년 7월혁명과 부르주아 왕정 수립, 1848년 2월혁명과 제2공화정 수립, 1851년 쿠데타와 제2제정 수립, 1870년 프로이센과의 전쟁과 내전 등이다. 이러한 정치적 혼란은 1875년 제3공화정이 수립될 때까지 계속되었다.

제3공화정에 이르러 프랑스 정국은 점차 안정을 되찾을 수 있었다. 이 제3공화정은 무엇보다 계몽주의와 프랑스혁명의 이념을 계승하는 정체임을 공식화했다는 점에서 그 역사적 의의를 찾을 수 있다. 제3공화정 정부는 이러한 성격에 걸맞게 계몽주의와 혁명의 이념을 구현하는 제도적, 문화적, 교육적 차원의 조치들을 마련해나갔다. 바스티유 감옥 함락일인 7월 14일을 공화국의 기념일로 결정한 것을 비롯해 주요한 혁명가들의 조각상들을 거리에 설치하고, 혁명 초기에 건립된 묘지 팡테옹Panthéon*을 국립묘지로 공식화하고, 혁명의 지도자들이 구상한 무상 공교육의 원리를 실천에 옮긴 것 등을 대표적인 예로 들 수 있다.

이러한 기나긴 혁명의 역사가 과연 어떤 점에서 이성에 의해 추동되었을까? 앞서 살펴본 바와 같이 몽테스키외로부터 백과전서파 지식인에 이르기까지 계몽주의 정신의 형성자들은 이성의 빛으로 모든 전통과 관습을 비판하고 자유와 평등이 보장되는 새로운 사회를 건설해야 한다고 주창했다. 그들은 권력을 독점하는 전제군주제와 종교적 맹신에 빠져 있는 교회를 비판하고 특권층을 양산하는 불평등한 사회·경제 체제를 공격했다. 또한 권리가 보장되고, 물질적 균등이 이루어지며, 문화와 교육의 평등이 실천되는 국가 체제 수립의 필요성을 강조해 마지않았다. 이러한 계몽주의 정신은 1789년 8월 26일에 선포된 인권 선언에서 명확하게 그 모습을 드러내고 있다. 총 17개조로 구성된 인권 선언의 전문을 살펴보자.

> 국민의회를 구성하고 있는 프랑스 인민의 대표자들은 인권에 대한 무지, 망각 또는 멸시가 공공의 불행과 정부의 부패를 초래하는 유일한 원천이라고 생각하여, 인간의 자연적이고 양도할 수 없는 신성한 권리들을 엄숙한 선언으로 제시할 것을 결의한다. 그 목적하는 바는 이 선언을 사회 전체의 모든 구성원들에게 항상 제시함으로써 그들의 권리 및 의무를 끊임없이 상기시키기 위함이며, 입법권의 행위 및 집행권의 행위를 수시로 모든 정치 제도의 목적과 비교함으로써 보다 존중하기 위함이며,

▶ 계몽주의 정신의 구현체, 팡테옹

팡테옹은 프랑스를 빛낸 위대한 인물들의 시신이 안치되어 있는 일종의 국립묘지다. 팡테옹의 역사는 프랑스혁명 초기인 1791년 4월로 거슬러 올라간다. 탁월한 화술과 웅변술로 좌중을 사로잡았던 혁명의 지도자 미라보(Mirabeau, 1749~1791)는 제3신분의 대표들이 베르사유 궁전을 빠져나와 국민의회를 선포하고 인권 선언을 공표하는 과정에서 지도적 역할을 했다. 그가 1791년 4월 4일 갑자기 사망하자 의회 지도자들은 그의 시신을 안치할 장소를 찾고 있었다. 그들은 루이 15세가 프랑스의 성녀 생트 주느비에브(Sainte Geneviève, 423~502?)를 기리기 위해 건립한 가톨릭교회를 선택했다. 혁명의 지도자들은 미라보의 시신을 교회의 지하 묘소에 안치하자마자 볼테르의 유해 또한 그곳에 안치했다. 의회는 1791년 4월 10일 법률을 제정해 그곳을 위대한 혁명가들의 시신을 안치하는 묘지로 승인했다. 곧 이어 루소를 필두로, 혁명의 선구자와 지도자들의 유해가 속속 안치되었다. 볼테르와 루소의 묘소는 팡테옹 지하 묘소의 입구에 나란히 자리하고 있는데 이는 곧 팡테옹이 계몽주의 정신의 구현체임을 보여주는 상징적 배치라고 할 수 있다. 팡테옹은 혁명의 지지 세력과 반대 세력 사이에서 권력이 교체될 때마다 교회로서의 위상과 묘지로서의 위상을 반복하는 역사를 경험해야 했다. 제3공화정에 들어 공화국의 위대한 인물인 위고(Victor-Marie Hugo, 1802~1885)의 장례식을 계기로 팡테옹은 계몽주의와 혁명의 이념을 구현하고 있는 공화국의 묘지로 온전히 자리 잡을 수 있었다.

시민의 요구가 앞으로 간결하고도 자명한 원칙에 기초함으로써 언제나 헌법의 유지와 모두의 행복을 지향하도록 하기 위함이다. 그 결과 국민의회는 지고至高의 존재 앞에서 그 가호를 받아 인간과 시민의 권리를 다음과 같이 승인하고 선언한다.

이것은 바로 계몽주의 사상가들의 목소리였다. 자유와 법 앞에서 인간의 평등을 명시한 제1조부터 소유권의 신성함을 규정한 제17조에 이르기까지 계몽주의 사상가들의 주장과 논리는 인권선언의 곳곳에 녹아 있다. 이를 계기로 혁명의 시작을 알리는 움직임들이 본격화되기에 이르렀다. 또한 인권 선언의 전문은 프랑스의 국체를 입헌군주제로 명문화한 1791년 헌법의 전문이 되어 혁명의 정당성을 알리는 지고의 메시지가 되기도 했다.

혁명을 통해 수립된 영국과 프랑스의 국가 체제는 국민국가였다. 정치적인 관점에서 국민국가는 피치자인 국민이 주권자인 국가로 설명될 수 있다. 그런 차원에서 영국과 프랑스의 국체는 정치 체제의 형식적 상이성에도 불구하고 공히 피치자의 통치를 의미하는 민주주의의 원리를 구현하고 있다. 인류 역사상 피치자가 국가 주권의 주체였던 적이 단 한 번도 없었다는 역사적 사실에 비춰 볼 때 국민국가로 불리는 이 체제는 정치적으로 대단히 중대한 의미를 지닌다. 이러한 근대 민주주의의 원리는 이후 영국과 프랑스를 넘어 유럽의 다른 나라들로 확산되었다.

이러한 시대적 상황 속에서 영국에서는 또 하나의 혁명적 기운이 태동하고 있었다. 그것은 곧 경제적 근대화의 길을 향한 산업혁명의 기운이었다. 소규모 수공업 생산 체제에서 대규모 공장제 생산 체제로의 전환을 의미하는 산업혁명이 영국에서 최초로 일어나게 된 배경은 매우 복합적이지만, 대체로 농민층 분해에 따른 자유로운 노동력 형성, 상업자본주의 발전에 따른 자본 축적, 인구 증가에 따른 자연 에너지(삼림 자원)의 부족 등을 들수 있다. 이를테면, 영국에서는 탄탄한 자본력을 지닌 자본가층이 폭넓게 형성되어 있었을 뿐만 아니라, 생산 과정에 자유롭게 활용할 수 있는 노동력층도 구축되어 있었다. 나아가 인구 증가에 따른 물질적 필요성이 증가하면서 새로운 이윤 창출의 환경이 조성되어 있었다는 것이다. 그리하여 새로운 에너지원으로서 석탄이 이용되었고 석탄 에너지를 생산 과정에 효과적으로 투입할 수 있는 기술인 증기기관이 근대 자연과학의 기술을 통해 발명되어 철도와 면직물 제조 등 생산 과정에 광범위하게 이용되었다. 이러한 산업혁명은 곧 영국을 넘어 유럽 대륙의 여러 나라로 확산되어갔다. 이제 유럽은 산업자본주의로 불리는 새로운 경제 체제로 이행해가고 있었다.

물질 생산력의 비약적 상승을 가져온 산업혁명이 경제 영역에서만 혁명적 변화를 불러온 것은 아니었다. 그것은 사회 구조에도 변화를 가져왔다. 예컨대, 물질 생산력의 증대로 말미암아 인구가 증가했으며 늘어난 인구는 점차 농촌을 떠나 공업 시설이 몰려 있는 도시로 옮겨 갔다. 철도망의 발달로 한층 더 활발해진 인구 이동은 농촌의 붕괴와 함께 도시화를 가속화했다. 도시화는 종국적으로 혈연과 지연에 바탕을 둔 집단적이고 공동체적인 삶의 기반을 무너뜨리면서 개별적이고 원자화된 삶의 확대로 이어졌다. 사회학자 퇴니에스$^{\text{Ferdinand Tönnies, 1855~1936}}$가 공동 사회와 이익 사회라는 개념을 통해 설명하고자 했던 것이 바로 이와 같은 도시화 현상이다.

유럽의 산업자본주의와 도시화는 분명 산업혁명으로 불리는 물질적 생산력의 진화에 따른 결과물이다. 그렇지만 그 가시적 현상의 이면에는 보다 심층적인 변화의 원리가 내재되어 있었다는 사실에 주목해야 한다. 자본주의 경제 체제는 자유롭고 평등한 개인, 소유권, 그리고 계약 등과 같은 몇 가지 중요한 개념 위에서 확립되었다. 자본주의 경제는 토지와 신분에 구속된 노동력과는 양립할 수 없다. 오히려 그것은 공간적 제약 없이 자유롭게 이동할 수 있는 노동력을 통해서만 발전할 수 있다. 또한 자본주의 체제 속에서 노동자들은 자신들의 사회적 특수성과는 무관하게 균일하고 등질적인 존재로 취급받는다. 모든 노동력이 화폐로 전환된다는 사실이 그 점을 잘 보여주고 있다.

아울러, 로크가 주창한 소유권의 신성성에 기초하고 있는 자본주의 경제는 자본가와 노동자의 계약을 통해서 작용하는 체제이다. 물론 실질적으로는 그렇지 않더라도, 적어도 법률적인 차원에서는 자유롭고 평등한 두 주체 간에 성립하는 계약이다. 한편, 산업자본주의의 발전으로 형성된 도시화 또한 자유롭고 평등한 개인, 소유권, 계약과 같은 개념들에 의해 본질적으로 성립하는 현상이라고 할 수 있지 않을까? 이러한 역사적 사실을 통해 우리는 산업자본주의와 도시화로 요약되는 서유럽의 사회·경제적 근대화가 근원적으로 이성에 대한 신뢰에 기반을 둔 영국의 근대 사회사상과 프랑스 계몽주의 등이 주창하고 확립한 개념들을 근본 원리로 삼고 있다는 점을 알 수 있다.

영국에서 시작되어 프랑스에서 정점에 달한 유럽의 정치혁명과, 역시 영국에서 출발해 유럽의 많은 나라들로 확산된 경제혁명은 유럽의 지평을 근본적으로 바꾸어놓았다. 유럽의 국가들은 군주제에 바탕을 둔 전통적 국가 체제에서 근대적인 국민국가 체제로의 이행을 경험했을 뿐만 아니라 기존의 소규모 상업자본주의 경제 체제를 벗어나 막대한 생산력을 기반으로 하는 산업자본주의 체제로 전환해나갔다.

민주주의 제도를 구축하고 미증유의 물질적 생산력 위에 설립된 유럽의 근대 국가들은 1870년대부터 자신들의 힘을 유럽 바깥으로 발산시켜 아시아와 아프리카에서 식민지 경영을 하기 시작했다. 유럽 근대 국가의 제국주의적 식민지 쟁탈전은 필연적으로 대규모 전쟁을 초래할 수밖에 없었다. 두 번의 대전을 통해 극적으로 드러난 유럽의 제국주의적 폭력성은 식민지 경영 과정에서도 적나라하게 관찰되었다. 근대 유럽은 아시아와 아프리카의 국가들을 자신들이 원하는 방향대로 바꾸고자 한 것이다. 유럽의 제국주의는 자신들에 대해서는 근대, 합리성, 계몽을, 반대로 아시아와 아프리카의 나라들에 대해서는 전통, 비합리성, 미개의 이름을 붙이는 이분법에 기초해 전통으로부터 근대로, 비합리성으로부터 합리성으로, 미개로부터 계몽으로 나아가는 것을 역사적 발전과 진보로 규정했다. 하지만 이는 궁극적으로 유럽이 경험한 역사를 다른 나라에도 보편적으로 적용하려는 폭력적 발상이었다. 유럽의 근대와 그것의 보편적 적용에 대해 역사적 정당성을 부여한 사람들도 있었지만 적지 않은 사상가들이 유럽의 근대에 대한 비판적 성찰을 하기 시작했다. 이들은 전쟁과 식민주의를 통해 가시화된, 유럽의 근대에 내재되어 있는 폭력성과 일방주의에 대해 심각한 고민을 하기 시작했고 유럽의 근대 정신을 떠받치고 있는 이성과 합리성이라는 개념을 탐색하고자 했다. 푸코와 하버마스의 사상적 궤적 또한 이러한 큰 성찰의 흐름 속에 놓여 있다.

만남 3

푸코, 근대를 해부하다

프랑스 근대 철학의 아버지 데카르트는 모든 것을 의심하고 회의했다. 심지어 자신의 존재에 대해서도 그랬다. '사유하는 존재로서의 나'라는 철학적 공리는 그러한 철저한 의심과 회의의 결과물이었다. 푸코 역시 선조의 철학적 유전자를 이어받은 지독한 회의주의자였다. 하지만 그가 의심하고 회의한 것은 진리를 찾기 위해서가 아니라 진리를 해체하기 위해서였다.

푸코에게 문제는 근대였다. 그는 서구인들이 자명한 사실로 여기는 근대의 진리, 즉 근대가 인간 존엄과 자유, 평등, 해방, 풍요를 가져다주었으며 그러므로 역사는 진보하는 것이라는 진리에 의심을 품었다. 푸코에게 근대는 진보의 증거물이 아니었다. 그것은 오히려 근대 서구인들이 얼마나 간교하고 모순적인 정치적 욕망의 덩어리인가를 적나라하게 보여주는 징표였다. 근대는 정신병을 제조해내고, 사체를 난도질하고, 성적 욕망의 도덕적 표준을 정립하고, 육체의 감시 장치를 발명해냈다. 모든 사람들이 그토록 찬미해 마지않던 근대는 통제와 억압과 폭력 위에 설립된 건축물이라는 것이 푸코의 생각이었다. 그리하여 그는 평생 동안, 문학적 상상과 사회과학적 비판, 역사학적 실증을 통해 자신의 의심이 허황된 것이 아님을 증명하려 했다.

모든 권위를 거부하다

푸코의 청소년기에 대한 서술은 푸코가 왜 반근대주의와 반이성주의 철학자가 되었는가에 대해 의미 있는 답을 제공해줄 듯하다. 푸코는 1926년 10월 15일 프랑스 중서부의 푸아티에^{Poitiers}에서 태어났다. 친할아버지, 외할아버지, 아버지가 모두 외과 의사를 지낸 전통 있는 의사 집안이었다. 집안의 전통을 잇는 것을 너무나도 당연하게 생각한 그의 아버지는 푸코에게 의학도의 길을 갈 것을 명령했다. 그러나 푸코는 그 명령을 끝까지 거부했다. 의학을 공부한다는 것이 두려운 까닭이기도 했지만, 아버지의 권위주의에 대한 반감 때문이기도 했다. 당연한 것에 대한 푸코의 회의와 도전은 이때부터 시작되었다.

푸코의 이름을 둘러싼 한 에피소드는 부자간의 심각한 갈등관계를 잘 보여준다. 할아버지와 아버지를 따라 푸코의 이름 역시 폴^{Paul}로 정해졌다. 그러나 푸코의 곁에는 자유주의적인 교육관을 지닌 어머니가 있었다. 어머니는 그 이름을 거부하고 미셸^{Michel}을 추가해 아들을 폴-미셸로 불렀다. 보수적인 집안 전통에 대한 도전이었다. 그런데 이후 푸코는 스스로 자신의 이름에서

폴을 빼버렸다. 이에 대해 훗날 푸코는 아버지에 대한 증오심의 발로였다고 고백한 바 있다. 그리고 푸코는 의사의 길이 아닌 인문학도의 길을 가기로 마음먹었다.

고향의 고등학교에 입학한 푸코는 최고 인문학자를 꿈꾸는 수재들만 들어간다는 파리의 에콜 노르말 쉬페리외르École normale supérieure(고등사범학교)의 입학을 준비했지만 낙방

문학적 상상, 사회과학적 비판, 역사학적 실증을 통해 근대의 이성을 비판한 푸코.

하고 만다. 이후 파리로 올라가 명문학교의 하나인 앙리 4세 고등학교lycée Henri-IV에서 다시 입시를 준비한 끝에, 1946년 7월 마침내 합격했다. 하지만 그곳에서의 생활은 평탄치 못했다. 동료들과의 다툼은 말할 나위도 없고 심지어 자살 소동까지 벌였던 것이다. 결국 부모님의 손에 이끌려 정신과 치료를 받았지만 그의 심리적 장애는 완벽하게 치료되지 못했다. 푸코는 이후에도 몇 번이나 자살을 시도했다. 당시의 동료들은 푸코를 광기에 둘러싸여 살아간 인물로 기억하고 있었다.

푸코의 전기『미셸 푸코: 광기와 성의 철학자, 그 고통과 투쟁의 삶』(1989)을 쓴 에리봉Didier Eribon, 1953~은 푸코의 정신 장애를 그가 동성애자였다는 사실로 설명했다. 동성애를 인정하지 않는 권위적이고 규격화된 도덕률이 지배하는 사회에 감히 저항할 수 없었던 푸코는 자신의 성적 정체성을 감추고 그로 인해 발생한 억압적 충동을 폭력적 행위와 자살 시도로 해소했다는 것이다.

푸코는 또 의심하고 회의해야 했다. 도대체 왜 프랑스 사회는 정상적인 성욕과 비정상적인 성욕, 도덕적인 성욕과 비도덕적인 성욕을 나누는가? 그 기준이 무엇이기에 동성애가 일탈적 성욕으로 규정되는가? 그렇다면 그것은 다른 때에도, 다른 곳에서도 동일한가?

근대를 향한 칼날

푸코는 이러한 의문을 풀어야 했다. 그래서 그는 철학과 함께 심리학과 정신병리학 공부를 병행하며 1948년에 철학 학사학위를, 1949년에 심리학 학사학위를 받았다. 그리고 이어 1951년에 철학 교사 자격인 아그레가시옹agrégation을 획득했고 1952년에는 정신병리학 학위를 받았다. 역설적이게도 스스로 거부했던 의학의 문턱을 두드리기 시작한 것이다. 푸코는 릴Lille 대학 조교로 재직하면서 심리학을 강의했다. 더불어 정신병 환자들과 교도소 수감자들의 심리 상태를 관찰하고 조사하면서 정신의학의 세계로 빠져들었다. 그리고 1954년에 자신의 최초 저술인 『정신병과 인격Maladie mentale et personnalité』을 출간했다(후에 『정신병과 심리학Maladie mentale et psychologie』이란 이름으로 개정판이 나왔다).

푸코가 근대의 발명품으로 정의를 내리고 공격한 정신병과 표준화된 성욕은 사실상 푸코 자신의 문제였다. 그러므로 프랑스 일간지 『리베라시옹Libération』과의 인터뷰(1981년 5월 31일자)에서 "(제 작업은) 제 자서전의 한 단편입니다"라고 한 그의 고백은 진실이었다. 근대의 억압 체계는 바로 자신의 삶을 옥죄고 있었던 것이다. 그는 자신의 개인사에 투영된 근대의 폭력성이 자신의 문제만이 아님을 보여주어야 했다. 그리고 몇 년 뒤 역사적 자료에 대한 실증적 검토와 분석을 통해 자신의 주장을 명쾌하게 증명해 보였다.

1955년 8월, 푸코는 릴 대학을 그만두고 스웨덴 움살라Uppsala로 떠났다. 그곳에서 프랑스 문화원장으로 재직하며 프랑스어를 강의하기도 했지만 그가 몰두했던 일은 따로 있었다. 움살라 대학 도서관에서 국가 박사학위 논문의 주제인 '정신병의 역사' 서술에 필요한 1차 자료들을 광범위하게 수집하고 정리하는 것이었다. 고문서 수집가가 기증한 그 자료들은 16세기부터 20세기 초에 이르기까지 유럽 사회 전반을 아우르는 2만여 건의 기록들이었다. 1958년 봄 학위 논문의 전체적인 뼈대가 완성될 즈음 푸코는 파리로 돌아왔다. 하지만 곧 바르샤바 대학의 프랑스 연구소장으로 임명되어 폴란드로 떠났고 이듬해에는 함부르크의 프랑스 문화원장으로 임명되어 독일로 자리를 옮겼다. 푸코는 함부르크에서 자신의 박사학위 논문을 완성하는 데 주력했다. 근대에서 비정상으로 규정된 광기에 대한 연구를 프랑스가 아니라 외국에서 진행하고 마감한 셈이다. 말하자면, 스웨덴과 독일에서 '타자他者'가 되어 '근대의 타자'에 대한 연구를 수행하고 마무리 지었던 것이다.

1961년 5월 20일 토요일 오후, 파리의 소르본Sorbonne 대학에서 푸코의 박사학위 논문 심사가 열렸다. 논문의 제목은 『광기와 정신착란: 고전시대 광기의 역사Folie et déraison. Histoire de la folie à l'âge classique』였다(우리나라에는 『광기의 역사』로 번역 출간되었다). 그것은 광기로 불리는 심리 현상이 정신병이 되어가는 역사에 관한 연구였다. 근대는 광기를 '실성失性, déraison', 즉 이성의 상실로 규정했다. 그럼으로써 광기는 이성의 영역에서 떨어져 나와 정신병이 될 수밖에 없었다. 이는 곧 광기가 이성의 치료와 통제 대상이 되었음을 의미한다. 광기에 대한 이성의 지배가 시작된 것이다. 이것이 바로 광기에 대한 근대적 사유의 본질이지만 사실상 그 사유는 역사를 관통하는 보편적인 것이 아니었다. 적어도 근대 이전에 광기는 이성과 달랐을지언정 이성의 통제와 지배의 대상이 되지는 않았기 때문이다. 말하자면 '차이'의 대상일지언정 '차별'의 대상은 아니었다는 것이다. 푸코는 모범적이고 표준적인 근대적 현상의 연구를 거부하고 일탈과 비정상으로 정의된 현상을 연구하고자 했다. 광기는 그 출발점이었다. 이후 그는 시

∷ 푸코는 시체, 일탈적 성욕, 범죄의 역사와 그 역사에 개입하는 담론과 지식을 탐구한 끝에 서구 근대가 결코 자유와 해방의 세계가 아님을 공개적으로 선언한다.

체, 일탈적 성욕, 범죄의 역사와, 그 역사에 개입하는 담론과 지식, 그리고 담론과 지식의 권력적 본질을 탐구하여 마침내 서구 근대가 결코 자유와 해방의 세계가 아님을 공개적으로 선언하기에 이른다. 푸코의 논문은 앞으로 전개될 그의 연구를 위한 최초의 작업이었다. 논문은 심사자들의 격찬을 받으며 성공적으로 통과되었다.

학위를 마친 다음 해에 푸코는 프랑스 중부 클레르몽페랑 Clermont-Ferrand 대학의 철학 교수가 되었다. 그동안 푸코는 프랑스에서 인체에 대한 과학적 지식인 해부학 성립의 역사를 공부해 『임상의학의 탄생: 의학적 지식의 고고학Naissance de la clinique: une archéologie du savoir médical』(1963)을 출간했다. 서구 근대가 이성의 이

름으로 지배하려 했던 또 하나의 대상인 '사체'에 관한 연구였다. 점점 더 예리해져가는 푸코의 학문적 칼날은 또 다른 작품을 준비하고 있었다. 그것은 인간에 대한 지식으로서 인문과학의 형성에 관한 연구였다. 푸코가 이런 연구를 시작한 데에는 분명한 목적이 있었다. 그것은 다름 아닌 인간에 대한 탐구는 시대를 뛰어넘는 보편적 지식이라는 검증되지 않은 믿음에 도전장을 내밀기 위함이었다. 그는 인간과학을 근대적 에피스테메$^{épistémè, 認識素}$가 만들어낸 역사적 산물이라고 말했다. 그것은 곧 인간의 정신과 육체를 관찰하고 분석하려는 근대의 지적 욕망은 결코 보편적 진리일 수 없다는 선언이었다. 그 연구는 푸코가 클레르몽페랑을 떠나 타자가 되는 또 다른 경험을 시작하기 직전에 『말과 사물: 인간과학의 고고학$^{Les\ Mots\ et\ les\ Choses.\ Une\ archéologie\ des\ sciences\ humaines}$』(1966)으로 출간되었다. 푸코는 파리의 소르본 대학으로 가지 못한 아쉬움을 뒤로하고 1965년 9월 튀니지의 튀니스 대학으로 떠났다. 이방인 푸코는 대학 캠퍼스에서 재현된 튀니지의 정치·사회적 혼란을 경험해야 했다.

▌인간의 주체성을 부정하다

푸코는 1968년 말 프랑스로 돌아왔다. 68혁명의 여파는 계속되고 있었다. 그는 파리 교외의 뱅센^{Vincennes}에 위치한 파리 8대학 철학과에 자리를 잡았다. 뱅센의 파리 8대학은 68혁명의 여파로 파리 대학이 분할되면서 새롭게 설립된 좌익 계열의 학교였다. 푸코의 명성은 자자했다. 『말과 사물』의 대중적 인기에 따른 것이었다. 학위 논문 『광기와 정신착란』보다 더 난해한 그 책이 판에 판을 거듭하면서 팔려 나갔다는 것은 언뜻 쉽게 이해되지 않지만, 1960년대 중·후반이 구조주의structuralism의 시대였음을 생각하면 수긍이 갈 것이다. 구조주의는 실존주의existentialism에 도전해, 사회를 초월하는 개인과, 역사 발전의 동력으로서의 인간이라는 개념에 반기를 들었다. 구조주의자들에게 인간은 오히려 사회적 구조의 산물이었다. 인간의 주체적 의지에 의해 발전하는 역사는 존재하지 않았다. 『말과 사물』은 이런 구조주의적 사유에 충실한 저작이었다. 지식은 인간의 주체적 의지를 통해 만들어지는 것이 아니라 인간이 놓인 시대의 지식 형성 규칙의 산물이라는 것이다.

 푸코의 뱅센 생활은 결코 평탄하지 못했다. 캠퍼스에서 집회와 시위가 계속되었고 푸코 또한 그러한 상황으로부터 자유로울 수 없었기 때문이다. 파란만장했던 2년간의 뱅센 생활을 정리해야겠다고 생각할 무렵, 푸코에게는 중요한 계획이 있었다. 그것은 프랑스 최고의 권위를 자랑하는 학문의 전당 콜레주 드 프랑스Collège de France의 교수가 되는 일이었다. 콜레주 드 프랑스의 철학 교수는 에콜 노르말 쉬페리외르 준비반 시절부터 푸코의 스승이었던 이폴리트Jean Hyppolite, 1907~1968였다. 그런데 이폴리트가 1968년 10월에 사망하자 후임 철학 교수 선발이 공고된 것이다. 푸코는 다른 두 후보자와의 치열한 경쟁을 거쳐 교수직에 임명되었다. 더없는 영광의 순간이었다. 1970년 12월 2일의 취임 강의를 시작으로 콜레주 드 프랑스에서의 교수 생활이 시작되었다. 취임 강의의 주제는 말하는 행위(담론 행위)를 제약하는 사회적 규칙과 장치들에 관한 것이었다. 이 강의는 그다음 해에 『담론의 질서L'ordre du discours』로 출간되었는데, 이 책은 1969년에 발간된 『지식의 고고학L'Archéologie du savoir』과 함께 담론 행위와 지식 형성의 규칙에 대한 추상적인 성찰을 담고 있다.

일반적으로 사람들은 말하는 행위를 인간의 자유로운 의지로 생각하며, 또한 세계에 대한 지식은 역사 속에서 누적적으로 발전했다고 생각한다. 말은 내 생각을 표현해주고 있고 지식은 인류사의 진보를 보여주고 있지 않은가? 이것은 바로 역사 발전을 이끄는 자유로운 존재라는 실존주의적 인간관의 반영이다. 하지만 푸코는 이러한 인간관을 거부했다. 그는 『담론의 질서』에서 인간의 언어 행위는 인간 외부에 존재하는 통제 규칙에 종속되어 있다고 주장했다. 아울러 『지식의 고고학』에서 지식은 역사적 연속성 위에서가 아니라 역사적 단절과 불연속 위에서 성립한다고 강조했다. 한마디로 그는 인간의 주체성subjectivity을 부정하는 구조주의적 사유를 하고 있었던 것이다. 푸코는 이러한 시각을 '고고학'으로 명명했다.

모든 사유가 그렇듯이 담론과 지식에 관한 푸코의 구조주의적 사유 속에서도 당대 사상가들의 영향력을 엿볼 수 있다. 우선 '아날학파École des Annales'로 불리는 프랑스 역사학자들을 언급할 수 있다. 아날학파에게 역사학의 임무는 시대의 표층에 드러나 있는 사건들의 특수성 또는 연관성에 대한 연구가 아니었다. 진정한 역사학은 시대의 심층에 간직되어 쉽게 변화하지 않는 구조를 탐구하는 것이었다. 그래서 아날학파는 정치사가 아니라 사회사를, 개인이 아니라 집단을, 연대기보다는 구조를 역사학의 뼈대로 삼고자 했다. 브로델Fernand Braudel, 1902~1985의 '장기지속la longue durée*'이라는 개념은 아날학파의 학문적 지향을 압축적으로 보여주고 있다. 『지식의 고고학』의 서문에는 아날학파의 역사학적 방법론이 넓고 깊게 포진되어 있음을 알게 된다.

다음으로 푸코는 바슐라르Gaston Bachelard, 1884~1962와 캉길렘Georges Canguilhem, 1904~1995(푸코의 박사학위 논문 심사위원 중 한 사람) 등 프랑스 과학철학자들의 영향도 받았다. 이들 역시 『지식의 고고학』

➡ 장기지속

프랑스 역사학지 페브르와 블로흐가 창설한 아날학파의 2세대 연구자라고 할 수 있는 브로델이 『펠리펴 2세 시대의 지중해와 지중해 세계(La Méditerranée et le monde méditerranéen à l'époque de Philippe II)』(1949)에서 언급한 역사학 개념이다. 아날학파는 역사를 인간들의 의지가 만들어 낸 사건들의 연속으로 보는 전통적 시각에 반기를 들고 새로운 방법론의 정립을 도모했다. 특히 브로델은 앞의 책에서 지중해라는 지리적 공간에 대한 분석을 통해 역사에 대한 새로운 시각을 정립함으로써 이러한 학문적 노력에 결정적 공헌을 했다. 그에 따르면 역사는 사건들의 집합으로 환원될 수 없으며, 사건들이 전개되는 표면 아래에는 사건사적 시각으로 포착되기 어려운 역사적 시간들이 존재한다. 역사는 세 가지 층위로 구성되는데 첫째는 개인들의 의지를 통해 형성된 사건들의 역사, 즉 표면의 역사이며, 둘째는 집단적 이해관계 속에서 지속적인 리듬을 따라 순환하는 국면의 역사이며, 셋째는 개인이든 집단이든 역사적 주체들의 의지를 거부하는, 거의 변화하지 않는 구조의 역사이다. '지중해'는 구조의 역사를 구체화하는 지리적 개념이다. 지중해라는 공간 속에서 수많은 정치적 사건들이 일어나고, 경제사회적 변동들이 주기적으로 순환되었지만 그 지리적 구조(보다 자세히 말하자면 그러한 지리적 구조가 창출해 낸 삶의 총체적 양식)는 그러한 사건과 국면들 속에서도 거의 변화하지 않은 채 지속되어 왔다는 것이며, 장기지속은 그러한 구조의 역사를 설명해주는 개념으로 사용되었다.

에서 중요하게 언급되고 있다. 푸코는 이들을 통해 과학적 지식은 단절과 불연속성 속에서 형성되는 것이며, 보편적이거나 절대적인 것이 아님을 배웠다. 또한 푸코는 아날학파의 역사학과 과학철학을 계승한 구조주의 사상가들의 통찰력을 자신의 사유체계 속으로 끌어들였다. 마르크스주의에 대한 휴머니즘적 해석의 오류를 지적한 철학자 알튀세르[Louis Althusser, 1918~1990], 인간의 무의식은 언어처럼 구조화되어 있다고 말한 정신분석학자 라캉[Jacques Lacan, 1901~1981], 유럽 민족 신화들의 공통 구조를 밝혀내고자 한 종교사학자 뒤메질[Georges Dumézil, 1898~1986], 주체의 소멸이라는 문학적 글쓰기를 시도한 작가 블랑쇼[Maurice Blanchot, 1907~2003] 등을 대표적인 사상가로 들 수 있다.

권력에 대한 고발과 저항

프랑스는 볼테르에서 시작해 졸라[Émile Zola, 1840~1902]를 거쳐 사르트르[Jean-Paul Sartre, 1905~1980]로 이어지는 '앙가주망', 즉 지식인의 사회 참여라는 역사적 전통을 간직하고 있다. 푸코 또한 그러한 전통에 속하는 인물이다. 그는 콜레주 드 프랑스 교수가 된 직후부터 사회 문제에 뛰어들었다. 푸코는 1970년 9월에 촉발된 정치범들의 단식 투쟁에 깊은 관심을 기울였으며, 수감자들에게 가해지고 있는 국가적 폭력과 비인간적인 대우에 분노했다. 급기야 동료 지식인들과 함께 1971년 2월에 '감옥 정보 모임[Groupe d'information sur les prisons, GIP]'을 결성했다(이 모임에는 들뢰즈[Gilles Deleuze, 1925~1995]도 있었다). GIP는 수감자들 및 그 가족들과의 인터뷰 등을 통해 감옥에 관한 정치적, 인간적 문제들을 제기하면서 정부에 맞섰다. 그러한 노력은 『참을 수 없는 것Intolérable』(1971)이라는 소책자로 결실을 맺었다. 책의 서문에는 다음과 같은 문제의식이 드러나 있다.

> GIP는 여러 감옥의 수감자들의 이름을 빌려 그들의 이야기를 하려는 것이 아니다. 반대로 우리는 그들에게 그들 자신과 감옥에서 일어난 일들을 스스로 말할 기회를 주려고 한다. …… 죄수들이 억압적 형벌 제도 속에서 당한 도저히 참을 수 없는 것들을 말할 수 있기를 바랄 뿐이다. 우리는 죄수들 자신이 폭로한 이 사실들이 가능한 한 빠르고 광범위하게 확산되기를 바란다. 그것이야말로 감옥 안팎에서 동시적으로 정치적, 사법적 투쟁을 효과적으로 통합시키는 유일한 방법이다. 『참을 수 없는 것』

이는 곧 푸코가 『담론의 질서』에서 통찰한 담론의 권력적 질서에 대한 고발이자 대안적 담론 생산을 위한 정치 투쟁이었다.

거리에서 진행된 이 투쟁은 1974년 후반에 강의실로 옮겨졌다. 1975년 1~3월에 푸코가 콜레주 드 프랑스에서 행한 강의(이 강의들은 1999년에 『비정상인들Les anormaux』이란 제목으로 출간되었다)의 핵심 테마 중 하나가 범죄자 취급의 역사였다. 푸코는 이 문제의식을 연장하고 심화시켜 『감시와 처벌Surveiller et punir』(1975)을 저술했다. 엄청난 지적 반향을 일으킨 이 책은 미친 사람, 죽은 사람과 함께 근대 사회에서 또 하나의 타자로 격리된 죄수들의 관리 기술을 다루고 있다.

근대 사회의 죄수들은 더 이상 다미앵Damien*(『감시와 처벌』 1장에 나오는 국사범國事犯)처럼 야만적인 방식으로 다루어지지 않는다. 그들의 신체는 물리적 고통을 동반하는 처벌의 대상이 아니라, 오히려 훈육을 통한 교정의 대상이 되었다. 그리고 그 목적을 달성하기 위해 죄수들에게는 준수해야 할 엄격한 행동규범이 부여된다. 또한 죄수들이 일탈적 행동을 스스로 교정할 수 있도록 보이지 않는 감시 체계가 작동한다. 푸코는 여기서 권력의 새로운 존재 양식을 발견했다. 그 권력은 막강한 물리적 폭력에 의지하지 않으며, 심리학, 범죄학, 정신의학, 건축학 등 근대적 지식 체계에 기초하고 있다. 또한 그것은 죄수 전체가 아니라 개인들 각각에게 행사된다. 그렇기 때문에 감지하기 어려운 은밀한 권력이다.

푸코가 『감시와 처벌』을 통해 보여준 지식과 권력의 관계에 대한 성찰은 『성性의 역사 1: 앎의 의지 Histoire de la sexualité, vol.1: La volonté de savoir』(1976)에서 한층 심화되었다. 근대 사회에서 성에 대한 권력의 통제는 성적 욕망 자체를 억압하는 방식이 아니었다. 오히려 성에 관한 도덕적 담론과 지식을 유포하는 방식이었다. 이는

➡ **다미앵**

1757년 1월 5일 베르사유에서 마차를 타려고 하던 프랑스 국왕 루이 15세를 칼로 찔러 살해하려다 대역죄로 기소되어 파리의 그레브 광장에서 처형당한 국사범. 그는 처형 전 가슴과 팔, 넓적다리, 종아리 등을 불에 달군 집게로 지지고, 왕을 찌를 때 사용한 오른손을 유황불에 태우는 등 처참한 고문을 당하였다. 처형은 네 마리 말에 사지가 각각 묶인 채 갈가리 찢겨지는 능지처참의 형벌로 이루어졌다.

일탈적 성욕에 대한 죄의식을 유도하면서 자기 교정을 가능케 하는 원리인 것이다. 지식과 권력의 관계에 대한 역사적 성찰을 통해 푸코는 '계보학'이라는 방법론을 구축했다.

권력에 대한 푸코의 고발과 저항은 1975년 가을에 다시 거리를 향하고 있었다. 푸코는 그해 9월 스페인에서 영화배우 이브 몽탕^{Yves Montand, 1921~1991}과 함께 프랑코^{Francisco Franco, 1892~1975} 정부의 정치범 탄압에 대한 항의 시위에 참여했다. 3년 뒤인 1978년 9월부터 푸코의 투쟁은 한층 더 열정적으로 전개되었다. 이란의 팔레비^{Muhammad Rizā Pahlevī, 재위 1941~1979} 왕정이 자행한 인권 침해를 고발하기 위해 두 번에 걸쳐 현장으로 뛰어들었으며, 1981년 12월에는 사회학자이자 참여 지식인인 부르디외^{Pierre Bourdieu, 1930~2002}와 함께 폴란드의 군부 정권에 의한 민주화 운동의 무력 진압에 항의하는 선언문을 작성했다. 좌파 정권에게 국제적 차원의 도덕적 책무를 수행할 것을 요구하는 이 선언문 때문에 푸코는 미테랑^{François Mitterrand, 재임 1981~1995} 대통령이 이끄는 프랑스 사회당 정부와 맞서기도 했다.

푸코의 저술 작업은 1976년에 『성의 역사 1: 앎의 의지』를 출간한 뒤로 한참 동안 중단되었다. 8년 뒤인 1984년 6월에 이르러서야 성의 역사에 관한 후속작 『성의 역사 2: 쾌락의 활용^{Histoire de la sexualité, vol. 2: L'usage des plaisirs}』과 『성의 역사 3: 자기에의 배려^{Histoire de la sexualité, vol. 3: Le souci de soi}』가 출간되었다는 사실이 이를 증명한다. 하지만 푸코는 그 기간 동안 다른 많은 일들을 했다. 콜레주 드 프랑스에서 연구와 강의를 통해 자신이 비판해 마지않았던 근대적 인간과는 다른 새로운 인간의 모습을 그려내려 했다. "주체의 해석학"으로 불리는 이 작업은 고대 그리스와 로마의 철학자들에 대한 면밀한 탐구를 바탕으로 한 것이었다. 또한 미국의 주요 대학들에서 강의를 맡으면서 자신의 철학을 폭넓게 알리기 시작했다. 박사학위 논문을 집필했던 스웨덴에서와 마찬가지로 미국 생활은 푸코에게 커다란 만족과 행복을 가져다주었다. 그리하여 푸코는 어릴 적부터 끊임없이 자신과 부딪쳐왔던 프랑스를 떠나 미국에서 정착하기 위한 계획을 구상하기 시작했다. 하지만 그 계획은 실현되지 못했다. 그가 감기로 착각하고 있었던 것이 사실은 에이즈였기 때문이다. 푸코는 1984년 6월 2일 자신의 아파트에서 쓰러져 병원으로 실려 갔다. 역설적이게도 그의 치료를 담당한 병원은 푸코가 『광기와 정신착란』에서 언급했던 라살페트리에르$^{la\ Salpêtrière}$ 병원이었다. 푸코는 여러 사람들의 바람과 희망을 들어주지 못하고 1984년 6월 25일 숨을 거두었다. 그날 모든 일간지에는 푸코의 사망을 대서특필하는 기사와 함께 학문적, 정치적 동료들의 애도의 글이 실렸다.

만남 4

근대 이성의 본질을 폭로하라

　서구의 근대로 통하는 문의 열쇠는 계몽주의자들이 쥐고 있었다. 그들에게 이성은 진리를 밝히는 빛이었다. 진리의 빛에 따라 세워진 근대는 과거의 모든 억압과 불평등으로부터 인간을 해방시킨 사회였다. 하지만 푸코는 서구의 근대를 그렇게 이해하려 하지 않았다. 그에게 근대는 겉으로는 인간의 자유와 해방이 실현된 것처럼 보이지만 본질적으로 또 다른 형태의 억압과 불평등이 존재하는 사회였다. 이러한 억압과 불평등은 근본적으로 계몽주의자들이 찬양한 이성에 의해 작동되고 있었다. 그렇다면 문제의 핵심은 그 이성의 정치적 논리를 철저하게 파헤치는 일일 것이다.

　푸코의 근대 이성 비판은 다음과 같이 요약할 수 있다. 첫째, 근대 이성은 모든 인간을 존엄성의 차원에서 동일하고 동등하게 규정하는 것 같지만 사실은 자율적이고 완성된 인간과 종속적이고 미완성된 인간을 구분하고 있다. 그리고 그 범주에 따라 전자는 후자를 통제하고 다스릴 도덕적, 정치적 권한을 갖는다. 둘째, 근대 이성에 의해 형성된 지식은 타율적이고 완성되지 못한 인간에 대한 지배를 합리화하고 정당화하는 역할을 수행하고 있다. 이는 인간을 탐구하는 근대의 여러 지식들이 이성을 바탕으로 하는 과학적 진리로 간주되고 있기 때문이다. 셋째, 근대 지식은 과거와는 달리 인간 '개인의' 몸과 마음을 대상으로 하는 은밀하고 정교한 권력의 메커니즘을 만들어냈다. 이렇듯 푸코는 근대 사회에서 만들어진 이성과 지식과 권력의 역사적·정치적 결탁관계를 분석하고 폭로하고자 했다.

광기, 정신병이 되다

푸코의 박사학위 논문 『광기와 정신착란』의 주제는 서구에서 광기에 대한 인식이 어떠한 역사적 변화를 겪었는가에 관한 것이었다. 이는 곧 역사적으로 광기에 대한 인식이 고정불변하거나 보편적이지 않았음을 암시한다. 그렇다면 오늘날 우리는 광기를 어떻게 이해하고 있을까? 그것은 본질적으로 이성의 상실, 즉 실성으로 이해된다. 실성은 곧 정신이상으로서 비정상적 상태를 뜻한다. 광기에 대한 이와 같은 이해는 적어도 근대 의학과 법학적 지식에 비추어 정당하고 합리적인 것으로 받아들여지고 있다. 하지만 푸코에 따르면 이것은 광기에 대한 근대적 인식을 반영하는 것일 뿐 결코 보편적인 것이 아니다. 이를 입증하기 위해서는 근대 이전 사회에서 형성된 광기에 대한 인식과 근대 및 근대 이후에 형성된 인식이 결코 동일하지 않음을 보여줄 필요가 있었다. 이것이 바로 푸코의 박사학위 논문이 담고 있는 본질적 문제의식이었다.

　푸코의 관찰은 서구의 중세에서 출발한다. 푸코가 볼 때 중세의 광기는 오늘날과 같이 비정상과 정신이상으로 해석되지 않았다. 그것은 오히려 신성함의 상징이자 종교적 구원의 표징이었다. 예컨대, 중세의 기독교인들은 광인을 인간을 구원하기 위해 땅으로 내려온 신의 현현顯現으로 이해했다. 여기서 푸코는 프랑스의 기독교 성인 뱅상 드폴Vincent de Paul, 1581~1660의 고백을 언급하고 있다.

> 오, 우리의 구세주시여! 당신은 기꺼이 유대인들에게는 수칫거리요, 이방인들에게는 광인으로 보이길 원하셨고, 주님이신 당신은 스스로가 미치고자 하셨다는 복음서의 기록대로 기꺼이 정신이 나간 것처럼 보이려 하셨습니다. 『광기와 정신착란』

　다음으로, 르네상스 시대에 들어와서 광기에 대한 새로운 이해 방식이 형성되었다. 『광기와 정신착란』의 겉장을 넘기면 보스Hieronymus Bosch, 1450~1516가 그린 「바보들의 배The Ship of Fools」가 있다. 푸코가 주목한 이 그림은 르네상스 시대에 광인들이 어떻게 인식되었는가를 잘 보여주고 있다. 사람들이 배를 타고 어디론가 항해하고 있는 모습이 담겨 있는 이 그림은 르네상스 시대에 광인들을 도시 밖으로 추방했던 역사적 사실을 묘사한 것이다. 이는 곧 이 시기에 일반인들과 광인들의 '공간적' 분리가 시작되었

「바보들의 배」 광인들이 도시 밖으로 추방된 역사적 사실을 묘사하고 있는 이 그림은 르네상스 시대에 일반인과 광인의 공간적 분리가 시작되었음을 보여준다.

다는 것을 의미한다. 이 공간적 추방은 르네상스 시대에 정상인들의 광인에 대한 인식을 알게 해준다. 일반인들이 광인을 자신들과 함께 살 수 없는 다른 존재로 인식하기 시작한 것이다. 하지만 그렇다고 해서 광인을 자신들이 통제하거나 관리해야 할 대상으로 생각한 것은 아니었다. 그러한 통제와 관리 대상으로서 광인의 개념은 17세기 중반에 이르러서야 성립한다.

이제 푸코의 역사적 시각을 따라 절대왕정기로 불리는 17세기 중반 프랑스로 넘어가보자. 푸코가 고전주의라고 명명한 이 시기는 계몽주의자들을 중심으로 근대적 이성의 관념이 형성되고 파급되기 시작한 때다. 그런데 이 시기에 푸코의 눈길을 끈 사건이 하나 발생했다. 1656년 프랑스에서 구빈원인 '로피탈 제네랄L'hôpital général'이 설립된 것이다. 푸코는 일견 단순해 보이는 이 역사적 사실에 주목하고 있다. 파리에 구빈원 설치를 명령한 루이 14세는 그로부터 20년 뒤인 1676년에 왕국의 모든 도시에 동일한 기능을 가진 구빈원을 설립하라고 지시했다. 구빈원은 15세기 이후 거의 사라져버린 한센병 환자, 일명 '나환자'의 수용소를 개조한 것이었다. 그렇다면 절대군주가 전국에 구빈원을 설립한 이유는 무엇일까? 그곳에는 사회적 무질서를 초래할 우려가 있는 여러 유형의 부랑자들(환자, 상이 군인, 실업자, 죄수, 낙오병 등)이 수용되었다. 그리고 그 속에 광인도 포함되었다. 정상인과는 달랐지만 그래도 자유롭게 떠돌아다닐 수 있었던 르네상스의 광인들이 감금되기 시작한 것이다. 그럼, 국가는 왜 '대감금le grand renfermement'으로 명명될 정도로 많은 수의 부랑자들을 수감해야 했을까? 국가는 수감자들에게 노동을 부과함으로써 국내 경제 발전을 꾀하고자 했다. 하지만 더 중요한 목적은 당시에 가장 심각한 악덕으로 규정되었던 게으름의 방지였다. 구빈원 제도의 본질적 목적이 구걸과 나태를 방지하기 위함이라는 국왕의 칙령이 그 점을 잘 말해주고 있다.

여기서 푸코는 17세기 중반 구빈원 제도의 근본적 의미를 묻고 있다. 구빈원은 윤리와 도덕의 공간이다. 그것은 곧 광인이 다른 형태의 일탈자들과 함께 국가적 목적 아래 도덕과 윤리적 판단의 대상이 되었음을 의미한다. 광기에 대한 역사적 인식의 관점에서 이는 매우 중대한 변화다. 중세와 르네상스기에 광기는 결코 윤리적, 도덕적 통제의 대상이 되지 않았다. 그러나 고전주의 시대에 들어 광인은 중세와 르네상스 시대 속에서 향유했던 자유를 박탈당했다. 이제 광인은 비이성적 존재들로 규정되어 감시와 통제의 대상이 되었다.

그런데 여기서 광인이 다른 유형의 비이성적 존재들과는 다른 독특한 상황에 놓였다는 사실에 주목해야 한다. 즉 광인들은 다른 비이성적 존재들과는 달리 사람들 앞에 노출되어, 사람들의 즐거움과 정죄의 대상이 된 것이다. 이제 사람들은 광기를 야수성의 표출로 이해하기 시작했다.

> 오히려 그 시기의 수용소에서는 광인들에게 동물성의 이미지를 부여했다. 광기는 그 얼굴을 야수에게서 빌려온 것이다. 감옥의 벽에 쇠사슬로 묶여 있는 광인들은 더 이상 방황하는 영혼을 가진 인간이 아니라 자연적인 광포함에 희생된 동물일 따름이다.
>
> 『광기와 정신착란』

고전주의 시대는 이성의 시대였다. 인간의 본질은 이성이며 그 이성을 상실한 존재는 인간이 아니었다. 프랑스 고전주의 시대의 철학자 파스칼의 『팡세』에는 이러한 사유가 명확하게 드러나 있다. 파스칼은 손도 발도 머리도 없는 사람을 상상할 수는 있지만 생각이 없는 사람은 상상할 수 없다고 말했다. 파스칼이 말한 '생각'은 이성의 다른 이름이었다. 고전주의 시대에 이성의 원리에 따라 정립된 의학, 철학, 자연과학은 광기를 과학적으로 분석하기에 이르렀다. 이제 광기는 초월적 힘도, 신의 현현도, 이성과는 다른 자유로움도 아니었다. 오히려 그것은 이성의 상실, 즉 실성으로 간주된다. 이는 광기가 이성의 결여라는 관념 속에서 이해되기 시작했다는 중대한 의미를 지닌다. 이렇게 해서 광인은 비인간, 즉 야수로 정의되었다.

광인은 인간이 아니라는 논리에 객관적 타당성을 부여하는, 광기에 관한 전문적인 지식과 담론 체계가 확립되어갔다. 푸코는『광기와 정신착란』제5장에서 조울증과 히스테리, 건강 염려증hypochondrie(심기증心氣症) 등 광기의 유형을 나열하고, 강화, 정화, 침수, 운동 조절 등 광기의 치료 방법과 같은 체계적인 의학 담론들도 설명하고 있다. 이는 곧 광기가 이성의 관찰과 통제 아래에서 "과학적 정신분석"의 대상이 되기 시작했음을 뜻한다. 고전주의 시대의 의사들은 이러한 과학적 치료법을 매우 잔인한 방식으로 광인들에게 적용했다.

사람들은 대감금과 체계적인 의학 치료를 통해 광인이 사라졌다고 생각했다. 하지만 18세기 중엽에 이르러 광인에 대한 사회적 공포가 새롭게 대두했다. 푸코는 이를 "대공포le grande peur"로 명명했다. 광기에 대한 이러한 공포는 18세기 후반까지 계속되며 질병과 악의 진원지가 광인들에게 있다는 인식을 확산시켰다. 사람들은 광기가 확산될지도 모르고 자신 역시 광인이 될지도 모른다는 공포에 휩싸였다. 그래서 18세기 중엽부터 병원과 교화소를 비롯해 모든 형태의 수용소들을 정화하고 정비하는 것이 매우 중요한 일로 부상했다. "불순한 요소들과 악성 포말성 기운을 봉쇄하고 동요를 진정시키며 악과 질병이 공기를 오염시켜 도시 내로 전염되는 것을 막으려는 노력"이 필요했던 것이다. 이러한 상황은 궁극적으로 정신병에 대한 사회적 관심을 증대시켰다. 이와 관련해 푸코는 스위스 내과 의사 티소[Simon-André Tissot, 1728~1797]의 주장을 인용하고 있다. "따라서 나는 과거에는 드물었던 신경성 질병이 오늘날에 매우 빈번하게 발생한다고 주저 없이 말할 수 있다."

이러한 사태는 18세기 후반에 이르러 광기에 대한 새로운 인식의 형성을 유도했다. 그것은 곧 광기를 야수성이 아니라 인간의 문명적 삶과 연관시키려는 인식이었다. 광기는 과도한 자유, 종교 행위, 지식의 발전과 물리적 자극 증대 등에 기인한다는 분석 담론이 유포되기 시작한 것이다. 이와 같은 시기에 수용소를 둘러싸고 주목할 만한 변화가 일어났다. 먼저, 광인들과 함께 수감된 범죄자들이 자신들을 그들과 같은 공간 속에 놔두는 것에 항의하기 시작했다. 항의가 너무 격렬해서 관리들이 반드시 풀어야 할 골치 아픈 문젯거리가 되었다. 다음으로, 교도소와 수감자에 대한 인식에 변화가 있었다. 예컨대 미라보와 같은 혁명가는 노동할 수 있는 수감자들을 왜 교도소에 감금해야 하는가를 물었다. 그것은 역으로 교도소에 수감되어야 하는 사람들 중에는 노동이 불가능한 광인들만이 남게 될 것임을 의미했다. 그는 또한 교도소는 "인간을 미치게 만드는" 공간이라고 생각하면서 정신이 멀쩡한 사람들을 그곳에 잡아두는 것은 죄악이라고 주장했다. 그렇다면 그곳에 감금되어야 할 사람들은 이미 정신이 나간 광인들뿐이다.

이러한 일련의 변화들은 광기를 다루는 방식의 대전환을 낳았다. 광인을 제외한 사회적 일탈자나 범죄자에 대한 감금이 최소한으로 줄어들기 시작한 것이다. 역사적으로 볼 때 이는 프랑스 혁명의 이념적 근간이었던 인권 선언의 시대적 요청이기도 했다. 그 결과 "감금은 특정한 기결수와 광인에게만 적용"되었다. 푸코에 따르면 이는 광기의 역사에서 결정적 전환점이 되었다. 그동안 광인들과 함께 수용되었던 다른 많은 일탈적 존재들이 광인들과 분리되기 시작했다. 이는 공간을 달리하는 물리적인 것이기도 하지만 광기와 다른 유형의 일탈들을 더 이상 같은 유형의 비이성으로 다루지 않는다는 면에서 정신적인 것이기도 했다. 말하자면 "비이성의 무차별적인 통합체"가 깨지면서 "광기가 특수화된" 것이다. 이로써 국가와 사회는 광인들을 수용할 새로운 수용소의 모습에 대해 고민하지 않을 수 없게 되었다. 물론 그것은 고전주의 시대와 같이 야만스러운 수용소일 수는 없었다. 왜냐하면 광인들은 더 이상 야수가 아니었기 때문이다. 더욱이 자유, 종교, 문명의 산물이 광인들을 위한 인간 존엄의 메시지도 전달되었다. 19세기 프랑스 의사 에스키롤$^{\text{Jean-Étienne Esquirol, 1772}}$ $^{\sim 1840}$은 "광인을 감옥에 보내는 것을 어느 누구도 부끄러워하지 않았다", "이 불행한 사람들은 죄수들과 함께 감옥에 감금되어 있었다. 얼마나 기괴한 연결인가! 얌전한 광인보다는 범죄자에 대한 대우가 훨씬 좋았다"라고 비판했다. 이러한 목소리들은 프랑스만이 아니라 영국과 독일에서도 등장했다.

  푸코가 『광기와 정신착란』의 제9장 '새로운 수용소의 탄생'에서 분석한 튜크$^{\text{Samuel Tuke, 1784~1857}}$와 피넬$^{\text{Philippe Pinel, 1745~1826}}$의 수용소는 바로 이러한 거대한 정신적, 물질적 변화의 귀결점이었다.

:: 피넬의 수용소 속에서 광인은 철저하게 고립된 속에서 자신을 돌아보며 수치심과 자책감을 느끼고 죄의식을 갖게 된다.

일견, 튜크와 피넬의 수용소는 광인의 치료 방식에서 상이한 양상을 보였다.

먼저, 영국의 퀘이커교 목사였던 튜크의 수용소는 엄숙한 종교적, 도덕적 가정의 분위기로 구축되어 있다. 여기서 광인들은 간수들로부터 이성적이고 바람직한 행동 원리를 교육받고, 행동 원리를 위반한 광인들에게는 노동이 강제된다. 그런 점에서 노동은 경제적인 이유가 아니라 도덕적인 이유에 관계한다. 이는 물리적 힘을 통한 억압과 통제가 아니라 광인들이 자신의 잘못과 죄를 깨닫고 스스로 교정하게 하는 방식이다. 즉 죄의식의 내면화를 통한 자기통제 방식인 것이다. 간수와 광인은 가부장제 가정에서 아버지와 자녀의 관계를 연상시킨다. 여전히 미성숙하고 불완전한 광인들은 정신적으로 성숙하고 완성된 인간인 간수의 보호와 가르침을 받아야 하는 구조인 것이다. 즉 간수는 이성적이고 바람직한 행동의 구현체였다. 이 구조는 광인들로 하여금 간수 앞에 선 자신이 얼마나 미성숙하고 비이성적이며 불완전한 존재인가를 깨닫게 한다. 말하자면 광인은 이성적 존재인 간수에 대해 자신은 타자이자 종속적 인간이라는 사실을 인식하는 것이다.

다음으로, 프랑스 병리학자 피넬의 수용소는 튜크의 수용소 같은 종교적 가족 공동체의 원리를 따르지 않는다. 오히려 고립과 단절이라는 반가족적 원리를 따르고 있다. 피넬의 수용소에서는 광인과의 대화가 금지되고 관계가 단절되기 때문에 광인은 절대적인 침묵과 고독의 공간에 자리한다. 광인은 철저한 무관심 속에 놓인다. 타자가 부재하는 절대적 고립의 공간 속에서 광인은 자신을 돌아본다. 그것은 마치 거울을 통해 자기 얼굴을 보는 것과 같다. 광인은 수치심, 열등감, 의기소침, 자책감 등을 느낀다. 그것은 곧 자신에 대한 죄의식이다. 여기서 내면적인 죄의식의 메커니즘은 외적인 처벌과 결합된다. 푸코가 예를 들고 있는 찬물 샤워와 같은 처벌은 본질적으로 죄의식의 객관적 지각을 위한 장치다. 이제 광기는 명백히 죄와 동일시된다.

광인에 대한 인도적 처우라는 명목의 이 새로운 수용소 속에서 푸코는 다음과 같은 사실을 발견했다. 우선, 기존의 수용소가 사용했던 육체적 처벌이 사라지고 광인 내부에서 작동하는 은밀한 감시와 처벌의 기제가 마련되었다. 그것은 광인에게 죄의식을 형성시키고 스스로를 처벌하도록 한다. 다음으로 광인의 수용 여부에서 의사가 최종적인 결정자로 등장했다. 수용소에서 환자를 받아들이는 여부를 결정하면서 위원회는 "일반적으로 의사가 보증한 증명서를 필요로 했기" 때문이다. 흥미롭게도 의사의 권위는 그가 과학자가 아니라 현인(賢人)이라는 믿음에 기초한다. "의사라는 직업은 과학의 이름으로 요구된 것이 아니라 도덕적, 법률적 보장을 위해서 요구되었다. 성실성, 완전한 미덕, 신중함을 가진 이들은 오랜 수용소 경험을 통해 바로 그런 일을 했던 것이다." 이러한 상황은 전문적 지식이 도덕적 우월성과 동일시되고 있고 있음을 의미한다.

서구 근대 사회에서 탄생한 튜크와 피넬의 수용소는 인간 존

➡ **금치산자 제도에서 나타난 광인에 대한 인식**

우리나라 민법은 근본적으로 법률적 주체가 될 수 없는 존재들로서 금치산자(禁治産者), 한정치산자(限定治産者)를 규정하고 있다. 재산의 처분과 관리를 하지 못하거나 제한적으로만 인정되는 금치산자와 한정치산자에는 정신병자가 포함되어 있다. 미성년자와 동일한 법률적 위치에 자리하는 이들이 자신의 법률적 행위를 하기 위해서는 후견인이 필요하다. 또한 금치산자로 규정된 이들에게는 선거권 자체도 박탈되는 등 공민이 누리는 어떠한 형태의 정치적 자유도 인정되지 못하고 있다. 이는 튜크의 수용소에 깔려 있던 광인에 대한 인식과 크게 다르지 않은 게 아닐까?

엄의 보편성이라는 근대 이성의 메시지가 구현된 공간이었다. 고전주의 시대에 만연했던 신체적 체벌이 금지되거나 최소화되었다는 사실이 이를 잘 보여주고 있다. 하지만 푸코는 그 공간에서 새로운 양상의 분리와 차별을 발견한다. 그곳에서는 이성을 기준으로 인간이 두 유형으로 범주화된다. '이성적 인간/비이성적 인간'이 바로 그것이다. 전자가 완성된 인간이라면 후자는 미완성된 인간이다. 따라서 전자와 후자는 '정상/비정상'으로 구분된다. 궁극적으로 전자에 속한 인간은 자율적인 존재로서 후자에 속한 인간을 계도해야 할 도덕적 우월성을 지닌 인간으로 등장한다. 그렇게 보면 후자에 속한 비이성적 인간은 타율적이며 종속적인 존재가 될 수밖에 없을 것이다. 튜크와 피넬의 수용소가 바탕으로 하고 있는 이러한 이분법적 인간 관념은 사실상 어떠한 물리력이나 공권력에 의해 강제된 것이 아니다. 그럼에도 불구하고 그것이 자연스러운 관념으로 정당화될 수 있었던 것은 실증주의를 바탕으로 하는 근대적 학문(푸코는 대표적으로 정신분석학을 들고 있다)에 의해 뒷받침되고 있기 때문이다.

    이러한 해석에 비춰 볼 때 이성에 의해 정립된 근대의 인간학 또는 인간과학은 학문적 순수성 그리고 중립성과 양립할 수 없는 것처럼 보인다. 왜냐하면 그것이 근대 사회의 타자인 비이성적 인간들을 지배하기 위한 논리적 정당성을 제공하고 있기 때문이다. 바로 이 지점에서 우리는 인간에 관한 근대적 지식들이 과연 정치적인 것과는 무관한 보편적인 진리의 체계인가를 회의하지 않을 수 없다.

사이비 진리로 인간을 해부하다

근대에 성립한 인간학으로서 정신의학이 말하는 광기의 본질은 무엇인가? 한마디로 말해 광기는 과학적 분석과 치료를 필요로 하는 정신적 질병이다. 푸코의 질문은 여기서 시작된다. 그렇다면 근대 정신의학이 말하는 광기의 본질은 과연 보편인가? 만약 보편적이라면 그 정의는 시간과 공간을 초월해 동일하게 받아들여져야 한다. 하지만 사태는 전혀 그렇지 않다는 데 문제가 있다. 푸코가 역사적 분석을 통해 밝힌 바와 같이 광기는 시대마다 다르게 규정되었다. 중세의 광기가 신성, 초월, 신비, 신의 현현으로 인식되었다면 르네상스기의 광기는 단순히 이성과는 다른 영역에 존재하는 것이었다. 고전주의 시대에 들어 광기는 이성의 결여로 인식되기 시작했다. 이성의 결여란 곧 인간의 부정이었다. 요약하자면 이러한 역사적 정의들 속에서 광기를 정신병과 동일시하는 근대적 시각은 존재하지 않았던 것이다.

광기에 대한 역사학적 이해는 푸코에게 철학의 근본 문제로 나아가는 통로를 열어주었다. 그것은 지식이란 무엇이며 어떻게 형성되는가에 관한 것이었다. 푸코는 수많은 관련 사료들을 수집하고 검토해 역사를 새롭게 복원했다. 하지만 우리는 푸코를 역사학자가 아니라 철학자로 부르고 있다. 그 이유는 자신이 조립한 역사 속에서 철학의 근본적 문제의식을 추출해내고 있기 때문이다. 푸코는 두 가지 방향에서 기성의 지식론에 도전하고 있다. 우선, 그는 지식을 인간 사유의 연속적 결과물로 파악하는 지성사지성사의 논리에 도전한다. 지성사의 입장에서 볼 때 지식은 인간의 성찰적 행위의 소산이다. 아울러 모든 지식은 그 이전 지식들의 비판적 계승이라는 관점을 따른다면 인간이 만든 지식 체계는 연속적으로 이어지는 하나의 총체가 된다. 그러나 푸코는 지식을 점진적으로 발전하는 연속적 실체로 보지 않는다. 다음으로 푸코는 지식을 이성적 사유 행위의 결과로 보면서 그 지식에 보편적 진리의 자격을 선험적으로 부여하는 계몽주의적 논리를 거부한다. 푸코에게 지식은 이성적 사유의 힘에 추동된 것도, 보편적 진리도 아니다. 그것은 오히려 시대에 따라 뚜렷한

➡ 영화 「광기」 속에 나타난 광인 치료법

2005년에 슈반크마예르(Jan Švankmajer, 1934~) 감독은 체코와 아이슬란드의 공동 제작으로 「광기(Šílení; Lunacy)」라는 영화를 발표했다. 19세기 프랑스를 무대로 하는 이 영화는 두 유형의 광인 관리법에 대해 설명한다. 먼저, 주인공 장(Jean)이 만난 마르키(Marquis)의 친구 뮈를로프(Murlloppe) 박사는 광인들에게 자유 요법을 시도한다. 이는 광인들에게 최대한의 신체적 자유와 표현의 자유를 부여한다. 그들 스스로 자신들의 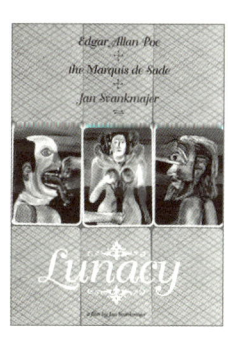 욕구와 의지를 표현하도록 하는 미술 치료법이 대표적이다. 자유 요법은 튜크와 피넬의 광인 치료법을 연상시킨다. 그 반대편에는 정신병원의 지하 감옥에 갇혀 있던 쿨미에르(Coulmière) 박사의 전통 요법이 있다. 그는 "정신병원에는 자유의 여지는 없다"라고 말하면서 잔인한 형벌과 치료법을 동원한다. 여기서는 광인들을 향한 어떠한 인간적인 대우도 발견되지 않는다. 마치 푸코가 말한 고전주의 시대의 광인 치료법을 보는 듯하다.

차이와 단절을 보이는 불연속적인 것이며, 순수한 이성적 사유가 아니라 당대의 다양한 물질적, 비물질적 조건들의 결합으로 만들어진 것이다. 지식은 결코 시대를 뛰어넘어 절대적이고 보편적인 진리가 될 수 없는 것이다.

여기서 우리가 지식의 본질로 접근하고자 한다면 적어도 두 가지 질문, 즉 하나의 지식이 어떠한 역사적 조건 속에서 형성되었는가와, 그렇게 형성된 지식들은 과연 어떠한 단절과 불연속을 보이는가라는 질문을 던져야 한다. 앞서 언급한 바와 같이, 『임상의학의 탄생』, 『말과 사물』, 『지식의 고고학』에서 사용된 용어들, 즉 '의학적 지식의 고고학', '인간과학의 고고학', '지식의 고고학'이 말해주듯이 푸코는 지식의 형성 과정과 단절의 역사적 구조를 분석하는 작업을 '고고학'으로 명명했다. 그것은 고고학의 일반적 의미인, 과거에 대한 광범위하고 면밀한 탐구가 아니라, 지식 형성에 관여하는 다양하고 이질적인 물질적, 정신적 '지층'에 대한 탐색 작업을 뜻하는 것이다.

『임상의학의 탄생』은 바로 이 고고학적 방법의 시작을 알리는 저술이다. 이 책에서 푸코는 시체를 열어보고 분석하는 의학 지식으로서 '병리해부학' 형성의 역사적 과정을 추적하고 있다. 가장 우선적으로 물어야 하는 것은 서구에서 근대적인 임상의학clinical medicine이 어떻게 탄생했는가이다. 왜냐하면 병리해부학의 정당성은 임상의학의 정당성에 기초하고 있기 때문이다. 프랑스에 국한하자면, 환자 개개인에 대한 직접적인 관찰과 접촉을 통해 진료를 행하는 임상의학은 18세기 말에 탄생한 의료 지식 체계다. 임상의학 이전에는 '분류의학'으로 불리는 지식 체계가 실천되고 있었다. 시드넘Thomas Sydenham, 1624~1689과 소바주François Boissier de Sauvages, 1706~1767 등으로 대표되는 분류의학은 기본적으로 린네Carl von Linné, 1707~1778가 고안한 식물 분류표의 아이디어를 따르고 있다.

분류의학은 질병을 그 특성에 따라 질병 분류표 속의 특정 지점에 배치했다. 이렇게 배치된 질병은 식

현대 생물 분류학의 기초를 확립한 스웨덴의 식물학자 린네.

물 분류법에서와 같이 포함, 위계, 분할, 상동의 관계 등으로 묶였다. 환자의 치료는 이러한 질병 분류표에 근거하는 지식을 통해 이루어졌다. 이런 차원에서 볼 때 분류의학의 가장 중요한 작업은 '공간화'다. 푸코는 이를 제1의 공간화로 명명한다. 그런데 이 과정에서 매우 역설적인 현상이 벌어진다. 즉 질병이 인간의 육체가 아니라 분류의 공간 속에서 자신의 모습을 드러낸다는 것이다. 그럴 경우 육체는 오히려 주변적인 위치로 물러나게 된다. 하지만 개별 환자들에 대한 관찰을 통하지 않고서는 질병들의 특성에 대한 정확한 이해가 불가능하다. 따라서 개별 환자들의 특성을 파악하는 제2의 공간화가 필요해진다. 그런데 질병은 사회적 문제이기도 하다. 즉 지역적 단위로 질병의 양상이 다르고 그에 대한 치료 체계의 수준도 다르다는 것이다. 여기서 제3의 공간화가 필요해진다.

이와 관련해 질병 분류학자들이 지역적 질병에 대한 의사의 적극적인 개입을 반대했다는 사실은 매우 흥미롭다. 그들은 질

병을 자연적이고 원초적인 현상으로 보면서 의사의 인위적인 개입이 질병을 더 복잡하게 만들 수 있다고 생각했다. "질병을 의학적 영역 속에서 가두어서는 안 되며 '식물을 가꾸듯이' 자기 자리에 내버려두어야 한다." 이러한 논리에 따라 환자들은 질병이 가장 자연스럽게 드러나는 장소인 가정에서 관리되고 치료되어야 한다는 믿음이 생겨났다. 하지만 18세기 후반 프랑스 곳곳에서 전염병이 창궐하면서 분류의학은 그 타당성을 상실할 수밖에 없었다. 특정한 질병을 집단적으로 앓고 있는 현상을 단순히 전염병이라고만 인식하는 분류의학으로는 프랑스를 휩쓸고 있는 전염병에 대한 해결책을 제시할 수 없었기 때문이다. 국가(절대주의 왕정 체제)는 조사 위원회를 구성해 전염병의 전개 과정과 치료법에 대해 체계적인 연구에 착수했다. 이제 질병은 개인과 가정의 문제가 아니라 국가가 개입해 관리해야 하는 전문적이고 집단적인 문제라는 인식이 성립하기 시작했다.

그런데 이러한 인식은 프랑스혁명을 계기로 새롭게 변화하기 시작했다. 혁명을 통해 질병과 의료에 관한 새로운 시각이 형성된 것이다. 혁명 세력은 질병의 원인을 신체가 아니라 사회 제도에서 찾았다. "그 당시에 유행하던 질병은 히스테리, 우울증, 신경과민 따위였다. 전쟁도 없고 한량도 없는 나라, 특히 부자가 빈자에게 자신의 권력을 마구 행사하는 전제국가가 아니라면 이런 종류의 질병을 찾아볼 수 없다." 이러한 논리에 따라 혁명기의 의사들은 대단히 정치적인 임무를 수행했다. 독재와 폭정의 등장을 막기 위해 시민들의 도덕 교육과 사회 교육을 담당한 것이다. 이제 의사들은 건강을 단순히 신체적 질병의 제거가 아니라 사회적 불균형과 모순의 척결과 함께 실현되는 것임을 설파했다. 그리고 정치가와 의사는 한목소리로 질병을 양산하는 모든 사회적 제도를 제거하고 개혁할 것을 주장했다. 개혁의 대상에는 경제적 불평등을 온존시키는 병원 제도와 특권적인 의과대학이 포함되어 있었다. 결국 병원 제도와 의료 행위 및 교육에 관한 법률적 개편 작업이 시도되기에 이르렀다. 그러나 혁명 정부의 이러한 의료 개혁안은 실패로 돌아갔다. 의료 영역의 전문화가 붕괴되고 자격 없는 의료 인력들이 양산된 것이 주요한 원인이었다. 이러한 상황은 급기야 군대 내 의료 수준의 급락과 대중 의료 교육의 질 저하로까지 악화되며 무자격 의사에 희생된 사례들에 대한 보고와 함께 의료 활동을 규제해야 한다는 호소가 잇따랐다. 이에 대한 정부의 문제의식은 명확했다. "사람을 죽일 수도 있는 의학 실험, 그 자신만만한 무지가 아무것도 모르는 환자를 상대로 덫을 놓아 올가미를 씌우는 작태를 이제 그만 금지해야 한다"는 것이다.

그렇다면 구체적으로 어떠한 제도적 개혁이 필요한가? 그것은 "환자를 침대 밑에서 관찰"하면서 실제적인 의학 기술을 확보하는 임상의학의 도입으로 요약된다. 그리고 이러한 개혁 노선에 부합하는 다양한 제안들이 제기되고 수용되었다. 의학 교육 기관의 수립과 교과목에 관한 공화력(프랑스혁명 때 그레고리력을 개정해 만들어져 1896년까지 사용된 달력) 3년 3월 14일자 법령, 무자격 의사들의 통제 방식에 관련된 공화력 4년과 6년의 정부안들, 의료 인력 교육 방향에 관한 공화력 11년 6월 19일의 법령 등이 대표적인 예들이다. 이러한 제도적 조치 속에서 의학에 관한 새로운 인식론이 정립되어가고 있었다. 의사란 모름지기 전문화된 지식과 경험, 성실함을 갖추어야 하며, 의료 인력을 전문의와 보건 담당관으로 구분해 임상의학의 전수는 전문의에게로 제한해야 한다는 것이다. 결국, 임상의학의 등장은 전문화된 의학적 시선이 공식적으로 출현했음을 의미한다. 이는 의학사에서 매우 중대한 전환점으로 작용한다.

푸코에 따르면 서구 근대에서 임상의학의 탄생은 본질적으로 "구체적인 인간의 몸을 합리적 언어에 접목시켜보려는" 시도가 시작되었음을 의미한다. 이는 달리 말하자면 인간의 질병에 대한 과학적 이론이 형성되기 시작했다는 것이다. 18세기가 끝날 때까지 의학은 불확실한 지식을 다루는 학문이었다. 그것은 결국 인간의 몸이 매우 복잡한 현상이라는 사실에 기인하는데, 임상의학은 이러한 전통적인 인식론에 도전했다. 질병의 증상들을 공간적으로 배치하는 분류의학과는 반대로 임상의학은 다양한 증상들을 면밀히 관찰하고 그 속에서 인과관계를 발견하려 했다. 그리하여 질병의 발생을 예측하고 질병에 대한 법칙들을 구축했다. 이러한 작업은 궁극적으로 과학적 언어로 질병을 재구성하는 것을 의미한다. 이제 인간의 몸에서 발생하는 모든 질병 현상은 단일한 과학적 언어의 장으로 포섭되었고 질병의 본질을 인식하는 일은 그 질병에 대한 언어적 정의를 인식하는 일로 환원되었다. 그 과정에서 그때까지 금기시되던 해부의 필요성이 대두되기 시작했다.

엄밀히 말해 임상의학과 해부학 간에는 필연적인 연결 고리가 존재하지 않는다. 질병의 증상을 과학적으로 읽어내는 일이 반

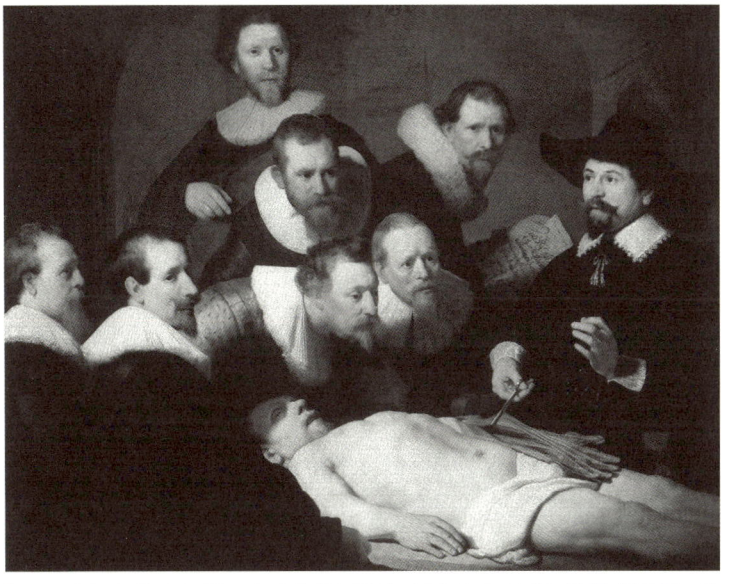

「툴프 박사의 해부학 강의」 '암스테르담의 베살리우스'로 불릴 정도로 뛰어난 해부학자였던 툴프 박사의 해부학 강의 모습을 담고 있는 렘브란트의 그림.

드시 해부학적 작업을 수반할 필요는 없기 때문이다. 이러한 관점에서 일부 의학자들은 시체를 열어본다고 해서 질병의 본질이 드러나는 것은 아니라고 주장했다. 따라서 그 둘의 연결이 가능하기 위해서는 질병에 대한 과학적 지식 형성의 관점에서 시체를 열어볼 필요가 있다는 인식의 전환이 필요했다. 말하자면 해부학적 시선이 과학의 이름으로 정당화되어야 했던 것이다. 병리해부학의 등장은 매우 중대한 의미를 내포하고 있다. 이제 과학으로 정당화된 의학적 시선이 인체의 내부를 관찰하기 시작했다는 것이다. 푸코의 말을 빌리자면 "기본적으로 볼 수 없는 것으로 간주된 대상이 갑작스럽게 명쾌한 의학적 시선 안에 포착" 되었음을 의미한다.

이렇듯 질병을 바라보는 시선에 대한 푸코의 치밀한 분석이 시사하는 것은 무엇일까? 현대 의학의 관점에서 볼 때 시체 해부를 통해 인체 내부를 시각적으로 관찰하는 병리해부학은 보편성을 갖는 정당한 지식이겠지만 사실상 그것은 특정한 역사적 변동 과정을 거쳐 18세기 말에 우연적으로 탄생한 의학 지식일 뿐이다. 그 이전에는 시체는 훼손되어서는 안 된다는 도덕이 존재했고 그렇기 때문에 병리해부학이 일반적으로 실행될 수는 없었다. 하지만 지식의 영역에서 실증주의적 사고 체계가 정당성을 확보하게 되고, 의료 체계상의 변화를 이끈 정치·사회적 변동이 일어나면서 시체 해부에 대한 전통적 도덕은 점차 약화되었으며 궁극적으로 임상의학과 병리해부학이 정당한 의학적 지식으로 자리한 것이다. 이러한 병리해부학의 예는 과연 보편적 지식이란 존재할 것인가에 대해 비판적으로 성찰할 필요가 있음을 웅변한다.

근대 인간과학의 오류를 밝히다

『임상의학의 탄생』의 출간 후 3년이 지난 1966년에 푸코는 『말과 사물』을 세상에 선보였다. 스페인의 궁정화가 벨라스케스$^{\text{Diego Velázquez, 1599~1660}}$의 상식을 뛰어넘는 그림 「시녀들$^{\text{Las meninas}}$」(1656)에 대한 현란한 해석으로 시작하는 그 저술에서, 푸코는 '인간과학'이라고 불리는 학문이 선포한, 인간을 과학적으로 분석할 수 있다는 진리 선언이 얼마나 부당하고 오류에 찬 것인가를 정밀하게 파헤쳤다. 푸코는 아주 우연히 접한, 아르헨티나 소설가 보르헤스Jorge L. Borges, 1899~1986의 단편소설을 통해 서구 근대가 수립한 인간과학의 개념과 분석 틀이 결코 보편적이지 않다는 생각에 빠져들기 시작했다. 보르헤스가 언급한 중국 백과사전의 동물 분류법을 보며 푸코는 서구의 것과는 너무 다른 사고 체계가 존재한다는 것을 인식하고는 서구적 지식 체계의 보편성에 대한 믿음을 의심하게 되었다. 이러한 문제의식 속에서 푸코는 19세기에 서구에서 탄생한 인간과학이 성립하게 된 역사적 조건을 분석하기 시작했다. 고고학적 분석을 통해 보편성의 옷을 입고 있는 인간과학이 사실은 특정한 시간과 공간의

➡ 보르헤스

아르헨티나의 소설가이자 시인. 경험과 사실을 뒤섞고, 미와 지성, 형이상학, 윤리 등을 우의와 상징으로 대담하게 통합하여 환상적으로 표현한 '환상적 사실주의' 작품들을 많이 썼다. 사상적으로는 데리다(Jacques Derrida, 1930~2004)와 푸코 등과 그들의 해체주의, 구조주의 등에 영향을 끼쳤으며, 현대 포스트모더니즘의 원류로 꼽히기도 한다. 보르헤스는 평생 책에 파묻혀 살았으며, 도서관 사서로 근무하기도 했고 도서관장을 맡기도 했다. "만약 천국이 있다면 틀림없이 도서관 모양일 것"이라는 발언은 매우 유명하다. 30대에 약시가 시작되어 50대에는 이미 시력을 거의 잃었지만, 어머니와 개인 비서의 도움으로 독서와 글쓰기를 계속했다. 보르헤스는 특히 백과사전류를 좋아했다고 한다. 푸코가 『말과 사물』의 서문에서 인용한 '중국의 한 백과사전'에 대한 내용은 보르헤스의 에세이 「존 윌킨스의 분석적 언어(El Idioma Analítico de John Wilkins)」에 나온다. 보르헤스에 따르면, 그 백과사전에서는 동물이 다음과 같이 분류된다. 황제에 속하는 동물, 박제된 동물, 사육 동물, 젖을 빠는 돼지, 인어, 전설상의 동물, 길 잃은 개, 현재 분류에 포함된 동물, 광폭한 동물, 셀 수 없는 동물, 털을 미세한 붓으로 그릴 수 있는 동물, 기타 동물, 물병을 깨뜨린 동물, 멀리서 보면 파리처럼 보이는 동물이다.

정신적 산물에 불과한 것임을 궁극적으로 제시하고자 했다.

푸코는 르네상스 시대로부터 현대에 이르기까지 서구 학문의 역사를 연속, 계승, 진보가 아닌 불연속, 단절, 반복으로 바라보고 있다. 이 점을 설명하기 위해 푸코가 끌어들이고 있는 근본적 개념이 '에피스테메'이다. 특정한 시대의 학문들을 하나로 묶어주는 궁극적 원리를 뜻하는 에피스테메는 좀 더 구체적으로 말하면 "다양한 지식에 구조적 통일성을 부여하는 관념 체계" 또는 "특정 시대의 지식의 모든 흐름 아래에 있는 정신적 하부구조"라고 할 수 있다. 15세기부터 16세기 후반에 이르는 르네상스 시대의 지식들을 근거 지은 에피스테메는 유사성이었다. 이 유사성은 적합^{convenientia}, 대립적 모방^{aemulatio}, 유비$^{類比, analogie}$, 공감^{sympathie}이라는 네 가지 지식 원리에 기초하고 있었다. 먼저 적합은 사물들이 장소적 접합에 의해 유사성의 관계를 지니게 되는 경우다. 육체가 영혼에 의해 변화하며 영혼 또한 육체의 운동에 영향을 받는다는 사고와, 하늘, 바다, 육지에 동일한 숫자의 생물체들이 존재한다는 사고 등을 예로 들 수 있다. 다음으로 대립적 모방은 사물들이 일정한 거리를 유지한 상태에서 유사성으로 연결되는 것을 의미한다. 예컨대, 해와 달이 있는 하늘을 두 눈을 지닌 인간의 얼굴과 같은 것으로 보는 사고라고 할 수 있다. 한편 유비는 채소를 머리를 아래로 둔 채 살고 있는 동물로 보거나, 인간의 얼굴 구조와 혈관의 움직임을 우주의 구조와 별들의 순환과 유사한 것으로 보는 사고처럼, 적합과 대립적 모방의 원리를 공유하고 있는 유사성의 원리다. 끝으로 공감은, 장례식에서 사용된 장미 향기 속에서 슬픔과 죽음을 느끼는 것처럼, 모든 사물을 동일함의 영역 속으로 끌어들이는 사고를 뜻한다. 공감은 "사물들을 서로 같게 만들고, 사물들을 혼합하며, 사물들의 개체성을 소멸시키는" 힘을 지니고 있다. 사물들의 표면에 드러나 있는 외징外徵, signiture은 사물들의 유사성을 인지하기 위한 시각적 표지라고 할 수 있다. 말하자면 호두가 사람의 두뇌 발달에 좋다는 생각이나 백부자白附子 씨앗이 안질에 좋다는 유사성의 사고는 각각 뇌와 눈을 닮은 호두와 백부자 씨앗의 외징에 근거하는 것이다.

르네상스 시대 지식의 특징인 유사성의 에피스테메는 17세기에 들어 새로운 에피스테메로 대체되었다. 푸코가 고전 시대로 명명한 17~18세기의 에피스테메는 유사성과 결별한다. 푸코에 따르면 이러한 에피스테메의 전환은 소설 『돈키호테Don Quixote』(1605)에서 분명하게 드러난다. 푸코는 이 소설의 주인공 돈키호테를 유사성의 에피스테메와 새롭게 발현되는 에피스테메 사이에서 방황하는 인물로 해석하고 있다. 그렇다면 유사성의 에피스테메를 대체할 새로운 에피스테메는 과연 무엇인가? 그것은 바로 표상表象, representation이다.

표상은 사물의 세계를 동일성과 차이의 원리에 의해 분류하고 질서화하는 원리다. 모든 사물을 하나의 거대한 단일성 속으로 끌어들이는 유사성과는 달리 표상은 비교를 통해 동일한 것과 다른 것에 관한 명료한 '일람표tableau'를 만드는 일이다. 이러한 표상의 에피스테메에서는 르네상스 에피스테메에서 당연한 것으로 인정되었던 언어와 사물의 일체적 관계가 붕괴된다. 이제 언어는 사물과 존재론적으로 연결된 것이라기보다는 사물로부터 일정한 거리를 두고 있는 재현再現이 된다. 수학적 명증성을 바탕으로 사물을 분석하는 언어에 의해 구축된 관념의 질서와 사물의 질서 사이에는 간극이 존재하는 것이다. 표상이라는 고전 시대의 에피스테메는 모든 사물을 간명한 수리적 법칙으로 환원시키려는 보편수학^{mathesis}적 사고와, 같은 것과 다른 것으로 나누려는 분류법^{taxinomia}적 사고 및 사물들을 연속적인 질서의 체계로 통합하려는 발생론^{genèse}적 사고에 기초하고 있다.

고전 시대의 일반 문법, 박물학, 부^{富}의 분석은 외견상 서로 상이한 지식 영역에 속하지만 사실상 이 세 학문에는 고전 시대의 지식 구성 원리가 관통하고 있다. 일반 문법이 각양각색의 문법 연구를 통해 인류 언어의 문법적 기본 원리를 밝히려는 것이라면, 박물학은 자연물의 종류, 성질, 분포, 생태 등을 분류하는 학문이고, 부의 분석은 화폐, 가격, 가치, 유통, 시장 등 사물의 가치와 관련된 요소들의 필연적 관계에 관한 탐구이다. 푸코가『임상의학의 탄생』에서 보여준 분류의학 또한 이러한 고전 시대의 에피스테메를 따르고 있는 것으로 이해할 수 있다. 분류의학은 임상의학이 탄생하기 이전에 린네의 식물 분류표의 원리에 따라 질병을 질병 분류표의 특정 지점에 배치하고 그에 근거해 질병을 치료하고자 했던 학문이기 때문이다.

18세기 말에 이르면 고전 시대 에피스테메의 빈자리를 새로운 에피스테메가 채우기 시작한다. 푸코는 이를 근대적 에피스테메로 부르는데, 이것은 역사 위에 정초되어 있다. 역사는 분류와 질서라는 정적인 원리가 아니라 운동, 흐름, 변화라는 동적인 원리를 통해 지식을 파악하고자 하는데, 그것은 궁극적으로 인간에 관한 지식을 지향한다. 그러한 에피스테메가 지배하는 근대

르네상스의 에피스테메	고전 시대의 에피스테메	근대적 에피스테메
15~16세기	17~18세기	19세기
유사성	표상/재현	역사

푸코의 시기별 에피스테메 규정

  에는 일반 문법 대신에 문헌학(역사언어학)이, 박물학 대신에 생물학이, 부의 분석 대신에 정치경제학이 자리를 잡게 된다.

  역사에 기초하고 있는 이 세 학문은 곧 인간의 정신적 활동인 언어, 인간의 육체적 활동인 생명, 인간의 물질적 활동인 노동을 주요한 탐구 대상으로 설정하게 된다. 여기서 19세기 이래 언어학적 모델, 생물학적 모델, 경제학적 모델에 입각해 인간에 관한 과학적, 실증적 분석으로 탄생한 인간과학을 확인할 수 있다. 그런데 지금까지의 논의를 통해 알 수 있듯이 인간과학은 르네상스 시대로 거슬러 올라가는 보편적인 학문이 아니라 19세기에 형성된 근대적 에피스테메의 소산에 불과하다. 적어도 르네상스와 고전 시대에 인간은 독자적이고 고유한 분석의 대상이 아니었고 오히려 르네상스 시대에는 유사성 체계의 부분으로, 고전 시대에는 분류와 질서 체계의 부분으로서만 존재했다. 따라서 우리는 인간을 지식의 중심으로 설정하는 근대적 에피스테메의 환상에서 벗어나야 한다. 푸코의 표현을 빌리자면 "인간학적 잠le sommeil anthropologique"에서 깨어나야 하는 것이다. 『말과 사물』은 다음과 같은 결론으로 끝난다.

어쨌든 한 가지 확실한 점은, 인간은 인류의 지식이 제기한 가장 오래된 문제도, 가장 영속적인 문제도 아니라는 것이다. 16세기 유럽 문화라는 상대적으로 짧은 시기와 지리적으로 제한된 범위로 국한한다고 해도 인간이 최근의 발명품이라는 사실은 의심의 여지가 없다. 지식이 그렇게도 오랫동안 어둠 속에서 방황했던 곳은 인간과 인간의 비밀들 주변이 아니었다. 사물과 사물의 질서에 관한 지식, 동일성, 차이, 특성, 등가성, 낱말에 관한 지식에 영향을 미친 모든 변화들, 즉 동일자의 심층적 역사에 관한 모든 국면들 중에서 150년 전에 시작되어 현재 종말을 향해 가고 있는 국면만이 인간의 형상을 출현하게 했다. 그런데 그 출현은 오래된 근심으로부터의 해방, 즉 1,000년의 근심이 계몽된 의식으로 나아가는 과정, 오랫동안 신앙과 철학에 갇혀 있던 것들이 객관성으로 이행하는 것에서 기인하는 것이 아니다. 그것은 지식의 근본적인 배치상의 변화 효과다. 인간은 우리의 고고학적 사유가 쉽게 밝힐 수 있는 최근의 발명품이다. 아마도 고고학은 다가올 인간의 종말에 대해서도 밝힐 수 있을 것이다.

『말과 사물』

우리가 시공을 초월하는 보편적인 과학으로 생각하는 근대 인간과학이란 사실상 역사에 기초하는 근대적 에피스테메의 산물이라는 것이다. 이제 근대적 에피스테메가 다른 에피스테메로 대체되는 변환이 도래하게 되면 근대 인간과학 또한 사라지게 될 것이다. 이러한 맥락에서 푸코는 1950~1960년대에 프랑스에 등장하기 시작한 새로운 학문들인 정신분석학, 문화인류학, 구조어어학 등에 주목하고 있다. 이 학문들은 인간의 의식적 행위 너머에 존재하는 무의식적 '구조'를 공통적으로 다루는 것들로, 곧 주체적 의식의 소유자로서 인간의 존재를 부정한다.

푸코의 고고학은 근본적으로, 인간에 대한 근대 서구 사회의 지식이 보편적 진리와 얼마나 동떨어져 있는가를 폭로하는 작업이다. 푸코가 다음과 같이 물었음을 환기하자. '광인은 실성한 정신병자'이며 '해부는 인간의 몸을 알기 위해 필수적인 의료 절차'라

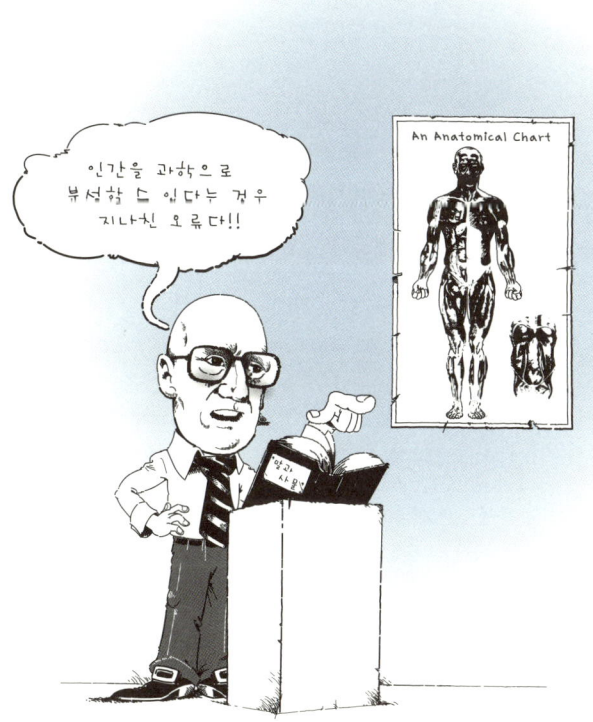

는 근대의 법률적·의학적 지식이 과연 진리인가? 그것이 진리가 되기 위해서는 사물과 그 사물을 설명하는 말(지식) 사이에 유일하고도 필연적인 관계가 성립해야 한다. 즉, 말은 사물의 본질을 드러내야 한다는 것이다. 하지만 광인은 시대마다 다양하고 이질적인 언어로 규정되었으며 인간의 신체 또한 해부학의 대상일 수 없었던 적이 있지 않았는가? 그렇다면 언어는 사물의 진리를 반영하는 것이 아니라 오히려 하나의 사물을 특정한 의미를 내재한 대상으로 전환시키는 도구가 아닐까? 그런데 우리는 왜 그렇게 만들어진 지식을 진리라고 생각하는 것일까? 그것은 바로 언어 행위와 그것의 결과물인 지식을 진리를 찾고자 하는 인간의 주체적 의지의 소산으로 생각하기 때문이다. 푸코는 『말과 사물』 이후 3년 만에 출간된 『지식의 고고학』에서 언어와 지식의 본질을 규명하는 작업을 수행했다.

　『지식의 고고학』은 다른 책들과는 달리 역사적 예증들을 철저히 배제하고 극도로 추상화된 언어학적 개념들만을 동원하고 있기 때문에 읽기가 대단히 난해하다. 그 내용들을 더듬어 가보자. 이 책에서 가장 중요한 두 개념은 지식을 구성하는 구체적인 계기들인 담론談論, discours과 언표言表, énoncé다. 언어학적 차원에서 언표는 말이나 글로 표현된 진술을 의미하고, 담론은 그러한 언표들의 집합이다. 그러나 푸코는 담론과 언표에 대한 언어학적 규정을 받아들이지 않는다. 그는 담론과 언표를 언어학적 영역 바깥으로 끌어내서 사회적 공간 속에 위치시키고자 한다. 사회적 지식을 만들어내는 언어들을 전통적인 언어학적 규정만으로는 이해하기가 힘들기 때문이다. 명제, 문장, 담화가 결코 언표와 동일시될 수 없음을 밝히고 있는 제3장 '언표와 문서고'의 논의는 궁극적으로 언표란 언어 영역 바깥에서 이해할 때만 제대로 규명될 수 있음을 제시하고 있다. 예컨대, (푸코의 예를 빌리자면) 'ABC+ = D'와 같이 논리학적으로 명제가 될 수 없는 말이나 글, 또는 '어제 도착 피에르는 했다'와 같이 문법적으로 온전한 문장이 아닌 말이나 글은 언어학적 범위 속에서는 의미가 없을 수도 있지만 사회적 공간 속에서마저 '언제나' 무의미하다고 말할 수는 없다. 말하자면 정신과 의사가 환자를 치료하기 위해 그러한 불완전 명제나 문장을 사용했다고 한다면 그것은 특정한 의미를 지니고 있는 것이다. 또한 어떤 담화가 언어적으로 미리 규정된 행위 지향성을 갖는다고 하더라도 그것이 특정한 사회적 공간 속에서는 언어적인 규정과 다른 지향성을 보일 수도 있는 것이다. 가령, '움직이지 마세요'라는 담화는 명령이라는 행위적 의미를 갖는 표현이지만 그것이 병원에서 사용되었을 때와 경찰서에서 사용되었을 때는 결코 동일한 의미를 드러내지 않는다

이렇듯 언표는 언어학적 테두리 속에서는 결코 규명될 수 없다. 명제, 문장, 담화 자체는 언표가 될 수 없는데, 이와 관련해 중요한 사실은 그것이 구체적인 사회적 공간 속으로 들어가 실천될 때에야 비로소 언표의 기능이 발생했다고 말할 수 있다는 점이다. 그러므로 언표는 명제, 문장, 담화와 동일한 층위에 놓일 수도 없다. 하지만 그렇다고 해서 그것이 언표와 무관한 것은 아니다. 사태의 본질은 언어학적 도구들이 사회적으로 실천되면서 발생하는 현상이 언표라는 것이다.

이러한 문제의식 속에서 푸코는 언표가 발생하기 위한 조건

네 가지를 언급한다. 첫째, 언표는 고유한 지시체 또는 상관자를 지니고 있지 않다. 일반적으로 한 개념은 특정한 물질적, 관념적 지시 대상과 연결되어 있고 어떤 면에서 볼 때 그러한 지시 대상이 개념을 성립시키는 조건이라고 볼 수 있지만, 언표는 역으로 지시 대상을 출현시키는 조건이 된다. 푸코의 용어를 사용하자면 언표는 "존재의 출현과 제한의 가능성"을 규정해주는 것이다. 예컨대, 근대 사회에서 정신병자를 지시하는 광인이라는 개념이 성립하게 된 것은 정신병자로서 광인이 존재했기 때문이 아니라 광인은 곧 정신병자를 의미한다는 언어 행위가 사회적으로 실천되면서 만들어졌다는 것이다.

둘째, 언표는 행위자를 필요로 한다. 특정한 언어는 행위자에 의해 사회적 공간 속으로 진입함으로써 비로소 언표가 된다. 하지만 여기서 말하는 행위자는 자유롭게 의사를 표출하는 주체가 아니라, 특정한 사회적 위치를 점유하고 있는 존재다. 이렇게 보면 하나의 언표는 행위자의 의지가 아니라 행위자의 위치에 의해 출현한다. 이를테면, 광인이 이성을 결여한 존재로 출현하게 된 것은 법률가나 의사 등의 언표 행위에 의해서라고 할 수 있는데 이때 주목해야 하는 것은 행위자의 이름과 그들의 의도가 아니라 '법률가'와 '의사'라는 행위자의 객관적인 사회적 위치인 것이다.

셋째, 언표는 인접한 언표들과의 관계 속에서만 존재할 수 있다. 이와 관련해 푸코는 "자유롭고 중성적이며 독립적인 언표란 존재하지 않는다"라고 말했다. 예컨대, '광인은 이성을 결여하고 있다'라는 말은 언어적 차원에서는 아무런 문제가 없지만 언표의 관점에서 볼 때 완전하지 않다. 왜냐하면 그 말은 이성을 갖춘 존재로서 정상인이라는 언표가 출현하는 공간과의 관계 속에서만 온전한 의미를 갖기 때문이다.

끝으로 언표는 물질성을 갖는다. 예를 들어보자. '인간의 몸은 해부 대상이다'라는 말은 언제, 누가, 어디에서 이야기했든 고정된 언어적 의미를 갖지만 해부학이 정당한 과학으로 정립되기 이전과 이후 중 언제 이야기되었는가, 의사, 문학가, 법률가, 상인 등 누가 이야기했는가, 소설책, 법률 문서, 의학 서적, 신문 등 어디에 기록되었는가에 따라 상이한 의미를 지닌다. 이렇게 보자면 언표는 유동하는 물질성으로 인해 "결코 반복될 수 없는 하나의 사건"으로 등장한다.

담론은 이러한 4가지 조건들 아래에서 출현하는 언표들의 결합에 의해 형성된다. 그렇다면 담론은 인간들이 자유로운 의지에 따라 표출하는 언어적 행위의 결과물이 아니라 일정한 규칙과 질서에 의해 출현되는, 인간의 의지와는 무관한 언어적 산물로 이해해야 한다. 푸코는 이러한 담론의 역사를 다루는 일을 '문서고^{archive}'에 비유하고 있다. 문서고는 "말해질 수 있는 것의 법칙, 단일한 사건으로서 언표들의 출현을 인지하고 해석하는 체계"다. 결국 문서고가 의미하는 바는 담론의 역사를 다루는 일이란 상이한 역사적 시기 속에서 출현한 담론들의 주체를 확인하고 의지를 규명하는 일이 아니라 상이한 담론들을 출현시킨 역사적 규칙과 질서를 찾아내는 일이라는 것이다.

➡ 벨라스케스의 「시녀들」에 대한 푸코의 해석

「시녀들」은 펠리페 4세(Felipe IV, 재위 1621~1665)의 궁정화가 벨라스케스가 마르가리타(Margarita Teresa) 공주를 포함한 11명의 인물을 그린 집단 초상화다. 푸코가 『말과 사물』을 이 그림에 대한 분석으로 시작한 이유는 이 작품이 고전 시대의 에피스테메인 표상 및 재현을 적나라하게 구현하고 있기 때문이다. 그림의 중앙에는 어린 공주와 시녀 두 명이 있고 오른쪽에는 난쟁이 두 명과 개 한 마리가 있다. 화면의 왼쪽에는 캔버스의 뒤쪽 일부가 보이며, 그 바로 옆에는 화가가 서 있다. 공주의 뒤쪽으로 역시 두 명의 궁인이 보이며, 그림의 후경에는 열려진 문으로 한 남성이 방을 들여다보고 있다. 그 문의 바로 왼쪽에는 거울이 있는데 거기에 펠리페 4세 내외의 모습이 비친다. 일반적으로 회화에는 화가와 모델, 관객이 있다. 이 작품에선 그림에 담긴 11명의 인물들이 모델이며, 이 모델들을 그린 화면 바깥의 화가가 있고, 이 작품을 감상하는 관객인 우리가 (역시 화면 바깥에) 있다. 그런데 「시녀들」에는 화가, 모델, 관객의 세 요소가 한 층 더 겹쳐져 있다. 즉 화가 자신이 화면 안에 놓여 있고, 그 화가의 작업을 바라보는 관찰자(문밖의 남성)가 그려져 있으며 화면 속의 화가가 재현하는 모델마저 후경의 거울에 비침으로써(왕 내외) 또 다른 화가, 모델, 관객의 관계가 발생하는 것이다. 벨라스케스의 이 작품은 사물을 표상(재현)하는 사람과 표상의 대상 그 자체, 그 표상 작업의 관객까지 하나의 화면에 담은 것이다. 푸코는 이 그림에서 '인간 주체의 부재'를 보았다. 화면 속의 공주나 화가를 비롯한 9명의 인물들이 바라보는 대상인 왕과 왕비, 이들은 화면 속의 화가가 '표상' 작업을 할 수 있게 한 당사자이지만, 거울 속에 비친 이미지로 등장함으로써 화면 속에 재현된 모든 인물 중에서 가장 작고 희미하게 표상되어 있다. 또 왕과 왕비가 서 있었을 자리는 바로 이 작품을 그린 화면 밖의 화가와 작품을 감상하는 관객이 위치한 자리이지만, 왕과 왕비에게 그 자리를 빼앗기고 거울 속에서마저 배제되어 있다. 모든 것을 표상하고자 했던 고전 시대에도 어쩔 수 없이 이러한 필연적인 공백, 즉 주체의 생략이 존재하는 것이다. 결국 인간이 중심이 되는 사고는 19세기에 형성된 근대적 에피스테메의 소산인 것이다.

교묘한 통제와 은폐된 권력

1982년 10월에 미국의 버몬트 대학에서 이루어진 인터뷰에서 푸코는 다음과 같이 얘기했다.

> 니체Friedrich Nietzsche, 1844~1900는 내게 있어 일종의 계시였습니다. 나는 지금까지 교육받아온 것과는 전적으로 다른 무엇인가가 있다고 느꼈습니다. 그의 저술들을 열광적으로 독파했으며 ······ 니체를 통해 나는 모든 것으로부터 이방인이 되어갔습니다.
> 「진리, 권력, 자기 – 미셸 푸코와의 대담Truth, Power, Self: An Interview with Michel Foucault」(1982)

잘 알려져 있다시피 니체는 화려한 문학적 언어들 속에 압축적인 철학적 메시지가 담긴 아포리즘aphorism적 글쓰기로 근대 서양 세계가 기초하고 있던 도덕률에 도전한 반서구주의 사상가였다. 니체는 합리/비합리, 선/악, 미/추, 정의/불의, 참/거짓과 같은 이분법에 기초하고 있는 서구 근대 도덕률의 은폐된 본질을 폭로하고자 했다. 삶은 모순되고 대립적인 것들의 섞임 속에서 창조되고 유지되는 것인데, 서구 근대의 도덕률은 그러한 삶의 진실과는 동떨어진 것이기 때문이다. 또한 영원한 것도 절대적인 것도 없는 우주 속에서 그 도덕률은 마치 그 자체가 영원하고 절대적이며 신성불가침한 진리인 것처럼 여기도록 만든다. 더욱이 그것은 사람들을 이분법의 한 측면에 위치하도록 강제하는 억압적 도덕률이다. 궁극적으로 인간과 우주의 본성에 부합하지 않는 이러한 도덕률이 성립한 데는 모종의 정치적 원인이 있다. 즉 그것의 이면에는 권력적 이해관계가 자리하고 있는 것이다. 이렇게 니체는 서양 근대 도덕의 부동성과 절대성을 뒤흔들고 그것의 권력적 측면을 폭로하는 이른바 '도덕의 계보학' 작업을 수행했다.

푸코는 「니체, 계보학, 역사$^{Nietzsche,\ la\ généalogie,\ l'histoire}$」(1971)라는 논문을 통해 니체의 도덕의 계보학에 대한 깊은 관심을 나타냈다. 이러한 관심은 콜레주 드 프랑스 교수 취임 연설을 담고 있는 『담론의 질서』에서 또다시 강조되었다. 푸코에 따르면 특정한 담론들을 담론의 영역으로 들어오지 못하게 하는, 이른바 배제의 원칙이 존재하는데, '금지', '분할과 배척', '진위의 대립'이 그것이다. 금지가 특정한 주제의 담론(예컨대, 성적 담론)의 출현을 억제하는 것이라면 분할과 배척은 특정한 담론 주체(예컨대, 광인)가 정당한 담론의 공간으로 들어오는 것을 봉쇄하는 것이다. 그리고 푸코가 '진리에의 의지'라고 부르고 있듯이 진위의 대립은 옳음/그름, 참/거짓, 정당/부당과 같은 이분법적 지식 체계를 통해 특정한 담론들이 외적인 강제 없이 스스로를 통제하도록 하는 것이다. 앞의 두 유형의 배제가 권력의 가시적인 억압 기제라면 진위의 대립은 매우 교묘하고 은밀한 통제 장치라고 할 수 있다. 푸코의 계보학은 바로 이러한 통제 장치의 권력적 본질을 드러내는 작업이다. 이렇게 볼 때 그 작업은 지식과 권력의 내밀한 결탁관계에 대한 분석일 것이다.

앞에서도 언급한 것처럼 푸코는 『감시와 처벌』과 『성의 역사 1: 앎의 의지』에서 이러한 문제의식을 역사학적으로 면밀하게 다룬 바 있다. 『감시와 처벌』에 대한 논의부터 시작해보자.

프랑스 절대군주 시대에 범죄자들은 매우 잔인한 방식으로 처벌되었다. 권력은 고문을 통해 범죄자의 육체에 참을 수 없는 고통을 부과했다. 신체적 괴로움보다도 더욱더 치욕스러운 점은 처벌이 공개되었다는 것이다. 사람들은 권력에 의한 범죄의 처벌 과정을 낱낱이 목격하고, 범죄자의 신체가 어느 정도까지 훼손되고 손상될 수 있는가를 적나라하게 인지할 수 있었다. 푸코가 '신체형'으로 부른 이러한 처벌 방식은 본질적으로, 범죄자의 신체에 물리적 폭력을 가함으로써 군주 권력의 위엄을 드러내고 그에 대한 절대적 복종의 심리를 창출하는 정치적 과정이다. 그런데 18세기 후반에 이르러 이러한 신체형에 대한 거부가 여러 곳에서 감지되기 시작했다. 지식인과 법률가들은 신체형의 비인간적인 측면을 부각하며 사회적 통합의 관점에서 신체형을 개혁해야 한다고 주장했다. 권력의 위엄을 높이려 한다면 육체적 징벌의 강도 또한 높여야 한다는 본보기적 징벌의 원칙으로부터 합리적인 계산에 입각한 효과적인 징벌의 원칙으로 이동했다.

그 원칙은 대략 여섯 개로 구성되어 있다. 첫째, 처벌이 가져올 불이익이 범죄에 따른 이익보다 크다는 사실을 인지할 수 있을 만큼만 형벌을 부과해야 하며(최소 분량의 원칙), 둘째, 형벌의 고통과 잔인함에 대한 이미지를 제공함으로써 범죄를 예방하는 것이 효과적이며(관념성 충족의 법칙), 셋째, 범죄를 저지르지 않은 사람들의 범죄 욕구를 차단할 수 있을 만큼의 형벌을 죄인에게 부과해야 하며(측면적 효과의 법칙), 넷째, 범행을 저지르더라도 처벌받지 않을 수 있다는 생각을 방지하기 위해 형벌 부과의 확실성을 명확히 인지하도록 해야 하며(완벽한 확실성의 법칙), 다섯째, 모든 사람들이 명확히 인지할 수 있는 객관적 방식에 근거해 범행의 진실을 알려야 하며(보편적인 진실의 법칙), 여섯째, 범죄와 형벌에 대한 명백하고 완전한 분류 체계가 정립되어야 한다(최상의 특성화 법칙)는 것이다.

　새로운 형벌의 원칙은 과거의 신체형과는 명백한 차이를 보였다. 신체형이 육체에 작용하고 권력의 물리적인 차원에 입각한 것이라면 새로운 원칙은 정신에 작용하며 권력의 지적이고 관념적인 차원에 기초한 것이다. 이제 형벌의 궁극적 목적은 범죄자의 물리적 처벌 그 자체로부터 범죄자의 교화 및 범행의 예방으로 전환되기 시작했다. 앞의 원칙에서 볼 수 있듯이 새로운 형벌 원칙은 곧 형벌에 대한 합리주의적 사고를 반영하고 있다. 예컨대, 계량화를 통한 비용-효과 분석과 형벌에 대한 객관적, 과학적 분류 등이 이러한 사고의 단면이라고 할 수 있다. 형벌에 대한 합리주의적 접근은 궁극적으로 감옥이라는 새로운 제도의 탄생으로 귀결되었다.

　이와 관련해 주목해야 하는 사실은 신체형으로부터 감옥으로의 형벌 제도의 변화는 18세기 말부터 본격화된, 인간과 사회를 합리적으로 관리하고 통제하는 규율 사회의 건설이라는 거대 프로젝트의 한 부분으로 이해해야 한다는 점이다. 이것이 바로 『감시와 처벌』의 제3부 '규율'이 다루고 있는 내용이다. 학교, 병원, 군대, 공장 등 주요 사회 기관들에는 공통적으로, 인간의 신체에 관한 과학적인 관리법이 적용되어 예속적이고 복종적인 인간을 만들어내려는 움직임들이 등장하기 시작했다. 이런 기술들은 매우 세밀하고 정교하게 구성되어 있었다. 일정한 폐쇄적 공간을 만들고, 그 공간을 또 다른 미세 공간으로 구분해 사람들을 각각의 개별화된 자리에 고정시키는 기능적인 공간 분할 기술, 사람들의 행동들을 분초 단위로 미세하게 통제할 수 있는 해부학적 시간 분할 기술, 사람들의 행동을 효과적으로 통제하기 위한 감시, 제재, 시험 등 정신 통제 기술 등이다.

영국의 공리주의 철학자 벤담 Jeremy Bentham, 1757~1831 이 설계한 '파놉티콘 Panopticon'(일망 감시 시설)이라는 감금 시설은 규율 사회 작동 원리의 핵심적 측면들을 잘 보여주고 있다. 파놉티콘에 대한 푸코의 묘사를 인용해보자.

> 주위는 원형의 건물이 에워싸고 있고 그 중심에는 탑이 하나 있다. 탑에는 원형 건물의 안쪽으로 향해 있는 여러 개의 큰 창문들이 뚫려 있다. 주위 건물은 독방들로 나뉘어 있고 독방 하나하나가 건물의 앞면에서부터 뒷면까지 내부의 공간을 모두 차지한다. 독방에는 두 개의 창문이 있는데, 하나는 안쪽을 향하여 탑의 창문에 대응하는 위치에 나 있고, 다른 하나는 바깥쪽에 면해 있어서 이를 통하여 빛이 독방에 구석구석 스며들어 갈 수 있다. 따라서 중앙의 탑 속에는 감시인을 한 명 배치하고 각 독방 안에는 광인이나 병자, 죄수, 노동자, 학생 등 누구든지 한 사람씩 감금할 수 있게 되어 있다. 역광선의 효과를 이용해 주위 건물의 독방 안에 있는 수감자의 윤곽이 정확하게 빛 속에 떠오르는 모습을 탑에서 파악할 수 있는 것이다.
>
> 『감시와 처벌』

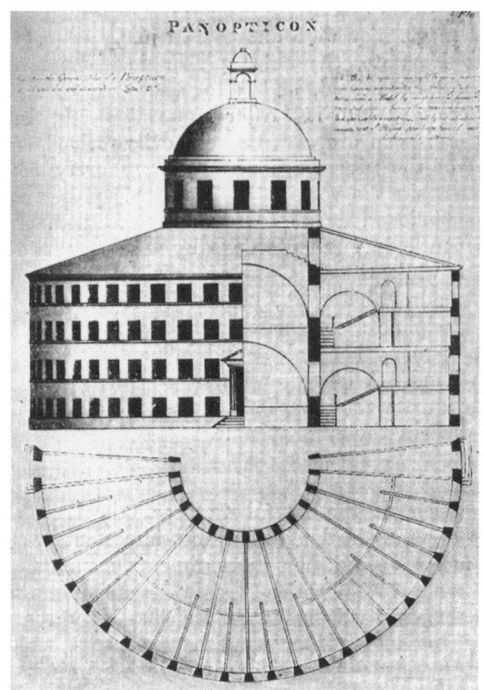

벤담과 파놉티콘 '최대 다수의 최대 행복'으로 요약되는 공리주의를 주창한 벤담(오른쪽). 그는 일명 '원형 감옥'으로도 불리는 일망 감시 시설 파놉티콘(왼쪽)을 제안하면서 도덕이 개선되고 건강이 유지되며 교육이 확산되는 것 등을 기대했다.

푸코에 따르면 파놉티콘은 감금자들의 통제와 관련해 물리적 비용을 별로 들일 필요가 없는 효과적인 통제 방식이다. 왜냐하면 독방 감금자들은 자신들이 중앙 탑의 시선에 언제나 노출되어 있다고 믿도록 하는 공간적 구조 속에 위치해 있으므로 외적인 강제 없이도 순종적인 인간이 되고자 자발적으로 노력할 것이기 때문이다. 말하자면 권력과 통제의 내면화가 이루어지는 것이다. 또한 파놉티콘은 단순한 감금 시설이 아니라 일종의 거대한 인간 행동 실험실과 같다. 감금자들에 관한 정보들을 바탕으로 그들이 동일한 또는 상이한 육체적, 정신적 조건 아래에서 어떻게 행동하는지, 그들의 행동을 바꾸기 위해서는 어떠한 처벌과 훈육이 필요한지를 예측할 수 있게 하는 공간이다. 푸코는 이를 "일망 감시 시설은 인간에 관한 실험을 할 수 있고, 또한 인간에게 적용되는 변화를 확실하게 분석할 수 있는 가장 유리한 공간"이라고 했다.

서구 근대 사회의 감옥은 바로 이러한 파놉티콘의 핵심적 원리를 재현하고 있다. 근대의 감옥은 무엇보다 죄수를 격리시킨다. 공간적 고립은 수형자들에게 중대한 심리적 효과를 산출한다. 절대적 침묵과 고독 속에서 죄수들은 자신의 내면을 마주하면서 자신에 대한 증오와 죄의식 등에 사로잡히게 된다. 그들에게 던져지는 여러 도덕적, 윤리적, 종교적 '담론들'은 그러한 도덕적 감정을 한층 더 자극한다.

> 당신의 독방에서 나는 벌레 대신에 후회와 절망이 기어 나와 당신을 갉아먹고 당신의 생활을 미리 겪는 지옥으로 만드는 끔찍한 무덤마을 본다. 그러나 …… 신앙심 없는 죄수에게는 혐오감을 일으키는 묘지나 납골당에 지나지 않는 감옥이 기독교인인 수감자에게는 진심으로 복된 요람 자체가 된다. 「감시와 처벌」

이렇듯 공간적 격리와 양심을 자극하는 담론은 죄수들에게 참된 것과 거짓된 것, 옳은 것과 그른 것, 좋은 것과 나쁜 것으로 구분되는 규범적 의식 체계를 부여함으로써 그들이 자발적으로 순종적인 인간으로 변모하게 만든다. 아울러 근대의 감옥은 수감자들의 사고와 의식을 변모시킬 수 있는 훈육 기법을 활용한다. 예컨대, 일주일의 6일은 노동을, 나머지 하루는 기도, 교육,

명상 등 휴식에 할당하는 과정을 지속적으로 반복함으로써 수감자들로부터 다음과 같은 심리적 효과를 산출할 수 있다. 노동을 통해 수감자들이 스스로를 내면적으로 바꿀 수 있는 정신적 능력인 질서와 복종, 근면 등을 익히게 하며, 노동의 대가로서 급료를 제공함으로써 노동의 신성함, 근검절약, 소유권, 미래에 대한 희망 등을 내적 가치로 받아들이게 한다. 그리고 노동 이후에 맛보게 되는 휴식은 자유로운 존재가 되기 위한 신속한 도덕적 자기교정에 노력을 기울이게 한다.

이와 같이 범죄에 대한 근대적 관리법은 물리적 폭력이 아니라 지식과 담론에 기반을 두고 있다. 우선, 근대의 합리적 지식들은 죄수들을 다루기 쉬운 순종적 인간들로 만들기 위한 원리와 기법의 창출에 이용되었다. 공리주의적 비용-효과 이론, 공간 이론, 건축 이론, 심리 이론 등은 죄수들을 교화 대상으로 삼아야 하는 이유, 그들을 공간적으로 분리시켜야 하는 이유, 가장 효과적으로 공간적 격리를 이루어내는 구조, 공간적 격리가 산출해내는 심리 효과에 대해 정확하게 설명해주었다. 이러한 원리와 기법 아래에서 죄수들은 외적인 강제 장치 없이도 스스로를 교정해나가는 존재로 전환되었으며 그 효과는 도덕과 윤리적 진실에 관한 담론들을 통해 한층 더 강력하게 발생할 수 있었다.

권력과 결탁한 지식-담론

지식-담론과 권력의 은밀한 결탁관계에 대한 푸코의 성찰은 『성의 역사 1 : 앎의 의지』에서 성이라는 윤리적 주제를 중심으로 새롭게 이루어졌다. 푸코는 서양 근대 사회가 성에 관해 이야기하는 것을 억압해왔다는 가설(억압 가설)에 의문을 제기하고 있다. 이러한 가설은 근본적으로 성과 권력에 대한 몇 가지 근본적 전제와 관련되어 있다. 말하자면, 권력은 성과 쾌락이라는 예민한 윤리적 문제에 대해 언제나 은폐와 금지의 방식으로 대응해왔으며, 성적 일탈을 막기 위한 장치로서 검열과 법적 통제 장치를 작동시켜왔다는 것이다. 하지만 푸코에 따르면, 성과 성적 쾌락에 관한 다양한 지식과 담론들은 오히려 국가에 의해 유포되고 확산되어왔다. 푸코는 다음과 같이 말했다.

> 사실, 근대 사회의 고유한 특징은 사회가 성을 어둠 속으로 몰아넣었다는 것이 아니라 그것을 '누구나 다 아는' 비밀로 이용함으로써 그것에 대해 말하는 데 한없이 열중해왔다는 것이다.
>
> 『성의 역사 1: 앎의 의지』

그렇다면 서양 근대 사회에서 성적 담론의 확산과 유포가 일어난 이유가 무엇일까? 그것은 본질적으로 근대 사회의 국가적 필요성에 밀접하게 연결되어 있었다. 근대 사회에서 성은 단순히 개인의 윤리적 사안이 아니라 국가의 적극적 개입에 의해 관리되어야 하는 대상으로 전환되었다. 왜냐하면 성은 인구 증가와 연관돼 있고 이는 곧 국력과 관계되는 문제이기 때문이다. 이러한 필요성에 입각해 성에 관한 공적 담론들이 만들어지기 시작했다. 그런데 그 담론들은 가족 구성, 출생률, 출생의 합법성, 적정 결혼 연령 등 국가적 요구에 따르는 것인 만큼 인구학, 생물학, 의학, 심리학, 윤리학, 법률학, 교육학 등 다양한 전문적 지식들에 의해 뒷받침되어야 했다. 그 결과 근대 사회에서 성적 담론은 매우 다층적인 지식의 형태를 띠면서 만들어졌다.

근대 사회의 성적 담론에서 주목해야 하는 것은 성에 관한 윤리적 이분법이 구축되었다는 점이다. 정상적인 성과 일탈적인 성, 도덕적인 성과 비도적적인 성, 합법적인 성과 불법적인 성 등의 이분법이 만들어졌는데 이것은 생물학, 의학, 법률학 등 근대적 지식들에 기초함으로써 보편적 정당성을 확보할 수 있었다. 물론 전근대 사회에서도 기묘한 성적 충동과 행위들에 대한 비판과 문제의식이 있었지만 그것은 단지 예외적인 일탈로 취급되었을 뿐 근대 사회에서처럼 과학적인 분류 체계의 한부분을 차지하고 있지 않았다. 하지만 근대 과학은 이분법에 근거해 잘못된 성에 대해 이야기하기 시작했다. 아동의 성욕, 범죄자의 성욕, 성적 도착, 동성애 등 이른바 근대 사회의 국가적 필요성에 반하는 것들이 그 대상이었다. 예컨대 동성애는 철저한 과학적 분석의 대상이 되었다. 법률학, 의학, 심리학 등은 동성애자의 어린 시절과 병력, 기질에 대해, 그들의 신체적 특성과 생활 방식에 대해 객관적이고 엄격한 분석의 필요성을 제기했다. 이제 동성애자들은 근대 사회에서 보편적 진리의 전달자로 간주된, 실증성에 기초하는 인간과학에 의해 비정상적인 성으로 분류되었다. 그 결과 그들은 사회로부터 이방인이 되든가, 아니면 자신의 잘못된 성을 고백해야 하는 기로에 서야 했다. 그 고백은 자신의 성적 비도덕성을 밝히는 일, 곧 자신의 죄를 인정하고 드러내는 일이다.

지금까지의 논의를 통해 알 수 있듯이 근대 사회에서 범죄자와 일탈적 성행위자들은 국가 권력의 물리적 폭력이 아니라 과학의 이름으로 구축된 지식-담론에 의해 관리되었다. 이는 물리적 비용을 들일 필요가 없다는 점에서, 국가의 능동적인 개입이 필요 없다는 점에서, 궁극적으로 통제 대상들이 내면의 윤리의식에 의해 스스로를 통제한다는 면에서 매우 효과적인 관리 방식이라고 할 수 있다. 이런 차원에서 근대 사회의 권력을 이해하기 위해서는 매우 독특한 시각이 필요하다. 근대 사회의 권력은 특정한 사고와 행위를 금지하고 억압하는 물리적 폭력 장치 이상의 의미를 지닌다.

첫째, 권력은 오히려 지식과 담론을 적극적으로 창출해내고 사람들의 마음속에 특정한 도덕률을 주조해냄으로써 그들을 일정한 방향으로 이끌어 가는 적극적인 힘이다. 그 권력은 지식과 담론에 의해 은폐되어 있어 매우 은밀하게 작동한다. 둘째, 권력의 작용에서 핵심적인 요소는 권력의 주체가 아니라 권력의 객체들이다. 왜냐하면 권력의 객체들 내부로부터 통제 기제가 작동하기 때문이다. 푸코는 이를 "예속화의 원칙"으로 불렀다. 그것은 권력의 객체가 권력관계를 자신의 마음속에 내면화해 자기 스스로 지배자-피지배자의 1인 2역을 하는 상황인 것이다. 셋째, 그 권력은 특정한 공간적 지점에서 작용하는 것이 아니라 학교, 병원, 작업장, 교도소 등 사회의 곳곳에서 다양한 장치들을 통해 분산된 형태로 작용한다. 말하자면 근대 권력은 그것의 궁극적 주체를 찾을 수 없을 정도로 일종의 네트워크 형태로 작동하는 것이다. 푸코는 이러한 점에서 근대 사회의 권력을 해부하는 작업을 '권력의 미시물리학'으로 명명했다. 권력의 미시물리학은 권력에 대한 다음과 같은 시각들을 전제로 한다.

> 신체에 행사되는 권력은 소유물이 아니라 전략으로 이해되는 것이며, 그 권력의 지배 효과들은 '전유^{專有}'가 아니라 배열, 조작, 전술, 테크닉, 작용에 기인하는 것이다. 그 권력 속에서 우리는 소유할 수 있는 어떤 특권이 아니라 항상 긴장되어 있고, 활동 중인 관계망을 발견해야 하며 …… 더욱이, 이 권력은 단순히 '그것을 갖지 못한' 사람들에게 의무 또는 금지로 행사되지 않는다. 그것은 그들을 끌어들이고, 그들에 의해, 그들을 통해 확산된다.
> 「감시와 처벌」

만남 5
하버마스, 이성의 새로운 가능성을 제시하다

하버마스는 서구 근대의 이성으로부터 어떠한 희망의 빛도 찾을 수 없다고 말한 푸코와 같은 반이성주의자들에 맞서 이성의 잠재력과 새로운 가능성을 제시하려 한 이성주의자다.

보수적 철학 속에 싹튼 진보적 정치의식

하버마스는 1929년 6월 18일 독일 중서부에 위치한 뒤셀도르프Düsseldorf에서 태어나 쾰른Köln 근처 구머스바흐Gummersbach라는 작은 도시에서 유·소년기를 보냈다. 그의 할아버지는 그곳에서 목사로, 아버지 에른스트 하버마스Ernst Habermas는 쾰른 상공회의소 소장으로 재직했다. 하버마스는 대체로 보수적인 정치적 분위기 속에서 성장했다. 이는 그의 아버지가 소극적이나마 나치즘Nazism을 지지했다는 점에서 단적으로 드러난다.

사상가로서 푸코의 삶이 권위주의적인 아버지와의 심리적 갈등 및 자신의 성적 정체성에 큰 영향을 받았던 것처럼 하버마스의 사상 또한 개인사적인 경험들과 결코 무관하지 않다. 그중에서 가장 중요한 두 가지 경험을 들자면, 바로 비정상적인 구강 구조와 나치즘에의 군사적 연루다.

하버마스는 입천장이 갈라져 명확한 발음을 구사하기 어려운, 구개 파열이라는 기형을 갖고 태어났다. (지난 1990년대 후반 하버마스의 파리 강연에 참석할 기회가 있었는데 당시 하버마스의 발음을 알아듣기 힘들었던 기억이 있다.) 그렇다면 기형적 구강 구조가 그의 학문의 형성에 구체적으로 어떤 영향을 미쳤을까? 지난 2004년 예술과 철학 부문에서 교토상京都賞을 수상했을 당시(교토상은 첨단과학, 기초기술, 사상, 예술 등 각 학문 분야에서 뛰어난 업적을 남긴 인물들의 공로를 치하하기 위해 일본의 기업가 이나모리 가즈오稻盛和夫, 1932~가 1984년에 제정한 상이다), 하버마스는 「공공영역과 정치적 공론장 : 내 사상의 두 가지 모티브에 대한 개인사적 뿌리 Öffentlicher Raum und politische Öffentlichkeit」라는 제목의 수상 기념 연설에서 신체적 결함이 자신의 사회사상 형성에 얼마나 큰 영향을 미쳤는지를 밝힌 바 있다. 태어나면서부터 여러 차례 받아야 했던 고통스러운 외과 수술에 대한 기억은 하버마스를 인간의 본질에 대한 성찰로 이끌었다. 그는 반복된 수술을 통해 인간이란 타인과의 관계 속에서, 타인에 의지해서 살아갈 수밖에 없는 존재라는 자각을 하기 시작했다. 이러한 상호 의존성에 대한 사고는 결국 하버마스 사회사상의 가장 중요한 개념들 중의 하나인 '상호주관성intersubjectivity'에 대한 인식을 이끌었다. 한편, 기형적 구강 구조로 인해 하버마스는 주변 사람들과의 의사소통에서 상당한 곤란을 겪어야 했다. 이런 경험 속에서 그는 "다른 사람들은 내 말을 잘 이해하지 못하고 나와 대화하는 걸 성가셔하거나 거부하곤 했다"라고 말하기도 했다. 타인 앞에서 자신을 잘 표현할 수 없었던 경험은 하버마스가 언어와 의사소통에 대해 깊은

반이성주의자에 맞서 이성의 새로운 가능성을 제시한 하버마스

관심을 갖게 했다. 하버마스에게 언어는 사물을 표상하는 도구가 아니라 열린 공간에서 타인과 관계 맺기 위한 커뮤니케이션의 매개물이었다.

하버마스는 10대 중반에 2차 대전에 참전했던 것으로 알려져 있다. 2차 대전 종전 직전인 1944년에 15세의 나이로 '히틀러유겐트Hitlerjugend'(히틀러Adolf Hitler, 1889~1945가 청소년들에게 나치의 신조를 가르치고 훈련시키기 위해 만든 조직)의 일원이 되어 베스트발Westwall에서 6개월간 복무했다는 것이다. 이 문제는 하버마스가 히틀러유겐트에서 '지도자급' 역할을 했다고 주장한 역사학자 페스트Joachim Fest, 1926~2006의 저술이 지난 2006년에 발간되고 시사 월간지 『키케로Cicero』의 기자가 페스트의 주장을 성급하게 기사화하면서 공론화되었다. 이에 대해 하버마스는 자신은 결코 지도자급 역할을 하지 않았다고 반박했다. 결국 하버마스와 함께 히틀러유겐트로 복무했던 역사학자 벨러Hans-Ulrich Wehler, 1931~의 증언으로 페스트의 주장이 오류임이 밝혀졌다.

복무의 경중과는 무관하게 10대 중반의 하버마스가 히틀러와 나치즘의 본질을 명확하게 깨달았을 것이라고 생각하기는 어려울 것이다. 하버마스가 나치에 군사적으로 동원된 데 대해 깊은 성찰과 반성을 하게 된 것은 전쟁이 끝난 뒤 뉘른베르크^{Nürnberg} 군사재판*이 열리고 강제수용소와 유대인 학살 등 히틀러의 잔악 행위에 대한 다큐멘터리 영화들이 소개되면서였다. 당시의 이러한 정치적 상황은 하버마스에게 엄청난 충격으로 다가왔다. 그는 모든 독일인이 "정치적 범죄 체제 속에서 살아가고 있었음"을 자각했다. 이러한 깨달음과 함께 하버마스는 전후 독일(서독)에 불어 닥친 새로운 정치적·문화적 물결들을 경험하면서 진보적 정신의 기반을 점차 만들어나갔다. 당시의 새로운 물결에 대해 하버마스는 다음과 같이 묘사하고 있다.

➡ **뉘른베르크 군사재판**

2차 대전 후 1945년 11월부터 10개월간 독일 뉘른베르크에서 연합국이 독일의 전쟁 범죄자를 처벌하기 위해 벌인 국제 군사재판. 미국·영국·프랑스·구소련의 4개국 간에 체결된 협정에 의해 이루어진 것으로, ① 국제조약과 협정을 위반하고 침략전쟁을 벌인 반평화의 죄, ② 인민 몰살과 추방, 집단 살해의 죄, ③ 전쟁법의 위반, ④ 앞의 세 사항의 범죄 행위를 계획·공모한 죄에 대해 나치 지도자들을 전범으로 기소했다. 216차에 걸친 공판 끝에, 처음 기소된 24명 가운데 19명이 유죄 판결을 받았고 그중 12명에게 사형이 선고되었으며, 나치 정치지도단과 게슈타포, 총통 보안대(SI), 나치 친위대(SS) 등을 범죄성이 있는 단체로 규정지었다. 이 재판은 침략전쟁을 하나의 범죄로 취급하고, 전쟁 범죄의 책임을 개인에게도 물었다는 데 의의가 있다.

표현주의 예술로, 영문학의 세계로, 동시대의 사르트르와 프랑스 좌파 기독교 계열의 철학으로, 프로이트[Sigmund Freud, 1856~1939]로, 마르크스[Karl Marx, 1818~1883]로, 그리고 독일인들의 재교육에 결정적인 영향을 미친 제자들을 두었던 듀이[John Dewey, 1859~1952]의 실용주의로 들어가는 문들이 우리에게 갑자기 열렸다. 또한 현대 영화들이 우리에게 흥미로운 메시지를 던져주었다. 모더니즘의 해방 정신과 혁명 정신이 몬드리안[Pieter Mondriaan, 1872~1944]의 구성주의 회화, 바우하우스[Bauhaus] 건축술의 투명한 기하학적 형상 그리고 순수한 산업 디자인에 의해 명확한 모습으로 가시화되었다. 서방 세계로의 문화적 개방은 동일한 방향의 정치적 개방과 맞물려 진행되었다. 나에게는 자유주의보다는 민주주의가 매력적인 언어였다. 나는 모더니즘의 개척자적 정신 및 해방적 전망과 결합되어 사회계약론의 정치적 구성물들이 대중적인 형태 속에서 등장하고 있음을 인지했다. 「공공영역과 정치적 공론장」

이러한 새로운 지적 흐름에도 불구하고 독일은 과거의 향수에 사로잡힌 고리타분한 사회적 분위기에 머물러 있었다. 하버마스는 새로운 시대적 변화에 조응하지 못하는 독일 사회의 정체된 정신성에 실망과 좌절을 느끼면서 현실 비판을 위한 정치적 시각을 갖추어나가기 시작했다. 하지만 하버마스 자신도 이야기하고 있듯이 적어도 1953년 이전까지 그의 정치의식과 학문은 서로 거리를 두고 있었다. 말하자면 정치의식은 진보적이었지만 그의 철학은 여전히 전통적이고 보수적인 철학의 영역 속에 머물러 있었다는 것이다. 사실상 하버마스는 철학은 정치적 의식과는 달리 보편적이고 초월적인 진리의 영역을 다루는 것이라는 독일 철학의 전통을 굳게 믿고 있었다. 이러한 점은 하버마스가 본^{Bonn} 대학에서 로타커$^{Erich\ Rothacker,\ 1888~1965}$와 베커$^{Oscar\ Becker}$ 교수의 지도로 1954년에 통과한 철학 박사학위 논문 「절대자와 역사, 셸링적 사유의 이중성$^{Das\ Absolute\ und\ die\ Geschichte.\ Von\ der\ Zwiespältigkeit\ in\ Schellings\ Denken}$」이 잘 보여주고 있다.

▌ 비판이론의
▌ 비판적 계승

하버마스는 1949년 괴팅겐^{Göttingen} 대학에서의 철학 공부를 시작으로 취리히 대학과 본 대학에서 철학, 역사학, 심리학, 독문학, 경제학 등 인문학과 사회과학 전반을 공부했다. 그러던 중 1953년 여름, 하버마스가 철학과 정치가 서로 무관할 수 없음을 깨닫게 되는 중대한 사건이 터졌다. 친구 아펠$^{Karl-Otto\ Apel,\ 1922~}$이 하버마스에게 하이데거$^{Martin\ Heidegger,\ 1889~1976}$의 저술인 『형이상학 입문$^{Einführung\ in\ die\ Metaphsik}$』을 건네주었는데 그 책을 읽은 하버마스는 엄청난 충격에 사로잡혔다. 『형이상학 입문』은 하이데거가 1935년 프라이부르크^{Freiburg} 대학에서 한 강의들을 담은 것인데, 하버마스는 그 책에서 국가주의 정신과 집단적 충성심의 찬양 등 나치즘에 대한 옹호와 복원의 의지를 읽어낸 것이다. 독일에서 가장 영향력 있는 철학자가 당시의 정치적 현실에 대해 아무런 성찰이나 반성 없이 강의 내용을 출간했다는 사실을 하버마스로서는 이해할 수도, 인정할 수도 없었다. 하버마스는 1953년 7월 일간지 『프랑크푸르터 알게마이네 차이퉁$^{Frankfurter\ Allgemeine\ Zeitung}$』에 「하이데거와 함께 하이데거를 비판적으로 성찰하기$^{\text{Mit Heidegger gegen Heidegger}}$ ^{denken}」라는 기고문을 실으면서 하이데거의 정치의식을 공격했다. 이를 계기로 하버마스는 전통 독일 철학의 유산을 계승한 대표적 인물들이었던 하이데거, 슈미트$^{\text{Carl Schmitt, 1888~1985}}$, 윙거$^{\text{Ernst Jünger, 1895~1998}}$, 겔렌$^{\text{Arnold Gehlen, 1904~1976}}$ 등을 비판적으로 사고하기 시작했다. 하버마스의 해석에 따르면 이들은 대중을 경멸하고 절대자, 선민, 비범한 인물을 찬양하면서 대화, 평등, 자율적 결정을 거부하고 침묵, 명령, 복종 등 비민주적 가치들에 맹신을 보내고 있었다.

이 일을 계기로 보수주의적 청년 하버마스가 새롭게 태어나기 시작했다. 박사학위를 받은 후 하버마스는 대략 2년 동안 『프랑크푸르터 알게마이네 차이퉁』과 『메르쿠르^{Merkur}』 등 여러 신문사들에서 저널리스트로 활동했다. 기자 생활을 하면서 하버마스는 두 개의 의미 있는 일을 경험하게 되는데 하나는 1955년 진보주의적 이념을 간직하고 있던 여성 베젤회프트$^{\text{Ute Wesselhoeft}}$와 결혼한 것이고, 다른 하나는 호르크하이머$^{\text{Max Horkheimer, 1895~1973}}$와 아도르노$^{\text{Theodor Adorno, 1903~1969}}$, 마르쿠제$^{\text{Herbert Marcuse, 1898~1979}}$ 등으로 대표되는 비판이론의 세례를 받기 시작한 것이다. 특히 호르크하이머와 아도르노가 공동 집필한 『계몽의 변증법$^{\text{Dialektik der Aufklärung}}$』(1947)은 하버마스의 비판적 사유에 결정적 기반을 제공했다. 프랑크푸르트 대학 사회조사연구소$^{\text{Institut für Sozialforschung}}$로 상징되는 독일의 비판이론은 현대 서구 사회에 대한 새로운 시각을 정립하고자 했다. 비판이론은 무엇보다 '자본주의-사회주의'라는 이분법적 분석 틀과 역사적 유물론에 입각하고 있는 전통 마르크스주의를 비판적으로 바라보았다. 비판이론은 오히려 자본주의와 사회주의 사회를 물질적 진보를 통한 인간 해방을 모토로 삼은 계몽주의의 쌍생아로 이해했다. 그리고 바로 이러한 점에서 구소련이 보여주듯이 사회주의의 도래가 인간 해방을 이룩하지 못하는 원인을 설명하고자 했다. 또 정치적 지배-억압과 관련해 전통적 마르크스주의가 강조하고 있는 물질적, 경제적 원리를 넘어 문화와 정신성 같은 심리적 원리에 눈을 돌렸다.

하버마스는 비판이론을 통해 2차 대전 이후 민주주의 형성에서 독일 사회가 경험한 실패와 좌절의 근본적 원인을 설명할 수 있다고 믿었다. 그리고 비판이론을 따라 독일에서 민주주의의 실현을 제도적 차원이 아니라 독일인들의 심층적 정신성의 변화를 이끌어내야 한다고 생각했다. 그렇다면 어떻게 민주적 정신성을 구현할 것인가? 하버마스는 행위자들 간의 열린 의사소통을 통해 가능하다고 생각했으며 그것은 곧 공론장$^{公論場, Öffentlichkeit, public\ sphere}$과 열린 대화에 대한 성찰로 이어졌다. 이것이 바로 하버마스의 교수 자격 논문 주제였다.

하버마스는 사회조사연구소에서 근무하면서 1959년부터 독일 연구협회의 재정적 지원 아래 2년간 논문 작업에 몰두했다. 그런데 정작 논문을 마무리하는 과정에서 문제가 발생했다. 논문을 지도했던 호르크하이머가 논문에 대해 수정을 요구했는데 하버마스가 이를 거부하면서 둘 사이에 치유하기 힘든 갈등이 생긴 것이다. 이러한 대립의 바닥에는 궁극적으로, 프랑크푸르트학파$^{Frankfurter\ Schule}$ 1세대로 불린 비판이론가들이 정치에 대한 과도한 회의주의와 서구 근대 정신에 대한 부정적 견해를 고수하고 있다는 하버마스의 불만이 깔려 있었다. 하버마스는 끝내 호르크하이머의 요구를 거절하고 자신의 논문을 마르부르크Marburg 대학의 정치학 교수였던 아벤트로트Wolfgang Abendroth, 1906~1985에게 제출했다. 1961년에 통과된 그 논문이 바로 하버마스를 사회철학의 중심 무대로 진입하게 한 대표 저작인 『공론장의 구조 변동 : 부르주아 사회의 한 범주에 관한 연구Strukturwandel der Öffentlichkeit. Untersuchungen zu einer Kategorie der bürgerlichen Gesellschaft』이다. 나중에 자세히 살펴보겠지만 이 논문에서 하버마스는 공론장과 열린 대화에 관한 역사적 모델을 구체적으로 제시하고 있는데 이것은 곧 프랑크푸르트학파 1세대가 서구적 근대성에 대해 지나친 불신과 폄하를 견지한 데 대한 안티테제였다. 말하자면 하버마스는, '부르주아 공론장'으로 불리는 서구 근대 사회의 민주주의적 의사소통 모델이 변질을 겪긴 했지만, 그럼에도 불구하고 서구 근대 사회는 민주주의의 정신적 잠재력을 역사적으로 구현했다는 긍정적인 평가를 내리고자 했던 것이다.

하버마스는 교수 자격 논문이 통과되기 직전부터 마르부르크 대학과 하이델베르크 대학에서 학생들을 가르쳤다. 그리고 그 기간 동안 발표한 자신의 논문들을 묶어 『이론과 실천Theorie und Praxis』(1963)이라는 저술로 묶어 출간했다. 여기서 하버마스는 아리스토텔레스, 홉스, 로크, 루소 등 고전적 정치 이론가들로부터 헤겔Georg Hegel, 1770~1831과 마르크스를 거쳐 현대 과학문명 시대에 대한 성찰을 통해 자신이 지향하는 이론과 실천의 통일로서 '비판이론'의 지평을 탐색하고 있다. 하버마스의 비판이론은 1963~1964년에 서독 사회학회가 주관했던 '실증주의 논쟁'을 거치면서 한층 더 중량감 있는 이론으로 커나갈 수 있었다. 그 논쟁에서 하버마스는 실증주의가 자연과학적 방법론에 입각해 객관적이고 중립적인 분석이 사회 이론의 임무라고 간주한 것을 비판하면서, 사회 이론의 과제는 바로 사회적 규범에 의해 정당화되는 사회적 해방을 위한 실천이라고 주장했다. 하버마스에게 자연과학과 사회과학은 근본적으로 상이한 지평 위에 자리 잡고 있다.

> 사회적 규범의 의미는 사실적인 자연 법칙에 의존하지 않으며 자연 법칙도 규범적 의미에 의존하지 않는다. 그리고 가치 판단의 규범적 내용은 사실 확정의 기술적 내용에서 도출될 수 없으며 역으로 기술적 내용 또한 규범적 내용에서 도출될 수 없다. 존재의 영역과 당위의 영역은 이 모델에서 엄격히 분리되어 있다. 기술적 언어의 명제는 규범적 언어로 번역될 수 없다.
>
> 『사회과학의 논리 Zur Logik der Sozialwissenschaften』(1970)

하이델베르크에서의 생활을 마감할 즈음, 하버마스는 참으로 역설적인 경험을 하게 된다. 아도르노의 강력한 지지에 힘입어 프랑크푸르트 대학으로 돌아와, 자신과 결별한 바 있는 호르크하이머가 맡았던 철학과 사회학 정교수 자리를 차지한 것이다. 1965년 6월에 이루어진 하버마스의 정교수 취임 연설은 1968년에 한층 더 심화된 내용으로 동일한 제목의 책 『인식과 관심 Erkenntnis und Interesse』으로 출간되었다. 여기서 하버마스는 자신이 구축하고 있는 비판이론의 논리를 명확하게 제시하고 있다. 하버마스에 따르면 인간의 모든 지식은 삶의 과정에서 발생하는 관심과 연결되어 있다. 우선, 인간은 노동에 의해 표상되는 '기술적 관심'을 가진다. 이는 인간이 자연적 환경을 인간적 삶에 부합하는 방향으로 통제하는 것으로, 실증적 경험과학의 영역에 속한다. 다음으로, 인간은 일상적 삶 속에서 타인에 대한 이해를 목표로 하는 '실천적 관심'을 가진다. 이는 언어에 의해 표상되며 역사학과 해석학의 영역에 속하는 것으로, 곧 자연과학과 사회과학을 구분해주는 준거 틀이다. 하지만 하버마스는 여기에 비판과학을 추가한다. 비판과학은 '해방적 관심'에 연결되어 있는데, 그 관심이란 모든 형태의 지배와 억압으로부터 벗어난 자유로운 존재로서의 인간을 꿈꾸는 것이다. 하버마스는 자신의 비판이론이 바로 해방적 관심에 정초되어 있다고 말한다. 그렇다면 무엇이 인간을 억압하고 있는가? 인간은 그 억압으로부터 어떻게 해방될 수 있을까?

　마르크스는 인간이 물질과 이데올로기라는 허위의식에 의해 억압되고 있음을 통찰하고 노동과 반성적 사유를 통해 그런 허위의식에서 벗어날 수 있다고 했다. 마르크스의 주장대로 인간은 노동을 통해 물질적 구속으로부터 벗어날 수 있다. 하지만 그것은 자연 대 인간의 관계라는 점에서 해방적 관심이라기보다는 실증적 관심의 영역에 속한다. 따라서 초점은 반성적 사유, 즉 이데올로기 비판을 통해 허위의식을 폭로하는 정신적 힘에 맞춰지게 된다. 그런데 프로이트는 또 하나의 억압과 그로부터 해방될 수 있는 또 하나의 길을 제시하고 있다. 그 억압은 인간 정신의 심층에 존재하는 '무의식'이다. 그런데 무의식적 억압으로부터 해방될 수 있는 길은 노동과 사유가 아니라 무의식을 의식의 표층으로 끌어낼 수 있는 의사와 환자 간의 의사소통이다. 이러한 성찰은 해방적 관심을 지향하는 하버마스의 비판이론이 궁극적으로 비판적 사유의 힘과 합리적 의사소통에 기초하게 될 것임을 예고한다.

참여하는 지성

1960년대 후반 서구 사회의 제도적·정신적 질서를 근본적으로 뒤흔든 68혁명은 독일에서도 예외가 아니었다. 운동의 중심에 있었던 하버마스는 시국에 대한 자신의 정치적 입장을 명확히 했다. 기존 체제의 전복이라는 혁명적 발상에 동조하지 않았던 하버마스는 1967년 6월 하노버에서 '대학과 민주주의'라는 주제로 열린 토론회에 참석해 독일 학생운동이 지나치게 폭력적이며 혁명적 환상에 빠져 있다고 비판했다. 그러한 맥락에서 하버마스는 당시 학생운동을 지도했던 두치케Rudi Dutschke, 1940~1979의 변혁 이념을 좌파 파시즘으로 비난했다(하버마스는 후에 이에 대한 유감을 표명했다). 이러한 정치 노선으로 인해 하버마스는 대학 내에서 학생들의 엄청난 비판에 직면해야 했다. 심지어 그의 제자였던 네크트Oskar Negt, 1934~마저도 스승을 비난하기에 이르렀다. 결국 1971년 하버마스는 대학 교수직을 버리고 뮌헨 근처 소도시인 슈타른베르크Starnberg에 있는 막스 플랑크 연구소Max-Planck-Institut 소장을 맡아 1983년까지 재직했다. 이 기간 동안 하버마스는 학문과 공적인 삶에서 주목할 만한 성과들을 이룩했다. 먼저, 사회학, 언어학, 심리학, 인류학 등에 대한 폭넓은 독서를 통해 비판이론의 방법론적 전회轉回를 이끌어냈다. 그 결과물이 바로 1981년에 출간된 두 권의 대작인 『의사소통행위이론Theorie des kommunikativen Handelns』이다 (제1권은 '행위합리성과 사회합리화Handlungsrationalität und gesellschaftliche Rationalisierung', 제2권은 '기능주의적 이성 비판을 위하여Zur Kritik der funktionalistischen Vernunft'라는 부제를 달고 있다). 이 책에서 하버마스는 마르크스, 베버Max Weber, 1864~1920, 뒤르켐Émile Durkheim, 1858~1917 등 고전 사회학자들로부터 미드George H. Mead, 1863~1931, 파슨스Talcott Parsons, 1902~1979 등 미국 현대 사회학자에 이르기까지 기존의 사회 이론들을 합리성의 관점에서 재해석하면서 궁극적으로 '의사소통적 합리성communicative rationality'이라는 개념을 완성해냈다. 나중에 살펴보겠지만 그 개념은 반이성주의자들에 맞서 이성과 합리성의 잠재력과, 그것을 바탕으로 주조될 새로운 사회적 윤리와 규범의 가능성을 설득력 있게 보여줄 중요한 개념이다. 또한 1970년대 후반, 당시 서독 정부가 테러리즘에 대응하기 위해 시민적 자유들을 제한하는 조치들을 취하려 하자 하버마스는 그것이 민주주의의 제도적 위축을 가져올 뿐만 아니라 좌파 지식인들에 대한 탄압의 도구가 될 수 있다고 판단하면서 그에 저항하기 위한 지식인 운동을 이끌며 실천하는 지식인의 면모를 보였다. 아울러 그는 그동안의 학문적 공로를 인정받아 1973년 헤겔상Hegel-Preis, 1976년 프로이트상Sigmund-Freud-Preis für wissenschaftliche Prosa, 1980년 아도르노상Theodor-W.-Adorno-Preis 등을 수상했다.

하버마스는 1983년에 프랑크푸르트 대학으로 복귀해 1994년 정년 때까지 그곳에서 머물렀다. 그사이 하버마스는 1986년부터 2년여 동안 지속된 독일 역사 논쟁에 개입했다. 논쟁의 핵심은 독일의 제3제국, 즉 히틀러 정권에 대한 역사적 평가를 둘러싼 것이었다. 히틀러의 유대인 학살을 정치적으로 옹호한 놀테Ernst Nolte, 1923~와 슈튀르머Michael Stürmer, 1938~ 같은 역사학자들과 그 지지자들에 맞서, 하버마스는 그들의 주장을 보수주의 학자들의 자기변호적 역사 해석이자 1945년부터 진행된 독일의 친서방화를 봉쇄하는 폐쇄적 민족주의의 움직임으로 평가절하하면서 격렬히 비난했다. 하버마스의 이러한 정치적 태도는 사회의 보편적 규범과 윤리의 기초를 재발견하려는 비판이론의 목적에 철저히 부합하는 것이었다. 그 이후에도 하버마스는 독일 통일에 대해 비판적 견해를 표명한다든지(1990) 코소보 사태와 관련해 세르비아에 대한 나토NATO의 군사적 개입을 인권의 이름으로 지지하는(1999) 등 정치적 목소리를 꾸준히 표출했다. 정치적 행동과 더불어 하버마스는 자신의 의사소통적 합리성 이론을 민주주의의 제도적 절차에 구체적으로 접목시킨 『사실성과 타당성Faktizität und Geltung』(1992)에서부터, 자유주의 우생학liberal eugenics에 대한 비판적 성찰을 담은 『인간이라는 자연의 미래Die Zukunft der menschlichen Natur』(2001)에 이르기까지 학자로서의 통찰력과 탐구 정신을 지속적으로 보여주고 있다. 아울러 1997년부터 현재까지 『독일과 국제 정치Blätter für deutsche und internationale Politik』라는 학술지의 공동 편집자로 활동하는 등 하버마스는 당대 최고의 지성이라는 면모에 값하는 모습을 보여주고 있다.

2000년대 들어 하버마스는 미국이 주도하는 이라크 전쟁에 대한 반대를 표명하고, 미국의 외교 정책에 저항하고 대안을 구축하기 위한 새로운 유럽 건설의 필요성과 당위성을 제기했다. 그와 같은 실천의 연장선에서 하버마스는 지난 2013년 4월 26일 벨기에의 루뱅^{Leuven}에서 "민주주의, 연대, 그리고 유럽의 위기 $^{Democracy,\ Solidarity,\ and\ European\ Crisis}$"라는 제목의 강연을 통해 현재 유럽연합이 드러내고 있는 문제점을 진단하고 새로운 유럽을 향한 철학적 대안을 제시했다. 그는 현재 시민적 가치와 정책 사이에서 유럽연합의 간극이 너무나도 크게 벌어져 있다고 비판하면서 '유럽회의주의^{Euroscepticism}'가 유럽인들의 공통된 정서라고 경고했다. 그는 단기간의 정치적 시각에 의해서만 결정되는 유럽연합 내 정책 결정 과정이 유럽의 정당성과 민주적 기초에 위협이 된다고 말하면서, 경제와 금융연합이 정치연합으로 확대되어야 하고 회원국들이 주권체로서의 국민국가 관념에 사로잡히지 말 것을 강조했다. 궁극적으로 하버마스는 '연대^{solidarity}'의 가치 아래에서 유럽연합을 개혁해야 한다고 역설했다.

만남 6
근대 이성을 새롭게 보라

하버마스는 서구 근대 사회를 이끈 이성이 과연 부정적인 모습만을 지니고 있는가라고 물었다. 그 사회를 관통하는 원리로서 이성의 폭력적, 지배적 속성을 폭로하는 반근대주의, 반이성주의 사상가들에 맞서 하버마스는 서구의 근대가 간직하고 있는 민주주의적 잠재력을 보여주기 위한 노력을 아끼지 않았다. 그러한 노력은 베버와 아도르노, 호르크하이머의 합리성 이론에 대한 비판에서 시작되어 서유럽에서 근대 민주주의가 태동한 18세기 정치사와 문화사에 대한 고찰 속에서 구체화되었다.

근대 이성의 또 다른 얼굴을 찾아서

우리는 앞서 서양 중세로부터 르네상스, 종교개혁, 새로운 자연과학의 등장을 거쳐 전 유럽을 뒤흔든 정치와 경제혁명을 통해 이룩된 서양 근대 사회의 기나긴 도정에 대해 이야기했다. 만약 누군가 우리에게 이러한 과정을 한마디로 표현하라고 한다면 어떤 대답을 할 수 있을까? 독일의 사회학자 베버로부터 하나의 답을 구할 수 있다. 베버는 서구 사회의 근대로의 이행을 '합리화Rationalisierung, rationalization'로 규정했다. 그렇다면 서구 사회가 경험한 그 합리화의 본질은 무엇일까? 그것은 곧 미신과 주술로부터 벗어나는 과정이다. 이와 관련해 베버는 다음과 같이 설명했다.

> 원리적으로 볼 때 합리화란 계량화할 수 없는 신비한 힘들에 의존하지 않고 모든 것을 계산법을 통해 다룬다는 사실을 뜻한다. 합리화는 세계가 미몽에서 깨어났음을 의미한다. 신비로운 힘이 존재한다고 믿었던 야만인들이 신령들을 제어하거나 그들에게 간청하기 위해 의지한 마술적 수단에 더 이상 의존할 필요가 없다. 기술적 수단과 계산법이 그러한 역할을 대신한다. 이것이 바로 합리화의 의미이다
>
> 『막스 베버로부터From Max Weber: Essays in Sociology』(1946)

중세의 인간들은 자신의 삶의 운명을 절대적으로 신에 의지했다. 베버의 관점에서 볼 때 그러한 삶의 모습은 분명 합리적이지 않은 것이다. 왜냐하면 그것은 눈에 보이지도 손에 잡히지도 않는 존재에게 자신의 앞날을 맡기는 행위이기 때문이다. 르네상스는 그러한 중세적 정신성이 대전환을 맞은 시대였다. 삶의 문제는 더 이상 신이라는 불가지한 존재에 의해 좌우되지 않았다. 그것은 오히려 인간의 현실적 필요와 욕망에 의해 정당화되었

다. 또한 종교개혁은 신의 존재와 인간의 구원에 대한 전통적이고 관습적인 원리를 성서에 대한 엄밀한 강독을 통해 합리적으로 재해석하고자 한 행위였다. 르네상스와 종교개혁을 통해 형성되기 시작한 합리적 사유의 싹은 근대 자연과학의 성립 속에서 활짝 꽃피었다. 새로운 자연과학을 이끈 철학자와 과학자들은 하늘과 땅의 움직임을 신비스러운 힘 또는 절대자의 의지로 설명하는 일이 대단히 비합리적이라고 주장했다. 왜냐하면 그러한 설명은 관찰과 추론이라는 경험적이고 논리적인 사고와 양립하지 않았기 때문이다. 그들은 우주와 자연에서 신비로운 요소를 모두 제거한 뒤에 그 자리를 물질과 운동이라는 새로운 요소로 채웠다. 이제 우주와 자연의 움직임은 철저히 수학적 계산의 원리에 종속되기에 이르렀다. 18세기 유럽의 계몽주의는 근대 자연과학이 구현한 합리적 정신이 사회에도 그 뿌리를 내리는 데 결정적으로 기여한 철학 운동이었다. 유럽의 정치혁명, 특히 프랑스혁명은 합리성에 기반을 둔 새로운 사회를 만들기 위한 투쟁의 과정이었다.

  베버는 서구 사회의 합리화 과정을 인간의 행위적 특성의 차원에서 설명하는데, 이는 곧 '목적 합리적 행위'가 지배적인 양상으로 자리 잡는 과정이다. 그렇다면 목적 합리적 행위란 어떤 행위인가? 베버는 행위를 전통적인 행위, 감성적인 행위, 가치 합리적 행위, 목적 합리적 행위의 네 가지 유형으로 구분하고 있다. 먼저 전통적인 행위는 습관이나 익숙함에 기초해서 거의 무의식적으로 이루어지는 행위다. 다음으로, 감성적인 행위는 특정한 상황에서 발생하는 욕구에 부합하는 방향으로 이루어지는 행위를 의미한다. 이 두 유형과 달리 의식적인 사고를 기반으로 이루어지는 행위가 가치 합리적 행위와 목적 합리적 행위다. 가치 합리적 행위는 행위자가 자신에게 부과되어 있는 도덕, 종교, 미 등 특정한 가치 또는 규범에 부합하는 행위를 뜻한다. 가치 합리적 행위와는 달리 목적 합리적 행위는 행위 자체의 윤리적, 정신적 의미가 아니라 행위가 지향하는 목적과 수단 및 부차적 결과에 대한 판단을 근거로 이루어지는 행위를 의미한다. 서구 근대 사회를 이해하는 데 중요한 개념인 목적 합리적 행위는 본질적으로, 부차적 결과를 최소화하면서 주어진 목표를 달성하기 위해 가장 효과적이고 능률적인 수단이 무엇인가를 찾는 과정을 수반한다. 따라서 이 과정은 추구하는 목표와 수단이 얼마나 정당한가라는 가치론적 사고보다는 목표 달성을 위한 수단과 도구가 얼마나 유용하며 실제적인가라는 기능적이고 공리적인 사고에 지배될 경향이 크다.

베버는 서구 사회의 근대화 과정은 목적 합리적 행위가 지배적인 원리로 자리 잡게 되는 과정이라고 보았다. 그리고 그 과정은 다른 무엇보다 자본주의 사회 속에서 관료제^{bureaucracy}의 발전으로 구체화되었다. 제도적 차원에서 관료제는 국가의 사회·경제적 목표를 달성하기 위한 최적의 방법들로 구축되어 있다. 관료제는 법률과 행정 규칙에 의해 직무상의 엄격한 분업 체계를 따르고 있고, 각각의 직무들이 고유한 권한과 책임하에 위계적 질서로 배치되어 있으며, 직무 과정이 계량 가능한 문서 형태로 진행된다는 특징을 지닌다. 이와 같이 정확성, 명료성, 신속성, 위계성, 통일성, 생산성을 지니고 있는 관료제야말로 국가적 목표 달성을 위한 가장 효율적인 수단을 마련할 수 있는 장치다. 국가 행정과 기업을 지배하고 있는 관료제는 이처럼 목적론적 합리성에 근거해 존재적 당위성, 즉 정당성을 부여받으면서 지속되고 있는 것이다. 그런데 베버는 관료제가 확산되고 보편화되는 근대 서구 사회에 대한 우려를 표명하면서 암울한 전망을 내놓았다. 그에 따르면 관료제는 소수에 의한 권력 장악을 용이하게 함으로써 민주주의의 기반을 뒤흔들고, 개인들을 조직적 원리로 포섭하면서 자유, 독창성, 비판적 정신의 기초를 붕괴시킬 가능성을 내재하고 있다. 아울러 궁극적이고 고매한 예술적 가치들이 형성될 기회 또한 사라질 수도 있는 것이다.

이렇듯 베버는 서구에서 전근대 사회로부터 근대 사회로의 이행을 목적론적 합리성의 관점에서 이해하면서 근대 사회에 대한 비판적 전망을 예견했다. 그의 절망적 시각은 하버마스의 스승인 프랑크푸르트학파 1세대의 사회철학으로 계승·확대되었다. 호르크하이머가 미국에서 출판한 『이성의 상실$^{\text{Eclipse of Reason}}$』 (1947)(독일에서는 1967년에 『도구적 이성 비판$^{\text{Zur Kritik der instrumentellen Vernunft}}$』이란 제목으로 출간되었다)에 관한 논의에서 시작해보자. 호르크하이머는 이성을 '주관적 이성'과 '객관적 이성'으로 구분한다. 주관적 이성과 객관적 이성에 관한 그의 설명을 들어보자.

> 그러나 결국 이성적 행위를 가능케 하는 힘은, 그것의 특수한 내용이 무엇이든 간에, 사유 구조의 추상적 기능, 즉 가르기 능력과 추론 및 연역 능력이다. 우리는 이러한 종류의 이성을 '주관적 이성'이라고 부른다. 이러한 이성은 본질적으로 목적과 수

단의 문제에 관련된 것이며, 어느 정도 당연시될 뿐만 아니라 이른바 자명한 것으로 이해되는 목표에 도달하기 위한 절차적 방법의 적합성과 관련된 것이다. 주관적 이성은 목표 그 자체가 이성적인가라는 질문에 대해서는 거의 의미를 부여하지 않는다.

「도구적 이성 비판」

플라톤, 아리스토텔레스, 스콜라 철학, 그리고 독일 관념론 같은 거대한 철학 체계들은 객관적 이성 이론의 토대 위에 건립된 것들이었다. 객관적 이성 이론은 인간과 인간의 목적들을 포함하여 존재하는 모든 것의 위계질서 또는 포괄적 체계를 발전시키려는 목표를 가지고 있었다. …… 객관적 이성 개념은 수단보다는 목적을 더 많이 강조했다.

「도구적 이성 비판」

호르크하이머가 말하는 주관적 이성과 객관적 이성은 각각 베버의 목적 합리적 행위 원리와 가치 합리적 행위 원리에 부합하는 것처럼 보인다. 호르크하이머는 이 두 가지 이성 개념을 바탕으로 서구 근대 사회의 특성을 설명하고 있다. 서구 근대 사회는 모든 형태의 자연적·사회적 억압으로부터 인간의 해방을 목표로 삼았으며, 계몽주의는 바로 인간 해방 정신을 함축하고 있는 사회 이념이었다. 계몽주의는 당연한 것으로 간주되었던 전통적 질서와 가치를 의심하고 인간 존엄, 자유, 평등 등 새로운 가치를 기초로 하는 질서를 만들고자 했다. 그러한 사회적 의지는 영국에서 시작되어 유럽 전역으로 확산된 경제혁명(산업혁명)으로, 그리고 프랑스에서 정점에 이른 정치혁명(프랑스혁명)으로 구현되면서 물질적 구속과 사회적 억압으로부터 인간 해방을 이룩해 냈다.

그때까지 호르크하이머가 말한 객관적 이성과 주관적 이성은 적절한 관계를 유지했다. 말하자면 근대 서구 사회를 추동한 힘은 궁극적으로, 바람직한 인간적 가치와 삶에 대한 진지한 반성과 성찰이었으며 주관적 이성은 객관적 이성이 추구한 인간 해방의 목표를 위한 실제적 수단들을 제공했다는 것이다. 그런데 서구에서 근대 사회가 정착하고 점차 발전하면서 새로운 상황이 도래했다. 문제의 본질은 객관적 이성의 역할이 줄어들거나 의미를 상실하면서 모든 것이 주관적 이성의 원리 아래에 놓이기 시작했다는 것이다. 사람들은 자연을 인간의 삶에 유용한 대상으로 바라보기만 할 뿐, 자연을 개발하는 이유와 정당성에 대해서는 어떠한 성찰도 하지 않는다. 더 우려스러운 상황은 인간에 대해서도 유용성과 효율성이라는 주관적 이성의 관점을 적용한다는 데 있다. 정의, 선, 자유, 존엄, 평등 등 인간적 삶의 목표와 방향을 평가할 수 있는 규범적 기준들은 이제 그 자체로 의미를 갖는 것이 아니라 얼마나 실제적이고 유용한 결과들을 만들어내는가, 즉 수단적 관점에서만 평가되고 있다. 주관적 이성의 지배에 사로잡힌 사회는 온통 실용성의 원리를 따라 움직인다. 사람들은 가장 효율적으로 목표를 달성하기 위해 만들어진, '조직'이라는 환경 속에서 살아가고 있으면서도 자신의 존재와 삶에 대한 도덕적 성찰은 멀리한다. 이러한 성찰의 부재는 비판적 사고보다는 물질적 풍요와 표피적 욕구 충족만을 유도하고 있는 근대 사회의 대중문화에 의해 한층 더 심각해지는 경향이 있다. 그

문화는 자신과 사회에 대한 진지한 반성을 시도하는 주체로서의 개인을 조직 생활과 단조로운 소비에 매몰된 대중으로 전락시킨다. 궁극적으로 대중은 "객관적 이성의 소멸과 모든 내적 '의미'를 상실한 현실의 공허함에 대해 어떠한 유감도 표현하지 않는" 존재들이다.

  서구 근대 사회를 기초 지은 이성에 대한 호르크하이머의 비판적 성찰은 아도르노와의 지적·사상적 협력으로 세상에 나온 『계몽의 변증법』에서 다시 그 모습을 드러냈다. 근대 이래 서구 사회는 미증유의 물질적 풍요와 정신적 자유를 구가하고 있는 것처럼 보인다. 그런데 자연적·사회적 구속으로부터 인간을 해방시켰다고 선언한 그 사회에서 어떻게 두 번에 걸친 대규모 전쟁과 유대인 학살 같은 상상할 수 없는 비인간적 야만이 발생했을까? 호르크하이머와 아도르노는 『계몽의 변증법』에서 그에 대한 답을 구하고자 했다. 물론 직접적으로는 18세기 중엽에 정립된 계몽주의에 그 책임을 물을 수 있지만 두 사람은 비판의 눈길을 보다 멀리 고대 그리스까지 던지고 있다. 즉 그리스 신화의 영웅 오디세우스^{Odysseus}의 파란만장한 모험과 귀환을 다룬 호메로스$^{Homeros,\ BC\ 800?\sim750}$의 서사시 『오디세이아^{Odysseia}』에 대한 분석에서 이런 시각을 명확히 나타낸 것이다. 호르크하이머와 아도르노에 따르면 『오디세이아』는 민중 설화 속에서 구전되어 내려오던 이야기들을 호메로스가 서사시라는 문학적 형식으로 재구성 또는 편집한 것이다. 두 학자는 "신화와 서사시는 전혀 별개의 개념"이라고 주장하면서 호메로스의 서사시에 대해 다음과 같은 평가를 내리고 있다.

호르크하이머와 아도르노 프랑크푸르트학파 세대인 호르크하이머(왼쪽)와 아도르노는 나치의 박해를 피해 뉴욕으로 옮긴 사회조사연구소에서 비판이론의 가장 탁월한 책으로 꼽히는 『계몽의 변증법』을 완성했다.

사람들은 호메로스의 세계가 의미로 충만한, 질서 잡힌 우주라고 경탄해왔지만 이 세계는 이미 정돈하는 이성에 의해 만들어진 작품임이 드러난다. 이러한 이성은 거울에 비추듯 신화를 있는 그대로 재현하는 합리적 질서의 힘으로 신화를 파괴하는 것이다.

『계몽의 변증법』

여기서 우리는 '신화'와 '합리적 질서'가 상호 대립하는 개념이며, 신화적 세계를 깨뜨려 합리적 세계로 이끄는 힘이 바로 이성이라는 점에 주목해야 한다. 호르크하이머와 아도르노는 주인공 오디세우스가 고향으로 돌아가는 길에서 만난 인물과 겪은 일들에 대한 노래를 신화적 세계로부터 합리적 세계로의 이행 과정으로 해석했다.

그렇지만 신화에 대한 이야기는 산만한 전설들에 억지로 통일성을 부여하는 작업으로, 동시에 주체가 신화적 힘들로부터 도망쳐 나오는 도정에 대한 묘사이다. …… 트로이^{Troy}로부터 이타카^{Ithaka}로의 험난한 귀향길은 자연의 힘에 비해 육체적으로 무한히 허약한 자아, 이제 막 자의식 속에서 서서히 형성되기 시작한 '자아'가 신화를 통과하는 길이다. 자아가 싹트기 이전의 세계는 자아가 헤쳐 나가야 할 공간으로 세속화된다. …… 그러나 오디세우스의 모험은 각각의 장소에 이름을 부여하며 이러한 이름들을 통해 공간을 합리적으로 조망할 수 있도록 한다. 주인공은 난파선 속에서 기진맥진하지만 나침반이 하는 일 비슷한 것을 터득하게 된다. 자연 앞에서는 무한히 초라한 존재에 불과하지만 바다의 모든 부분을 알고 있는 주인공은 그러한 자신의 무기력함으로 신화적 힘들을 무력화시키려 한다. '성숙한' 인간은 신화 속에 있는 분명한 허위적 요소를 자각하게 된다. 그는 바다에도 육지에도 마귀란 없다는 것을 알게 되면서 마귀 이야기는 전승되어온 민간 종교의 속임수에 불과하다는 것을 발견한다.

「계몽의 변증법」

 마귀로 불리는 모든 비합리적인 것들의 환상으로부터 벗어나고, 자연의 원리를 터득함으로써 신화로 둘러싸인 세계를 통과해 성숙한 인간으로 거듭나는 오디세우스의 모험은 본질적으로 계몽의 과정이다. 이는 계몽에 대한 저자들의 이해와 완벽하게 일치하고 있다.

> 진보적 사유라는 가장 포괄적인 의미에서 계몽은 예로부터 공포를 몰아내고 인간을 주인으로 세운다는 목표를 추구해왔다. …… 계몽의 프로그램은 세계의 '탈마법화'였다. 계몽은 '신화'를 해체하고 '지식'에 의해 상상력을 붕괴시키려 한다.
>
> 『계몽의 변증법』

이렇듯 호메로스의 서사시로까지 거슬러 올라가는 서구의 계몽 원리는 플라톤의 이데아^{Idea}론에서 그 철학적 뿌리를 내리기 시작해 베이컨$^{Francis\ Bacon,\ 1561~1626}$, 데카르트, 칸트 등 근대 철학자들에 의해 확고한 모습을 갖추게 되었다.

저자들에 따르면 이성의 다른 이름인 계몽은 하나의 거대한 욕망이다. 그것은 자연에 존재하는 사물들의 비밀을 파헤치려는 욕망이다. 계몽은 미지와 불가지의 영역을 받아들이지 않으려 한다. 자연의 비밀을 파악하고 그것을 세상에 드러내기 위한 힘이 바로 지식이다. 베이컨이 "아는 것이 힘이다$^{scientia\ est\ potentia}$"라고 말하지 않았는가! 17세기에 정립된 자연과학적 지식은 자연의 내밀함을 남김없이 드러내주는 효과적인 도구였다. 그 지식은 보편성, 법칙성, 수학적 추상성, 체계성, 물질성 등 몇 가지 특징들을 지니고 있다. 앞서 이야기한 근대 자연과학의 원리를 상기해보자. 자연과학적 지식은 자연의 모든 현상들을 남김없이 법칙 속으로 끌어들이고자 하며 그러기 위해서 구체적인 것들을 수학적 원리를 통해 추상화시키고자 한다. 또한 자연을 기계에 비유할 수 있는 거대한 물질적 체계로 이해하고자 한다. 아도르노와 호르크하이머는 그러한 지적 특성 속에서 일종의 폭력을 보았다. 법칙을 벗어나는 예외를 인정하지 않고, 구체적이고 특수한 것들을 추상적인 것들로 환원시키려 하며, 신비적이고 신화적인 것들을 물질적이고 기계적인 것들로 바꾸어내려는 욕망이 바로 폭력이다.

계몽의 지식 체계는 보편의 이름으로 모든 것을 거대한 동일성의 체계 속으로 끌어들이려 한다. 동일성 속으로의 통합에 저항하는 것들에 대해서는 '이디오진크라지Idiosynkrasie', 즉 특정 대상에 대한 본능적인 거부 반응으로 대응하면서 폭력을 동반한 강제적인 편입 과정을 밀고 나간다. 이와 관련해 아도르노와 호르크하이머는 다음과 같이 얘기했다.

> 사회의 목적 연관 속에 끼워 넣어질 수 있는 보편자는 자연스러운 것으로 간주된다. 개념적 질서 속에 집어넣음으로써 합목적적인 것으로 정화될 수 없는 자연, 예를 들어 석판 위에서 조각칼이 내는 날카로운 소리, 배설물이나 부식물을 연상시키는 퇴폐 취미, 근면한 일꾼의 이마에 돋아 있는 땀방울 같은 것, 즉 시대의 흐름에 뒤처진 것이나 수 세기 동안의 진보가 축적한 명령들에 해를 입히는 것들은 인간의 깊은 곳으로 파고들면서 작용하기 때문에 어쩔 수 없는 혐오감을 불러일으킨다.
>
> 『계몽의 변증법』

아도르노와 호르크하이머는 가장 극단적인 경우로서 히틀러에 의한 유대인 학살을 지적했다. 홀로코스트Holocaust라 불리는 반인간적 행위는 일견 히틀러 개인의 병적 행위인 것처럼 보이지만 사실상 그것은 예외적이고 특수한 것을 인정하지 않고 모든 것을 동일한 것으로 만들고자 하는 계몽의 결과물이다.

그런데 계몽에 대한 아도르노와 호르크하이머의 비판은 가시적이고 명백한 폭력만을 향하고 있지 않다. 그들은 나치의 박해를 피해 머물렀던 미국에서 매우 은밀한 방식으로 전개되는 새로운 유형의 폭력인 문화적 폭력을 목도했다. 그들이 볼 때 미국 사회가 생산하고 소비하는 문화예술은 본래적 속성을 이미 상실했다. 본래 문화예술은 개인들로 하여금 합리적 사유를 통해서는 알 수 없는 것들, 예컨대 자기 내면의 깊은 미적 욕구나 감정들을 느끼게 하고, 자기 밖에 존재하는 것들에 대한 심층적인 체험을 유도하는 것이다. 그렇기 때문에 문화예술은 동질적일 수도, 감각적일 수도 없다. 하지만 미국과 같은 고도의 물질적 사회에서 문화예술은 동질화되고 감각적인 소비품으로 전락해버렸다. 모든 사람이 대중 매체가 생산하고 전파하는 동일한 문화예술에 노출되어 있으며 "사람들의 여가 시간은 문화산업이 제공하는 획일적 생산물로 채워질 수밖에" 없다. 개인들은 문화예술을 생산하고 향유하는 주체가 아니다. 그들은 단순한 소비자일 뿐이며 진정한 주체는 문화예술을 통해 이윤을 추구하려는 산업가들이다. 그렇게 '문화산업^{Kulturindustrie}'의 주도자들은 문화적 생산과 소비의 전 과정을 동일성의 원리로 끌어들이면서 계몽적 욕망의 실현을 위한 대리인들로 기능하고 있다(아도르노와 호르크하이머의 사상에 대해서는 「지식인마을」 30권 『대중문화의 기만 혹은 해방: 벤야민 & 아도르노』를 참고하라).

하버마스가 서구 근대 사회의 정신적 원리인 이성에 대해 비판적인 견해를 표명한 베버와 아도르노, 호르크하이머, 이들 세 사람에 주목한 이유는 서구 이성으로부터 새로운 희망을 찾기 위한 자신의 노력이 이들의 사상에 대한 비판적 고찰에서부터 시작되고 있기 때문이다. 하버마스는 이들의 입장에 일정 정도 동의하면서도 그들로부터 근본적인 사상적 단절을 꾀하고 있는 것처럼 보인다.

먼저 하버마스는 베버의 행위 이론 및 근대 서구 사회의 암울한 전망에 대한 비판적 분석을 시도한다. 베버는 행위와 행동을 구별하고 행동에 주관적인 의미가 부여될 때 행위가 된다고 설명하고 있는데 하버마스는 여기서 베버가 말한 '의미'에 질문을 던진다. 어떤 행동이 단순한 물리적 움직임이 아니라 특정한 의미를 지닌 행위가 되기 위해서는 어떠한 조건이 필요할까? 김춘수金春洙, 1922-2004의 시 「꽃」(1953)을 예로 들어보자.

내가 그의 이름을 불러주기 전에는
그는 다만
하나의 몸짓에 지나지 않았다.

내가 그의 이름을 불러주었을 때
그는 나에게로 와서
꽃이 되었다.

내가 그의 이름을 불러준 것처럼
나의 이 빛깔과 향기香氣에 알맞은

누가 나의 이름을 불러다오.

그에게로 가서 나도
그의 꽃이 되고 싶다.
우리들은 모두
무엇이 되고 싶다.
너는 나에게 나는 너에게
잊혀지지 않는 하나의 의미가 되고 싶다.　　　　「꽃」

 이 시는 특정한 존재에 대한 의미가 어떻게 만들어지는가를 잘 보여주고 있다. 꽃의 의미는 꽃 스스로에 의해 만들어진 것이 아니다. 이는 '나'의 의미도 마찬가지여서 상대의 존재를 전제로 한다. 달리 말하자면 의미가 생산되기 위해서는 둘 이상의 존재가 있어야 하며 그들 사이에 의미 전달을 위한 커뮤니케이션 과정이 이루어져야 한다는 것이다. 이는 각 존재들이 상대를 고려

➡ **김춘수의 「꽃」**

김춘수는 「꽃」의 마지막 행 "잊혀지지 않는 하나의 의미가 되고 싶다"를 나중에 "잊혀지지 않는 하나의 눈짓이 되고 싶다"로 고친 바 있다. 존재의 의미에 대한 욕망은 이 시의 주제라고 할 만큼 중요하다. 그런데도 김춘수는 '의미'를 '눈짓'으로 대체했다. 이에 대해서는, 김춘수의 시 세계가 1960년대 들어 '무의미 시'로 완전히 선회했기 때문이라는 분석이 많다. 그는 사물 이면의 본질, 즉 의미로 응고되기 이전의 세계 자체를 드러내는 '무의미 시론'을 펴 한국 현대 시에서 독보적인 시 세계를 구축한 것으로 평가받고 있다.

하면서 서로 영향을 주고받는 것을 의미한다. 이것이 하버마스가 생각하는 사회적 의미 형성의 본질적 과정이다. 그런데 그와는 달리 베버가 말하는 의미는 둘 이상의 행위자 사이가 아니라 "고립된 것으로 상정되는 행위 주체의 생각과 의도"에 의해 만들어진다. 바로 이러한 이유 때문에 베버는 사회가 합리화를 향해 나아가는 과정을 특정한 개인이 스스로 주관적인 목표를 설정하고 행위를 하는 측면에만 주목하면서, 개인들이 커뮤니케이션을 통해 그들 간에 형성하는 합리화의 또 다른 측면에는 관심을 기울일 수 없었다. 베버의 이러한 한계는 목적 합리적 행위가 지배적인 행위 원리로 자리 잡게 되면서 발생할 수 있는 암울한 미래에 대해 대안을 제시하는 데에서도 그대로 드러난다. 하버마스에 따르면 베버는 다음과 같은 해결책을 제시했다.

> 목적 합리적 행위 태도를 가치 합리적으로 묶고 윤리적 토대를 마련해주는 실천적 합리성은 이제 새로운 지도자의 카리스마에서가 아니라면, 고독한 개인의 인성 속에서 그 자리를 찾을 수 있을 따름이다.
> 『의사소통행위이론 1: 행위합리성과 사회합리화』

이렇듯 베버의 행위 이론은 상호 작용하지 않는 고독한 행위자를 바탕으로 하고 있으며 그 틀에서 벗어나지 못하고 있다. 하버마스는 근대 사회에서는 개인들의 내면에 가치 합리성의 원리를 형성할 수 있는 문화적 토양이 실질적으로 존재하지 않았기에 베버의 대안은 적합한 해결책이 될 수 없다고 말한다. 그러한 논리로부터 새로운 행위 패러다임으로의 전환이 필요하다는 것이다.

다음으로 아도르노와 호르크하이머에 대한 하버마스의 비판을 보자. 앞서 살펴본 것처럼 앞의 두 사람은 주관적 이성, 계몽과 같은 개념들을 통해 모든 것을 특정한 목표를 달성하기 위해 대상화하고 수단화하려는, 그리고 모든 것을 거대한 보편적 동일성의 체계 속으로 끌어들이려는 서구 근대 사회의 정신성을 비판해 마지않았다. 하버마스는 여기서 아도르노와 호르크하이머의 사상에 내재되어 있는 인간에 대한 인식론상의 한계를 지적하고 있다. 그들에 따르면 인간은 자기 주변에 존재하는 것들을 자신의 목적을 위한 대상, 즉 객체로만 생각하고 행동하는 존재다. 그것이 근대 서구인들의 삶의 본질이라는 것이다. 베버가 인간의 행위를 상호 관계적 관점을 배제한 상태에서 고립과 단절의 관점에서만 바라봄에 따라 합리성을 대단히 협소하게 정의하고 그 결과 현실성 없는 대안에 매몰될 수밖에 없었다는 하버마스의 비판을 상기해보자. 이는 아도르노와 호르크하이머에게도 동일하게 적용된다. 이러한 점은 앞서 언급한 것처럼 그 두 사람이 적어도 서구 근대의 정신적 원리와 관련해서는 베버의 사유를 계승하고 있다는 사실과 무관하지 않다.

하버마스는 아도르노와 호르크하이머가 인간을 자기보존을 위해 자기 밖의 것들을 대상화하고 이용해야 하는 고립적인 존재로 보는 데 반대한다. 아도르노와 호르크하이머에게 인간은 타인을 동등한 주체로 인정할 수 없는 존재다. 그래서 두 사람은 궁극적으로 사회를 '주체/객체' 관계로 설정하는데, 이는 두 가지 문제를 야기한다. 첫째는 사회적 삶이 지속되고 재생산되는 이유는 인간들이 자연과 타인을 일종의 도구나 수단으로 활용하기 때문만은 아니라는 사실을 간과하는 것이며, 둘째는 주관적 이성 또는 도구적 이성의 지배에 의해 초래되는 비관적인 상황에서 벗어나기 위한 실질적인 대안을 제시하지 못한다는 것이다.

이와 관련해 하버마스는 아도르노가 제시한 '미메시스^{mīmēsis}'라는 개념에 주목한다. 아도르노의 미메시스는 개념적 사유에 대비되는 일종의 충동적 체험을 뜻하는데 그것은 자신을 주변 세계 속으로 몰입시켜 자신과 주변의 경계와 구분이 해체되는 상태, 즉 물아일체^{物我一體}를 만들어내는 힘이다. 어린아이들에게서 그 원초적 형태를 찾을 수 있는 이 미메시스는 다른 무엇보다 예술적 체험을 통해 복원된다. 아도르노는 미메시스적 행위들을 통해 서구 근대 사회에서 초래된 주체와 객체 사이에 가로놓인 거대한 갈등적 심연을 해소하기를 소망했다. 하버마스 역시 미메시스에 내재된 힘을 전적으로 부정하지는 않는다. 하지만 그것은 주체/객체 관계를 '주체/주체' 관계로 전환시키기보다는 그 둘의 관계를 원초적으로 해체하는 힘이기 때문에 새로운 사회적 관계를 위한 대안이 될 수 없다고 보았다. 문제는 자율적인 주체와 주체가 상호관계를 맺는 속에서 사회를 이끌어갈 합리성을 창출하는 행동 방식을 이끌어내야 한다는 것이다. 이와 관련해 하버마스는 다음과 같이 주장하고 있다.

> 아도르노는 미메시스적 능력을 도구적 이성에 추상적으로 대립시키는 식으로 해명할 수 없다. 아도르노는 이성의 구조를 암시하기만 할 뿐이다. 화해와 자유의 이념이 (아무리 유토피아적이라 하더라도) 상호 주관성의 형식에 대한 암호로 해독될 때만 비로

소 이성의 구조를 분석할 수 있다. 개인들 간의 교류에서 강제 없는 상호 이해를 가능하게 할 뿐 아니라 자기 자신과 강제 없이 상호 이해를 이루는 개인의 정체성, 다시 말해 억압 없는 사회화를 가능하게 하는 상호 주관성의 형식 말이다.

『의사소통행위이론 1: 행위합리성과 사회합리화』

그렇다면 자율적인 주체와 주체 간의 상호관계를 통한 사회 합리화의 새로운 차원이 어떻게 열릴 수 있을 것인가? 자기 밖에 존재하는 것들을 대상화하고 지배하고자 하는 주관적, 도구적 이성의 사회를 벗어날 수 있는 궁극적 열쇠는 어디에 있는가? 이러한 문제들 앞에서 하버마스는 서구 근대의 형성을 이끈 이성이 과연 도구적 이성의 얼굴만을 지니고 있었을까를 자문한다. 곧 살펴볼 17~18세기 서유럽의 부르주아 공론장에 대한 하버마스의 역사적 고찰은 서구 근대 이성의 새로운 얼굴을 발견할 수 있는 지평을 열어주었다. 공론장은 이성이란 자연과 타자에 대한 폭력과 착취의 힘만이 아니라 사회적 문제를 해결해나가도록 사람들을 서로 소통하게 하는 민주적 힘이기도 하다는 사실을 보여준 것이다. 이를 통해 하버마스는 자신이 궁극적으로 추구하는 대안인 의사소통 행위 패러다임의 역사적 근거와 정당성을 확보하게 된다. 그럼, 부르주아 공론장에 대한 역사적 논의로 들어가보자.

**▎살롱과 커피하우스,
▎부르주아 공론장의 무대들**   하버마스가 분석한 부르주아

공론장을 이해하기 위해서는 서유럽 자본주의의 형성과 발전의 주역인 부르주아에 대한 약간의 이해가 필요하다. 산업가, 자본가, 유산자 등 이념적 시각에 따라 다양하게 사용되는 부르주아는 14세기 후반부터 성립하기 시작한 역사적 개념이다. 서양 중세는 토지를 기반으로 하는 봉건주의 경제가 지배적이었지만 중세 후반기부터 수공업과 상업을 중심으로 한 새로운 경제 활동이 등장하기 시작했다. 경제적 부를 쌓아가기 시작한 수공업자와 상인들이 자신들의 경제적 이익을 공고히 하기 위해 길드^{guild}와 같은 동업조합을 형성했음은 잘 알려져 있다. 아울러 이들은 중세의 전통적인 거주지와는 다른 '부르^{bourg}'(시장이 서는 도시를 의미)라는 새로운 주거지를 만들어냈는데 이는 중세 사회에서 이들이 점차 자율적이고 독립적인 집단으로 성장하기 시작했음을 의미한다. 프랑스어인 '부르주아^{bourgeois}'는 바로 새로운 경제·사회적 활동 공간인 부르의 거주민을 가리킨다.

이러한 역사적 맥락에서 볼 때 부르주아는 자신의 경제적 이익을 증대하기 위해서는 토지에 구속된 봉건주의 농업 경제를 타파하고 상업 경제를 활성화해야 했다. 흥미로운 점은 이러한 이해관계가 당시 국왕들의 정치적 이해관계와 맞아떨어졌다는 사실이다. 국왕들은 중세 봉건주의 경제의 상층부를 차지하고 있던 성직자 계급과 영주 계급에 맞서 권력 투쟁을 진행하던 차였다. 국왕이 봉건주의 사회의 주요한 정치 세력을 물리치고 독보적인 권력자로 성장해가는 과정은 곧 부르주아 계급의 경제적 성장 과정이기도 했다. 이러한 역사적 과정은 절대주의^{absolutism} 국가와 중상주의^{mercantilism}라는 두 개념으로 설명할 수 있다. 국왕에 의한 강력한 중앙 집권적 통치를 특징으로 하는 절대주의 국가는 국가적 통일을 위해 대규모 관료제와 상비군을 조성, 유지하고 부르주아의 경제적 활동을 지원하기 위해 중상주의로 불리는 보호무역 정책을 취했다.

그런데 국가가 적극적으로 개입해 국내 시장을 보호하고 대외무역을 장려한 중상주의 정책은 일견 성공하는 듯했지만 시간이 지나면서 많은 문제를 초래했다. 바로 국가 경제의 절대적 규모를 차지했던 농민들에게 과중한 부담을 지우게 된 것이다. 왜냐하면 대외무역은 막대한 자금력과 군사력을 필요로 했고 그것은 곧 농민들로부터 충당되었기 때문이다. 프랑스의 경제학자 케네François Quesnay, 1694~1774가 중농주의physiocracy를 주창하면서 농업을 기반으로 하는 국가 경제와 국가 개입이 배제된 자유로운 경제 활동(자유방임)을 역설한 것은 이러한 국면과 무관하지 않다.

이 상황은 부르주아 계급이 절대왕권과의 정치적 결탁관계를 끊고 새로운 경제 모델을 향해 나아가도록 만들었다. 영국의 경제학자 스미스Adam Smith, 1723~1790가 말한 '보이지 않는 손invisible hand'으로 비유되는 자유방임적 시장경제가 바로 부르주아들이 지향한 새로운 경제 모델의 원리였다. 이제 부르주아는 자신들의 경제 활동에 개입하려는 왕권에 맞서 싸워야 했다. 앞서 살펴본, 영국과 프랑스에서 발생한 정치혁명의 본질은 왕권과 부르주아 계급 간의 정치적 갈등이었다. 그럼, 여기서 다음과 같은 질문을 할 수 있지 않을까? 강력한 왕권을 상대로 부르주아는 어떻게 정치적 투쟁에서 승리할 수 있었을까? 가장 먼저 막강한 경제력을 들 수 있겠지만 역사적으로 보면 우리는 그보다 더 근본적이고 강력한 정치적 기반이 있었다는 사실에 주목해야 한다. 그것이 바로 하버마스가 고찰하고자 했던 부르주아 공론장이다. 부르주아 공론장이란 무엇일까? 그것은 국가적 사안들을 논의하는 부르주아 사회의 토론 공간을 뜻한다. 애초에 문학과 예술을 논하는 공간으로 시작된 부르주아 공론장은 점차 국가적 결정에 영향을 미치는 여론이 조성되는 정치적 공간으로 진화해나갔다. 그런데 이 공론장은 우연히 생긴 것이 아니라 부르주아 계급들이 주도한 일련의 사회·문화적 변화의 결과물이다.

개인과 사생활(프라이버시)은 부르주아 사회가 발견한 새로운 가치였다. 이는 아마도 부르주아 사회 구성원들의 삶과 사유에 커다란 영향을 미친 근대 철학과 경제학의 근본적인 기초가 개인이었다는 사실과 밀접하게 연결되어 있을 것이다. 당시의 지배 계급인 귀족들은 혈통, 가문, 친족 등의 가치에 비중을 두었고 피지배 계급인 농민들은 대가족 체계를 유지하고 있었다는 사실을 고려할 때 개인과 사생활에 가치를 부여하는 것이 얼마나 생소한 것이었을지 짐작할 수 있다. 부르주아 사회의 이러한 가치 지향은 무엇보다 주택 구조와 문학적 특성에서 잘 드러난다. 이와 관련해 하버마스는 17세기 영국과 18세기 독일의 부르주아 주택 공간에 대한 설명들을 인용하고 있다.

> 새로 지은 주택에는 일정한 건축적 변화가 시도되었다. 홀에 대들보를 지르고 천장을 높게 하는 유행은 지났다. 식당과 거실은 이제 단층 높이로 지어졌다. 반면 과거에 홀로 쓰였던 다양한 공간들은 일상적 규모의 수많은 공간들로 할당되었다. 또한 생

활의 대부분이 펼쳐졌던 정원은 …… 줄어들었으며, …… 마찬가지로 그 위치도 주택의 중앙에서 뒤쪽으로 이동했다.

『공론장의 구조변동』

홀과 정원의 규모가 줄어들고 용도가 약화되었다는 것은 곧 가족 구성원을 단일의 공동체로 묶을 기회나 의지가 점차 줄어들고 있음을 의미하며 이는 역으로 말하자면 개인의식의 확대를 보여주는 것이다. 이러한 양상은 독일에서도 유사한 형태로 나타났다.

'일가 전체'를 위해 기능했던 거의 모든 공간들은 현대 대도시의 개인주택에 오면 하찮은 정도로 제한된다. 넓은 앞뜰은 좁은 현관으로 초라하게 줄어들었으며, …… 우리들 집의 내부를 들여다보면, 남편, 아내, 자녀, 하인을 위한 공동 거처인 '거실'이 계속 작아지거나 완전히 사라졌음을 알게 된다. 이에 반해 개별 가족 구성원들을 위해 특화된 방들은 더욱더 많아지고 독특하게 설비된다. 가족 구성원의 고립화가 집 내부에서조차 고귀한 것으로 여겨진다.

『공론장의 구조변동』

이렇게 부르주아 주택은 가족 구성원 전체가 아니라 각 개인의 사적인 생활을 위한 공간 구조로 조성되는 경향이 있었다. 그리고 각자의 공간으로 흩어진 가족들을 묶은 힘은 가문이나 혈연적 전통이 아니라 구성원들 간의 사랑, 친밀성 등이 되었다.

개인적인 것들에 대한 두드러짐은 문학의 영역에서도 나타난다. 18세기 부르주아 사회는 서신 교환 등을 통해 개인의 사적인 관심과 감정을 표현했으며, 1인칭 소설과 자전적 심리소설 등을 읽으면서 개인 고유의 심리 상태를 표출하고 교환하는 경험을 하곤 했다. 그런데 부르주아 사회는 이러한 문학적 경험들이 반복되고 지속될 수 있도록 일종의 제도적 틀을 구축해냈다. 그것은 두 유형으로 구분될 수 있는데 하나는 가정 내부에 존재하는 것으로 '살롱^{salon}'이라는 제도이며, 다른 하나는 가정 밖에 존재하는 것으로 '커피하우스', '공공 도서관', '독서 클럽' 등과 같은 제도다.

우선 살롱은 부르주아 남성과 여성들이 문학과 예술을 토론하는 공간이었는데, 그러한 점에서 살롱은 사적 개인들이 공적인 형식으로 함께 묶이는 가정 내의 유일한 공간이었다. 한편, 살롱과는 달리 공공 도서관, 독서 클럽, 커피하우스 등은 부르주아 여성들의 참여가 거의 배제된, 남성들만의 공간이었다. 그중에서도 가장 남성적인 공간은 커피하우스였다. 유럽에 커피가 수입되기 시작한 17세기 중반 이래 항만 도시를 중심으로 생겨난 커피하우스는 그 수가 기하급수적으로 늘어나 17세기 말 런던에는 2,000여 곳, 파리에는 380여 곳의 커피하우스가 운영되고 있었다. 커피하우스들은 무엇보다 문학적 기능을 수행했다. 어떻게 보면 그것은 부르주아 가정 내부의 문학적 토론 공간이었던 살롱이 외부로 표출된 것일지도 모른다. 『카페하우스의 문화사$^{Herr\ Ober,\ ein'\ Kaffee!}$』(1955)를 쓴 볼프강 윙거$^{Wolfgang\ Jünger}$의 다음과 같은 언급은 커피하우스가 수행한 문학적 기능을 인식하게 한다.

::: 문예적 공론장으로 기능했던 영국의 커피하우스는 17세기 말부터 정치적인 성격이 한층 더 강화되어 정치적 공론장의 성격으로 점차 나아갔다.

당시 영국 문학이라는 하늘에 반짝이던 별들 중에는 드라이든 John Dryden, 1631~1700, 스위프트 Jonathan Swift, 1667~1745, 포프 Alexander Pope, 1688~1744, 애디슨 Joseph Addison, 1672~1719, 스틸 Richard Steele, 1672~1729 외에

도 위철리[William Wycherley, 1640~1715], 콩그리브[William Congreve, 1670~1729], 모일[Walter Moyle, 1672~1721], 딘 로키어[Dean Lockyer], 헨리 크롬웰[Henry Cromwell, 1628~1674] 등 기라성 같은 이름들이 있었다. 그들은 각기 그들 나름대로 윌의 카페[Will's]와 버튼의 카페[Button's] 서클에 속해 있었다. …… 파리의 카페 프로코프[Café Procope]는 문학 애호가들의 보고로 성장했다. 그리고 18세기의 문학 카페 중 뛰어난 위치를 차지하게 되었다. …… 볼테르와 루소는 프로코프에서 친교를 맺었으며, 크레비용[Claude de Crébillon, 1707~1777]과 비에브르[Marquis de Bièvre, 1747~1789]도 이 카페의 단골이었다.

『카페하우스의 문화사』

그런데 그러한 부르주아 공론장은 단순히 문예적 토론의 기능만을 담당하지는 않았다. 그것은 궁극적으로 정치적 공간이었다. 말하자면 부르주아 공론장은 기존의 정치적 질서와 공권력에 대한 비판 기능을 수행했던 것이다. 우선 살롱의 경우 군주 체제에 반대하는 자유주의 철학자들과 계몽주의 문예가들이 초청되어 자신들의 이념과 사상을 표출하는 공간이었다는 점은 잘 알려져 있다. 그러한 면에서 살롱은 단순히 문학적, 예술적 취향의 표출과 교류를 위한 사적 개인들의 공간을 넘어 기존 권력을 위협하는 이념과 가치가 잠재적으로 형성되는 공간으로 이해될 수 있다. 하지만 공론장의 정치적 기능은 커피하우스를 통해 보다 구체적이고 명백한 방식으로 이루어졌다.

하버마스에 따르면 커피하우스로 대표되는 문예적 공론장들의 정치적 기능은 제일 먼저 영국에서 관찰될 수 있다.

> 정치적으로 기능하는 공론장은 18세기로 넘어가는 문턱의 영국에서 처음으로 발생한다. 국가 권력의 결정에 영향력을 행사하려는 세력들은 논의하는 공중公衆에 호소하여 이 새로운 포럼 앞에서 그들의 요구를 정당화한다.
> 『공론장의 구조변동』

1670년대부터 이미 정치적 성격을 드러내기 시작한 커피하우스에 대한 통제의 필요성이 공권력에 의해 인식되고 있었다. 이러한 상황 속에서 영국의 커피하우스는 17세기 말부터 등장하기 시작한 몇 가지 변화들로 인해 정치적인 성격이 한층 더 강화되었다. 첫째는 영국에서 자본주의의 발전이 심화되었다는 점이다. 자본주의 발전의 심화는 자본가들 내부의 분화를 만들어냈고 이는 곧 자본가들 사이의 이해관계의 충돌을 가져왔다. 그리고 그 과정에서 상대적으로 정치력이 약한 세력들이 공론장을 동원하면서 공론장의 정치색이 짙어지기 시작했다. 둘째는 언론에 대한 사전 검열 제도가 철폐되면서 신문들이 커피하우스 내에 다양한 정치 정보들을 제공할 수 있게 되었으며 이것이 궁극적으로 커피하우스가 활발한 정치 토론의 무대가 되는 중요한 계기로 작용했다. 셋째는 정치의 중심 무대에 서게 된 의회가, 제도화된 정치 공간 바깥에 존재하면서도 점점 더 중요한 정치적 영향력을 행사하고 있는 공론장을 정치 과정에 본격적으로 끌어들이기 시작했다는 것이다.

한편, 영국에서 시작된 문예적 공론장의 정치화는 대륙, 즉 프랑스와 독일에서도 18세기 후반 이후부터 점차 등장하기 시작했다. 하지만 그 성격은 사뭇 달랐다. 영국의 공론장이 신문을 매개로 의회 정치의 틀 내에서 여론이 작동할 수 있도록 기능했다면, 프랑스의 공론장은 부르봉^{Bourbon} 왕가의 구체제를 붕괴시킨 혁명 정치의 무대였으며 독일의 공론장은 제후 권력에 대한 정치적 비판의 목소리가 표출되는 공간이었다. 1777년에 발간된 프랑스 최초의 일간지인 『파리 저널$^{Journal\ de\ Paris}$』을 비롯해 『지식인 저널$^{Journal\ des\ savants}$』, 『모니퇴르$^{Le\ Moniteur\ universel}$』, 『토론과 포고에 관한 저널$^{Journal\ des\ débats\ et\ des\ décrets}$』 등은 부르주아 정치 세력들이 결집한 커피하우스 등에 비치되어 공권력의 움직임을 비롯한 정치적 동향들에 관한 정보를 제공하면서 혁명의 기운을 자극한 정치적 신문들이었다. 프랑스의 작가 발자크$^{Honoré\ de\ Balzac,\ 1799~1850}$는 이러한 관점에서 커피하우스(프랑스어로는 '카페^{café}')를 '민중의 의회'로 칭하기도 했다. 한편, 독일에서는 상대적으로 부르주아적 도시 공간의 존재가 미약했기 때문에 영국과 프랑스 도시들에서 만개했던 커피하우스를 볼 수가 없었다. 대신에 부르주아들의 사적인 독서 클럽^{Lesegesellschaft}이 커피하우스에 필적하는 정치적 기능을 수행했다. 독일의 독서 클럽은 18세기 말경에는 270군데 이상을 헤아릴 정도였으며 당시의 정치적 사안들을 접하고 토론하기 위한 매개물로서 신문과 잡지들을 구독하고 있었다. 가장 대표적으로는 공권력에 대한 강도 높은 비판으로 유명했던 정치 신문 『슈타츠안차이겐^{Staatsanzeigen}』이 있는데, 발행 부수가 약 4,000부 정도였다.

   그렇다면 하버마스는 이러한 공론장 분석을 통해 무엇을 보여주고자 하는 것일까? 하버마스의 의도는 서유럽에서 발생한 문예적·정치적 공론장의 역사적 사례 자체를 보여주려는 것은 아니다. 오히려 그러한 예를 통해 서양 근대 사회에 내재된 이성과 합리성의 새로운 차원을 제시하려는 것이다. 근대 서유럽에서 탄생한 부르주아 공론장은 기성의 정치 모델과는 근본적으로 상이한 모델의 가능성을 열어주었다. 그렇다면 기존의 정치 모델은 어떤 특성을 지니는가? 하버마스의 용어를 빌리자면 그것은 '과시적 공공성'으로 정의될 수 있다. 가장 적절한 예로 군주 권력을 들 수 있다. 일반적으로 군주 권력의 정당성은 전통에 의해 제도화된 권력 승계 절차의 통과 여부에 따라 결정된다. 하지만 그렇다고 해서 권력의 정당성이 완결되는 것은 아니다. 왜냐하면 통치 과정에서 정당성의 기반이 흔들리거나 취약해질 수 있기 때문이다. 그렇기 때문에 군주는 표장이나 용모, 거동, 수사 등 일상적 차원에서 다양한 상징들을 동원해 자신의 권력을 연출하고 후광後光, aura을 입히는 방식으로 정당성을 공고히 하고자 한다. 코르비오Gérard Corbiau, 1941~ 감독의 영화「왕의 춤Le roi danse」(2000)은 군주 권력의 과시적 공공성의 적절한 사례를 보여주고 있다. 주인공 '태양왕' 루이 14세는 20년이 넘는 수렴청정垂簾聽政에서 벗어나 자신이 직접 통치하겠다고 선언하면서, 자신의 권력을 정당화하기 위해 '궁정'을 무대로 다양한 예술적 장치를 이용해 정치적 연출을 실행해 옮긴다. 여기서 세계의 중심으로서 태양은 루이 14세의 권력에 후광을 입히는 가장 중요한 상징으로 기능한다.

사적 영역	공권력 영역
경제	통치
생활	행정

사적 영역과 공권력 영역 모델

구분		사례
사적 영역	부르주아 사회	상품 교환과 사회적 노동의 영역
	핵가족	부르주아 지식인
	문예적 공론장	클럽, 신문
	정치적 공론장	문화적 재화 시장
공권력 영역	국가	행정의 영역
	궁정	귀족 사교계

부르주아 공론장의 위상

 이 지점에서 우리는 군주 권력의 이러한 과시적 공공성, 즉 공적인 것의 의미를 파악할 수 있다. 첫째, 그것은 신민들 앞에서 자신의 권력을 드러내 보인다는 점에서 공적이다. 말하자면 타인을 향해 공개되어 있다는 점에서 공적인 것이다. 둘째, 그것은 '사적 영역'이 아니라 '공권력의 영역'에서 수행된다는 점에서 공적이다. 이 경우 공적이라는 것은 통치와 행정의 의미를 담보하고 있다. 예컨대, 공무원, 공공 정책, 공기업 등은 그러한 의미의 흔적을 보이고 있는 현대적 용어들이다.

 이러한 영역 모델을 기준으로 할 때 공적인 것은 곧 공권력의 영역에 속하는 것이다. 그런데 공적인 것과 공공성에 대한 이러한 모델은 17세기 말 유럽에서 부르주아 공론장이 발생하기 시작하면서 변화했다. 정치적 공간으로서 부르주아 공론장은 근본적으로 군주 권력에 대단히 비판적이었다. 즉 정치적 공론장을 이끈 부르주아들은 군주 권력의 정당성의 원천이 어디에 있는가를 물은 것이다. 이는 자신들의 경제적 삶을 규제하는 궁극적 힘인 왕권에 대한 도전의식의 표출이었다. 그들은 군주 권력의 궁극적 정당성은 권위와 전통이 아니라 진리에 기초해야 한다고 주장했다. 문제는 그 진리가 과연 무엇인가라는 점인데 부르주아 공론장은 그것을 여론$^{輿論, public\ opinion}$으로 불렀다. 이 여론은 "사견 혹은 완전히 입증되지 않은 불확실한 판단"을 뜻하는 '의견^{opinion}'과는 다르다. 의견과 여론의 차이는 '공적^{public}'이라는 단어에 기인한다. 여기서 말하는 '공적'이라는 용어는 이해관계를 공유하는 복수의 사람들이 모여 특정한 정치·사회적 사안에 대해 공개적으로 토론한다는 것을 의미한다. 그런데 여기서 토론에 참여하는 '사람'은 경제적 예속으로부터 해방되어 일정 정도의 교양을 쌓은 사람들로 제한된다. 역설적이지만 이러한 물질적, 정신적 조건의 동등성이 궁극적으로 이성적이고 합리적인 토론 과정을 보장하는 것이다. 부르주아 공론장에서 만들어진 전체 의견이 단순히 의견의 집합이 아니라 여론이 되고, 부당한 공권

➡ 여론의 의미 변화

하버마스의 정치적 공론장 이론에 입각할 때 여론은 단순히 개인들이 표출한 의견들의 집합이 아니다. 개별적 의견들이 합리적 토론을 매개로 구성원 모두의 단일한 의사로 전환되었을 때 여론이라고 말할 수 있는 것이다. 그런데 현대 사회에서 여론은 그러한 본래적 의미를 상실한 것처럼 보인다. 주지하다시피, 현대 사회에서 여론은 대체로 여론 조사 기관과 언론이 만들어낸다. 여론 조사 과정에서 피조사자들 간의 토론은 가능하지 않으며 오직 각 개인의 고립적인 의견들만이 기록된다. 여론은 기록된 의견들을 토대로 만들어지는데, 그것은 곧 개별적 의견들의 단순한 총합이거나 또는 그것들 중에서 주목할 만한 비중을 차지하는 의견들을 지칭한다. 프랑스 사회학자 부르디외가 말한 "여론은 존재하지 않는다(L'opinion publique n'existe pas)"라는 명제는 이러한 문제의식 속에 자리하는 것이다.

력에 도전할 수 있는 도덕적 원리가 될 수 있었던 것은 바로 이성적이고 공개적인 토론의 힘에 근거한다.

이렇게 볼 때 부르주아 공론장은 부르주아 계급의 사적인 삶으로부터 추출되어 공권력의 영역에 대한 비판적 기능을 수행하는 공간으로 이해될 수 있다. 위와 같은 하버마스의 도식은 부르주아 공론장을 이해하는 데 도움을 준다.

이 도식을 통해 알 수 있듯이 부르주아 공론장은 공권력 영역이 아니라 사적 영역에 속한다. 그것은 곧 부르주아 공론장이 사적인 삶이라는 이해관계와 밀접한 연관을 가진다는 것을 의미한다. 하지만 그 공론장은 사적 영역 내의 경계가 보여주고 있듯이 단순히 가족적 삶과 경제적 삶으로 매몰되지 않는다. 부르주아 사회의 사적 개인들은 공론장을 통해 공권력 영역에 영향을 미치는 여론을 주조해내는 '공중'으로 전환된다. 이렇게 부르주아는 사적 개인임과 동시에 공중으로 등장한다.

이렇듯 매우 독특한 정치적 위상을 지닌 부르주아 공론장에는 사실상 근대 민주주의의 원리가 내재되어 있다. 즉 모든 정치적 주체들은 자유롭고 평등한 존재이고, 권력의 정당성은 피치자의 의지로부터 유래하며, 합리적 토론을 통해 형성된 여론이 모든 정치적 결정의 궁극적 원리라는 점이다. 이러한 역사적 관찰 속에서 하버마스는 이성과 합리성의 의미를 새롭게 해석하고자 한다. 베버, 호르크하이머, 아도르노 등이 이성과 합리성을 주어진 목적을 달성하는 데 필요한 효율적인 수단 찾기에 몰두하는 계산적이고 도구적인 원리로만 보는 반면, 하버마스는 수평적이고 개방적인 의사소통을 통해 기존의 규범과 가치를 비판하면서 새로운 규범과 가치의 기초들을 확립해나가는 원리로 이해하고 있다. 이러한 시각의 전환은 하버마스가 반이성주의자들에 맞서 서구 근대 이성이 지닌 해방적이고 민주주의적인 잠재력을 설득력 있게 제시할 수 있는 근거가 되고 있다.

부르주아 공론장, 붕괴 위기에 처하다

1874년 영국에서는 보수당이 총선에서 승리를 거두면서 디즈레일리$^{Benjamin\ Disraeli,\ 1804~1881}$ 내각이 구성되었다. 디즈레일리 총리는 주목할 만한 국내외적 정책들을 실천했는데, 국내적으로는 노동 착취를 방지하기 위한 공장법과 노동자 단체의 법적 지위를 명문화한 노동 관계법을 제정했으며, 대외적으로는 수에즈 운하를 사들이면서 아프리카 식민지배의 발판을 마련했다. 주지하다시피 영국은 산업혁명을 통해 자본주의 발전을 주도하면서 1850~1870년대에 유럽 경제의 중심적 기능을 수행했다. 그런 영국이 19세기 후반 디즈레일리 내각에 이르러 노동자의 삶과 법적 지위의 문제에 관심을 기울이고 적지 않은 자본을 끌어들여 수에즈 운하의 소유권을 획득했다는 사실은 무엇을 의미할까?

그것은 자본주의 경제 체제가 사회적으로 부정적인 결과들을 초래하면서 매끄럽게 작동하지 못했다는 것을 뜻한다. 19세기 중반 영국의 자본주의 경제는 대규모 노동력 착취를 통해 이윤을 창출하는 구조였는데 이는 당연히 노동자들의 불만과 저항을 초래했다. 1837년부터 10년간 '런던 노동자협회$^{The\ London\ Workingmen's\ Association}$'에 의해 주도된 대규모 노동 운동인 '차티스트

운동Chartism'은 이 문제를 잘 보여주고 있다. 또한 마르크스의 『공산당선언Manifest der Kommunistischen Partei』이 1848년에, 『자본론Das Kapital』 제1권이 1867년에 출간되었다는 점 또한 그러한 역사적 사실을 증거하고 있는 것으로 보인다. 디즈레일리 내각은 자본가에 의한 노동력 착취가 초래하는 사회적 문제를 해결하기 위한 조치로 위와 같은 일련의 법률을 제정했던 것이다. 물론 그러한 법률적 조치의 근본적인 동인이 노동자의 인권 보호 자체보다는 자본주의 경제의 안정적 성장에 있었다는 점은 의문의 여지가 없다.

다음으로 영국의 자본주의 경제는 19세기 후반에 이르러 근본적인 위기에 부딪히게 되는데 그것은 경제 발전에 필요한 새로운 원자재의 고갈 문제와 과잉 생산 문제였다. 이를 해결하기 위해 디즈레일리 내각은 해외로 눈을 돌리기 시작했다. 영국이 직면해야 했던 이러한 문제들은 사실상 프랑스와 독일 등 대륙의 나라들 또한 예외 없이 겪어야 했던 것들이다. 그리하여 서유럽 각국의 정부들은 영국의 디즈레일리 내각과 유사한 조치를 취해 나가는 방법을 택했다. 말하자면 국내적으로는 급진적인 노동 운동을 완화하기 위한 제반의 유화적 조치를 취하고, 대외적으로는 아시아와 아프리카 대륙을 향해 본격적인 식민지 경영을 시작한 것이다. 유럽의 근대 제국주의의 시작을 1874년으로 보는 이유가 바로 여기에 있다.

그런데 이러한 역사적 사실이 하버마스의 사회 이론과 대체 무슨 관련이 있을까? 바로, '경제'의 영역에 국가의 공권력이 깊숙이 개입하고 있다는 점에 주목해야 한다. 왜냐하면 그것이 하버마스가 말한 17~18세기 서유럽 부르주아 공론장의 구조적 변화와 밀접한 관련이 있기 때문이다. 하버마스의 설명을 따르자면 당시 서유럽의 자본주의 경제는 명백히 공권력의 개입을 거부하는 사적 영역에 속해 있었음을 상기하자. 경제는 국가의 간섭을 필요로 하지 않는 자유방임의 영역이었으며, '야경국가' 개념이 말해주듯이 국가의 역할은 부르주아 경제 활동이 안정적으로 작동할 수 있도록 외부적 불안 요인들을 제거해주는 것으로 제한되었다. 그런데 19세기 중반 이래 자본주의 경제의 내적 위기를 해결하기 위해 공권력의 능동적 개입이 필요해졌다. 이로써 공권력에게 부여되는 역할이 다양화되고 심화되기에 이르렀다. 즉 국가는 노동자의 복지를 위해, 노동자들의 정치 투쟁이 체제 전복의 수준으로 나아가지 않도록 하기 위해, 자본의 집중으로 인해 초래되는 경제·사회적 문제를 방지하기 위해, 그리고 대외 식민지의 효율적 관리를 위해 법률, 조세, 경찰, 군사, 외교적 차원에서 심대한 역할을 수행해야 했다. 이와 관련해 하버마스는 다음과 같이 언급하고 있다.

> 국내적으로는 경찰과 사법, 조심스럽게 운용되는 조세 정책을 통해서, 국외적으로는 군대에 의거한 대외 정책을 통해서 국가가 자유주의 시대에 이미 대변하던 전통적 질서 유지 기능과 나란히 조형 기능이 이제 등장한다. 「공론장의 구조변동」

국가 개입의 증대는 전통적 부르주아 사회가 조성해낸 사적 영역과 공권력 영역의 경계를 허물기 시작했다. 하버마스는 개인들의 경제·사회적 이해관계에 관한 법률인 사법私法, private law과

국가 공권력을 둘러싼 문제를 다루는 공법公法, public law의 구분이 모호해지고 그 둘의 중간 영역으로서 개인들의 사적인 이해관계를 공익적 관점에서 해결하기 위해 공권력의 개입을 명문화하고 있는 사회법social law이 등장한 것에서 그러한 영역 붕괴를 관찰하고 있다.

하지만 국가의 역할은 산업과 경제 영역에 국한되지 않는다. 국가는 복지, 교육, 주택, 문화, 보건 등 개인들의 일상적 삶에 대해서도 적극적으로 개입해야 했다. 이는 곧 전통적인 부르주아 사회의 사적 영역인 가족 공간에 대한 국가적 개입을 의미한다. 사실상 사회보장이라는 이름으로 국가가 수행하는 다양한 역할들은 전통적 부르주아 사회에서는 가족이 담당했던 것들이다. 이제 그러한 사회적 기능을 국가와 국가적 보호를 받는 기업들이 대신하게 됨으로써 가족은 점차 자신의 역할을 상실하고 주변부로 밀려나기에 이른다.

> 즉 가족은 자본 형성의 기능과 더불어 점차 양육, 교육, 보호, 양호, 지도의 기능들도 상실한다. 가족은 부르주아 가족의 가장 사적이고 은밀한 곳으로 여겨졌던 분야에서 태도를 결정하는 힘을 상실했다. 이로써 잔여의 사적 영역인 가족은 그 지위가 공적으로 보장됨으로써 어떤 의미에서 사적 성격을 상실했다.
>
> 『공론장의 구조변동』

경제와 사생활 영역에 대한 국가 개입의 포괄적 증대를 충족시키기 위해서는 효율적인 조직으로서 관료제를 도입하고 확대해야 할 필요성이 존재한다. 이것이 곧 베버가 서구 근대 자본주의의 발전 과정에서 선구적으로 통찰한 현상이었다. 여기서 발생하는 문제는 경제와 사생활 영역이 관료제에 내재한 조직, 효율성, 목적 합리성의 논리에 지배되는 것이다. 이는 자율적인 개인과 그 개인들이 이룩한 성찰적 문화와 토론의 기초를 흔들 것이며 결과적으로 부르주아 사회의 문예적 공론장과 정치적 공론장의 해체 위기로 이어진다. 하버마스는 문화, 미디어, 정당의 위상과 역할 변화 속에서 이러한 문제를 관찰하고 있다. 전통 부르주아 사회의 문예적 공론장인 살롱, 커피하우스, 독서 클럽, 공공 도서관 등에서 교환된 문화는 합리적 토론의 대상들로서 비판적 정신의 고양을 이끌었다. 하지만 이제 문화는 대기업의 이윤 창출을 위한 거대 상품들로 만들어지기 시작하면서 단순히 감각적 소비의 대상으로 전락했다. 문화의 상품화와 상업화 경향은 저널리즘으로 불리는 대중 언론의 등장에 의해 한층 더 촉진되었다. 19세기 말부터 등장하기 시작한 대중 신문들은 판매 부수의 증가와 그에 따른 이윤의 증대라는 상업성을 목적으로 한다. 그러기 위해서는 소수의 특정한 사회 계층이 아니라 광범위한 대중을 목표로 해야 한다. 그렇다면 고급 문화가 아니라 모두에게 큰 거부감 없이 쉽게 수용될 수 있는 가벼운 문화를 만들어 전달해야 한다. 문화가 가벼워지는 경향은 20세기에 접어들어 라디오와 텔레비전과 같은 전파 매체들이 등장하기 시작하면서 한층 더 가속화되기에 이르렀다.

  언론이 당대의 정치, 사회, 문화에 대한 깊은 성찰과 진지한 토론이라는 본래의 역할로부터 벗어나 이윤 획득만을 추구하는 거대 산업체로 변질되기 시작함에 따라 이제 더 이상 공론장 형성과 유지의 주요한 매개체의 역할을 하지 못하게 되었다. 물론 외견상으로는 여전히 커피하우스와 독서 클럽 등에 신문이 비치되었지만 그곳에 참여한 개인들에게 어떠한 비판적 담론의 기회도 제공하지 못했다. 하버마스의 다음과 같은 주장은 그러한 문제의식을 잘 드러내주고 있다.

> 대중 매체에 의해 만들어진 세계는 표면상으로만 공론장이다. 게다가 대중 매체가 그 소비자에게 보증하는 사적 영역의 고결함도 역시 환상이다. 18세기에 부르주아 독서 공중은 친밀한 서신 왕래 및 여기서 발전된 심리소설과 단편소설에 대한 독서를 통해 문학 능력을 갖추고 공중과 관계된 주체성을 배양할 수 있었다. …… 오늘날 대중 매체가 시민들의 이러한 자기이해로부터 그 문학적 외피를 벗겨버리고, 소비자 문화의 공공 서비스를 위한 통상적 형태로 그것을 이용함으로써 본래의 의미가 전도된다.
>
> 『공론장의 구조변동』

한편, 부르주아 공론장의 해체 위기는 문화와 언론의 대중화 및 상업화에 의해서만 촉진되는 것은 아니다. 문제는 정치적 공론장의 주요한 두 기관인 정당과 의회가 본래적 성격을 상실하고 있다는 점이다. 정당은 명사(名士)들 사이의 친밀한 정치적 대화와 토론의 장소가 아니라 대중을 상대로 하는 거대 규모의 관료제적 조직으로 변화했으며, 의회 또한 실질적 정치 토론의 무대가 아니라 거대 정당과 사회 단체 들의 이익 실현을 위한 형식적 장소로 전락해버렸다. 여기에 더해 각 정당들은 대중 매체와 여론 조사 기관들의 협력을 통해 전통적인 여론의 의미와 기능과는 전혀 다른 여론의 정치를 수행하고 있다. 정당들은 특정한 정치적 목적을 위해 여론을 활용한다. 자신들의 정치적 정당성을 위해서나 반대 정당을 공격하기 위해 여론을 조작할 수도 있다. 여론은 사적 개인들이 합리적 토론을 통해 상호 합의에 도달한

➡ 유럽과 미국 언론의 변천 : 문예 정론지에서 상업 대중지로

유럽과 미국의 언론 발달사를 관찰하면, 본래 근대 언론은 문예성과 정치성에 밀접히 관련되어 있었다는 사실을 알게 된다. 언론은 정치적 논쟁이 이루어지는 무대였을 뿐만 아니라 소설을 필두로 여러 문학적 성과들이 소개되고 교류되는 장소이기도 했다. 언론의 이러한 특성은 당시 주요한 언론인 대다수가 정치가이거나 문인이었다는 사실을 통해서도 잘 드러난다. 하지만 이러한 언론들은 19세기 말부터 점차 변화하기 시작했다. 이러한 움직임은 이른바 '신대륙' 미국에서 먼저 나타나기 시작했다. 남북 전쟁(1861~1865)의 혼란이 수습된 이후 미국은 산업혁명을 가속화시키는 등 경제 발전에 박차를 가한 결과, 인구는 배로 늘어나고 대도시들의 성장이 이루어졌다. 그러한 상황 속에서, 식민 모국인 영국에 저항하던 정치 신문과 거리를 둔 새로운 대중 신문이 등장했는데, 그것은 흥미와 오락 위주의 정보들과 함께 도시화의 증대로 인해 발생하는 여러 사회적 문제들에 관한 정보들로 채워졌다. 이러한 점에서 새로운 대중 언론은 1830년대에 등장한 저가 대중지(Penny Press)와는 근본적으로 다르다. 미국의 대표적인 언론인 퓰리처(Joseph Pulitzer, 1847~1911)가 1878년에 창간한 「세인트루이스 포스트디스패치(St. Louis Post-Dispatch)」와 1883년에 매입해 발행한 「뉴욕 월드(New York World)」, 그리고 퓰리처의 경쟁 언론인이었던 허스트(William R. Hearst, 1863~1951)가 1895년에 매입해 발행한 「뉴욕 모닝 저널(New York Morning Journal)」 등이 당시의 대표적인 대중 언론들이었다. 이러한 대중 언론들은 정론지와 문예지들과는 비교가 되지 않을 정도의 엄청난 판매 부수를 올리면서 대단한 인기를 누렸다. 허스트가 연재한 「옐로 키드(Yellow Kid)」라는 만화는 미국 대중 언론들의 경쟁주의가 얼마나 심했는가를 보여주는 상징적인 예이다. 「옐로 키드」는 퓰리처의 성공을 경이에 찬 눈으로 바라보던 허스트가 야심 찬

의사가 아니라 정당과 대중 매체가 만든 정치적 도구일 뿐이다. 그 여론은 정치권력의 도덕성과 정당성을 비판할 수 있는 민주주의적 잠재력을 상실해버렸다.

18세기 부르주아 공론장은 이러한 일련의 사회적 변동으로 인해 실질적으로 붕괴되어버렸다. 이는 곧 권력에 대해 비판하고 토론하는 주체로서의 공중의 소멸과 그들의 합의된 의사인 여론

기획으로 연재한 것인데, 이에 질세라 퓰리처도 다른 만화가를 채용해 같은 제목의 만화를 연재하기 시작했다. 선정적이고 오락 위주의 경쟁적 보도를 일삼는 신문의 풍조를 '옐로 저널리즘'이라 부르게 된 것은 이러한 에피소드에 그 기원을 둔다. 한편 유럽의 경우는 어떨까? 프랑스의 경우를 보면 19세기 말에 접어들면서 정치성과 문예성이라는 프랑스 언론의 무대에 대중 언론이 등장하기 시작한다. 가장 대표적인 예가 1885년에 발행한 「르 마탱(Le Matin)」이란 신문이다. 이 신문을 창간한 미국인 체임벌린(Samuel S. Chamberlain)은 창간사에서 다음과 같이 얘기했다. "「르 마탱」은 지금까지의 어떠한 신문과도 다르다. 이 신문의 보도 프로그램은 다른 프로그램들과 다르다. 어떠한 정치 여론과도 무관하며, 자본가에 종속되지도 않고, 정치적 문제에 대해서는 어떠한 것도 변호하지 않는다. 이 신문은 보편적이고 진정한 의미의 정보 신문이다." 이에 대해 프랑스 언론인들은 격렬한 비난을 퍼부었다. 예컨대 문인이자 언론인이었던 졸라는 "정보로 넘쳐나는 신문 속에서 이제 언론은 변하고 있다. 정보 과잉으로 채워진 신문은 토론을 위한 지면들을 없애버리고, 문학 비평을 불가능하게 하며, 단신과 크고 작은 소식들, 기자들이 쓰는 기사와 인터뷰들로 지면을 채우고 있다"라고 공격했다. 하지만 대중성을 지향한 이 신문은 1900년에 10만 부, 1914년에 100만 부를 발행하면서 상당한 성공을 거두었다. 나아가 1899년에 프랑스에 최초로 저널리즘 학교가 탄생하고, 1892년에 소(Fernand Xau, 1852~1899)가 발간한 대중지 『르 주르날(Le Journal)』이 1914년에는 500만 부를 발행하는 거대 언론으로 성장한 사실은 프랑스에서도 언론의 성격이 근본적으로 변화했음을 보여주고 있다.

형성의 불가능성을 의미한다. 대중 매체에 의해 외견적으로만 그 모습을 간직하고 있는 현대 사회의 공론장은 사실상 부르주아 공론장이라기보다는 자신의 권력을 과시하고 전시하는 군주 시대의 과시적 공공성에 가깝다. 하버마스는 그러한 변동을 "공론장의 재봉건화"로 정의한 바 있다.

공권력을 통제하는 민주적 힘으로서의 공론장이 해체되는 현상은 20세기 들어 한층 더 가속화되기에 이르렀다. 주지하다시피 유럽은 20세기 초반부터 중반에 이르기까지 두 번의 전쟁을 겪으면서 엄청난 혼란과 파괴를 경험했다. 어떠한 경제적 기반도 부재한 상태에서 유럽은 마셜 플랜Marshall Plan으로 상징되는 미국의 대규모 재정 원조를 통해 위기를 탈출해야 했다. 유럽의 경제는 1940년대 후반에 이르러서야 미국과 더불어 이른바 '장기 호황long boom'의 국면에 접어들 수 있었으며, 한국 전쟁과 같은 대외적 변수들이 결합하면서 1960년대까지 경제 호황을 지속적으로 이어나갈 수 있었다. 여기서 주목할 사실은 유럽의 경제 재건과 부흥에서 국가가 가장 중요한 역할을 했다는 점이다. 2차 대전 이후 프랑스에서 가장 명확하게 나타났듯이 국가는 경제 계획, 생산과 투자, 소비 등 제반의 프로그램을 주도해나갔다. 그러한 현상은 영국, 독일 등 유럽의 다른 국가들도 예외가 아니었다. 그런데 국가는 경제 부문만이 아니라 교육, 문화, 의료, 주거 등 국민의 일상적 삶의 영역까지 개입해나갔다. 2차 대전 이후 영국 노동당이 내세운 "요람에서 무덤까지from cradle to the grave"라는 구호가 단적으로 말해주듯이 유럽의 국가들은 생산력의 증대를 바탕으로 복지국가welfare state로 거듭나기 시작했다.

이렇게 유럽은 1960년대 후반까지 풍요의 시대를 경험했지만 어떻게 보면 그 시기는 국가가 제공하는 물질적 풍요를 얻는 대가로 국가 권력에 대한 비판적 통제를 가능하게 하는 공론장의 근거를 완전히 상실한 시대로 평가할 수 있다. 하버마스가 「기술적 진보와 사회적 생활세계Technical Progress and the Social Life-World」(1968)라는 논문을 통해 심각하게 고민한 내용의 본질이 이것이다. 하버마스는 유럽의 풍요를 보면서 다음과 같은 우려를 표명했다.

> 생산 과정이 과학적 방법을 통해 혁명적으로 진보했다. 그리고 기술적으로 정확한 기능화의 가능성들이 노동과 주변 계획 조직들의 산업화 과정으로부터 독립되어 있는 사회 영역들로 이전되어갔다. 과학에 의해 가능해진 자연에 대한 기술적 통제가 오늘날에는 사회로까지 직접적으로 확장되었다. …… 과학에서 그 답을 찾게 되는 기술적 통제의 문제는 삶의 문제로 전환되었다. 왜냐하면 자연과 사회 과정에 대한 과학적 통제(한마디로 말해, 테크놀로지)가 인간을 구속하고 있기 때문이다. 지난 시절에는 일상 언어에 의해 구조화된 상호 행위를 통해 갈등이 매듭지어지고 이해관계가 실현되었으며 의미가 발견되었다. 하지만 오늘날 그러한 실천적 문제들은 광범위한 수준에서 우리 시대의 기술적 성취 체계에 의해 결정되고 있다.
>
> 「기술적 진보와 사회적 생활세계」, 「합리적인 사회를 향하여Toward a Rational Society」

즉, 경제 성장을 위해 생산 과정에서 광범위하게 활용된 과학 기술이 사람들의 일상적 삶의 영역에도 침투해 기술적 합리성의 논리가 강요되고 있다는 것이다. 이로써 비판적 공론장이 재활성화될 가능성은 완전히 사라진 것처럼 보인다. 자, 그렇다면 이 문제를 해결할 방법은 무엇인가? 하버마스가 그 해결책을 찾는 일은 서구 근대 이성의 민주주의적 희망을 재발견하기 위한 매우 중대한 문제라고 할 수 있다. 이와 관련해 하버마스는 마르크스주의적 전망과 프라이어[Hans Freyer, 1887~1969]와 셸스키[Helmut Schelsky, 1912~1984]의 전망을 검토한다. 먼저 마르크스주의적 전망은, 마르크스가 자본주의적 생산력의 증대를 통해 사회주의, 공산주의로 이행한다는 역사 발전의 법칙을 제시했던 것처럼, 서유럽에서 과학기술을 통한 생산력의 혁명적 진보는 그 자체로 문제 해결의 내적 동력이 된다고 주장한다. 하지만 하버마스는 그러한 시각을 지나친 낙관주의에 경도된 것으로 비판하고 있다. 다음으로 프라이어와 셸스키는 과학기술의 막강한 힘과 논리가 민주주의의 희망을 완전히 소멸시켰다고 주장하는데 하버마스는 이에 대해서도 과도한 비관론이라고 비판하고 있다. "기술적 통제력을 어떻게 행위하는 시민들의 합의 아래에 둘 것인가의 문제에 대해 이 두 대안은 무력하다"라는 것이다.

하버마스의 프로젝트는 이렇듯 공론장의 붕괴로 표상되는 현대 유럽 사회의 민주주의 위기와 관련해 낙관론과 비관론 사이에서 적절한 현실적 해결 지점을 찾아가려는 노력이다. 그것은 곧 서구 근대 이성이 18세기에 실현했던 비판과 공론의 힘을 회복하는 방법을 모색하는 일이기도 하다.

만남 7

푸코와 하버마스, 새로운 희망을 찾아서

지금까지 서구 근대의 바탕이 된 이성과 합리성에 대한 푸코와 하버마스의 철학적, 정치학적 성찰을 살펴보았다. 푸코에게 서구의 근대 이성은 과학적 진리의 이름으로 비이성적인 것들을 배제하고 타자화하는 폭력이었다. 그 폭력은 물리력이 아니라 지식을 매개로 매우 정교하게 이루어졌다. 푸코는 서구 근대 사회가 정신병과 미친 사람을 다루는 방식을 통해 이러한 사실을 파헤쳤다. 지식의 정치적 힘은 '지식=진리'라는 등식에 기초한다. 푸코는 고고학적 방법을 통해 서구 근대의 지식이 진리와 얼마나 거리가 먼가를, 그리고 계보학적 방법을 통해 그 지식이 비이성적인 사람들을 얼마나 정교하게 통제하는가를 제시해주었다.

그와 달리, 하버마스는 서구 근대 이성이 본래 해방적 힘을 발휘해왔다고 주장한다. 그리고 18세기 서유럽 부르주아 공론장을 그에 대한 적절한 역사적 사례로 본다. 문제는 그 해방적 힘이 특정한 역사적 국면 속에서 가라앉아 있다는 데 있다. 따라서 해방적 힘이 간직되어 있는 영역 속에서 이성의 잠재력을 현실화해야 한다. 이런 차원에서 보면 푸코는 근대 이성을 넘어서는 새로운 세계를 꿈꾸고 있으며 하버마스는 스스로가 미완의 프로젝트라고 말하듯이 근대 이성이 자신의 해방적 힘을 다시 발휘해 만들어낼 세계를 그리고 있다. 그렇다면 그들이 생각하는 세계는 각각 어떤 모습일까? 이제부터 그에 대한 논의를 시작해보기로 하자.

푸코와 '자기배려'의 인간

푸코의 이론을 다시 한 번 환기하면서 논의를 이어가도록 하자. 서양 근대는 외견상 억압으로부터 해방된 시대인 것처럼 보인다. 그도 그럴 것이 그 시대는 군주 권력과 신분제에 종속된 피치자들을 정치적으로 해방시켜 인권, 자유, 평등의 가치를 그들에게 부여하고, 생산력의 증대를 통해 그들을 물질적 구속으로부터 벗어나게 하지 않았는가? 하지만 푸코에 따르면 그것은 겉모습일 뿐이다. 왜냐하면 근대는 과거와는 근본적으로 다른 특이한 억압과 지배의 메커니즘을 축조해놓았기 때문이다. 앞서 살펴본 것처럼 근대인들은 매우 독특한 방식으로 통제된다. 근대 정신병원의 사례가 보여주듯이 근대인들은 특정한 형태의 도덕규범을 내면화하면서 스스로를 통제한다. 근대 지식 체계에 의해 진리로 간주된 도덕규범은 그것을 체화한 근대인들이 그런 도덕규범에 위배되는 방향으로 사고하거나 행동하지 않도록 은밀한 통제력을 행사한다. 또한 근대의 교도소와 학교에서 보듯이 근대인들은 여러 형태의 훈육 기술을 통해 자신의 신체를 특정한 방향으로 움직이도록 습관화되어 있다. 다양한 지식으로 정교하게 구축된 훈육 기술들은 근대인들이 일정한 질서의 테두리를 벗어나지 않게 행동하도록 그들의 신체를 정교하게 훈련시켜놓았다. 여기서 우리가 중요하게 파악해야 하는 사실은 근대의 통치 방식이 외적인 도덕규범을 집단적 차원에서 강제하는 것이 아니라 도덕규범의 내면화를 통해 개인들 각자가 참과 거짓, 옳음과 그름의 기준을 가지고, 다른 말로 하자면 양심을 가지고 스스로를 통제하는 방식으로 특징지어진다는 점이다.

이러한 '진리 게임'의 과정 속에서 근대인이라는 종속적 주체sujet, subject가 탄생한 것이다. 근대인들이 주체인 것은 자기 내면에 스스로의 사고와 행동을 통제하는 도덕 원칙을 지니고 있기 때문이며, 그들이 종속적인 것은 그러한 도덕 원칙이 자신이 아니라 외부로부터 만들어져 강제된 것이기 때문이다. 바로 여기서 근대적 지배의 세밀함과 정교함이 존재하며 그렇기 때문에 그러한 지배에 저항하기가 어렵다. 만약 지배가 가시적이면서 단순한 양상을 보인다면 저항의 지점과 방식도 명확해질 것이다. 하지만 근대적 지배는 눈에 잘 드러나지 않은 미세한 방식으로 전개되기 때문에 그에 대한 저항 전략을 구축하는 일이 결코 용이하지 않다.

그렇다면 어떻게 해야 하는가? 근대인들은 은밀한 방식으로 작동하는 권력과 지배에 영원히 종속된 존재로 살아가야 하는가? 푸코는 이에 대해 어떠한 대안과 해결책을 제시하고 있는가? 이와 관련해 푸코는 모든 사태를 한꺼번에 해결할 수 있는 보편적 해결책이란 존재하지 않는다고 주장한다. 바로 이 점에서 푸코는 하버마스의 철학과 거리를 두고 있다. 푸코는 보편적인 해결책을 구하는 일은 결국 서구 근대 이성의 전체주의적 패러다임으로 회귀하는 것이라고 강조하고 있다. 참된 해결책은 자신이 만든 도덕규범도 아니면서 자신의 것으로 내면화하고 있는 자기모순의 종속적 주체를 자신의 도덕규범을 스스로 만들어 나가는 능동적 주체로 전환하는 데 있다. 푸코가 말하는 능동적 주체란 어떠한 외적인 가치나 원리에 기대지 않고 자신의 삶에서 제기되는 문제들을 스스로 해결하면서 자신만의 도덕규범을 정립해나가는 '윤리적 주체'이다.

자, 이제부터 푸코가 말하고 있는 윤리적 주체 형성의 길을 따라가보자. 윤리적 주체의 형성에는 특별한 기술[technology]이 필요하다. 푸코는 그것을 '자기의 테크놀로지[technologies du soi]'로 명명하고 가장 핵심적인 개념으로서 '자기배려[epimeleia heautou; le souci de soi]'를 들고 있다. 자기배려란 무엇인가? 1981~1982년까지 푸코의 콜레주 드 프랑스 강의들을 모은 『주체의 해석학[L'herméneutique du sujet]』(2001)에서는 자기배려를 "자기 자신에 대한 배려이고, 자기 자신을 돌보는 행위이며, 자기 자신에 몰두하는 행위"라고 밝히고 있다. 푸코가 매우 공들여 설명하고 있는 이 자기배려는 서양 고대 그리스와 로마 시대 정치인들 및 철학자들의 삶에 대한 성찰을 통해 정립된 개념이다. 푸코가 근대의 종속적 주체와는 근본적으로 다른 윤리적 주체 형성의 길을 모색하기 위해 고대 그리스와 로마 시대까지 거슬러 올라간 근본적 이유는 그 시대를 살아간 정치인과 철학자들이 참된 주체성과 윤리를 전적으로 내적인 성찰과 훈련을 통해서만 형성되는 것으로 생각했기 때문이다.

푸코의 논의는 그리스 델포이^{Delphoe} 신전에 기록되어 있는 '너 자신을 알라$^{gnothi\ seautón}$'라는 경구를 새롭게 해석하는 것으로 시작된다. 일반적으로 이 경구는 자신에 대한 철학적 인식을 뜻하는 것으로 이해되지만 푸코는 그 해석에 반대한다. 푸코는 플라톤의 대화편 『소크라테스의 변명$^{Apologia\ Sōkratous}$』에서 그 반대의 근거를 찾고 있다. 소크라테스$^{Socrates,\ BC\ 469\sim399}$는 델포이 신전에 각인된 '너 자신을 알라'라는 경구의 의미를 가장 명확하게 밝혀낸 인물로 알려져 있다. 그런데 푸코에 따르면 소크라테스가 '너 자신을 알라'를 자신이 무지하다는 사실을 '인식'하는 것 이상으로 해석했음을 강조한다. 그에 대한 근거로서 푸코는 자신에 대한 판결을 둘러싼 소크라테스의 발언에 주목하고 있다. 먼저, 소크라테스는 무죄 판결을 받아 석방된다고 해도 아테네 시민들을 향해 재물과 명예에만 관심을 갖지 말고 자신의 영혼을 다듬고 훌륭하게 만드는 데 노력해야 한다는 가르침을 계속 전할 것임을 강조했다. 다음으로, 소크라테스는 사형 판결이 내려지면 그 불행은 오히려 아테네 사람들에게 있을 것이라고 주장하는데 그 이유는 자기 자신을 끊임없이 배려하게 만드는 다른 사람이 나타나지 않는 한, 스스로의 덕성을 쌓는 데 마음을 쓰도록 권고하는 마지막 사람을 잃게 될 것이기 때문이다. 아울러 푸코는 소크라테스가 유죄 판결의 경우 받아야 할 형벌을 제시하면서 다음과 같이 말했다는 사실에 초점을 맞추고 있다.

즉 나는 여러분이 무엇이든 자기가 소유한 것들에 마음을 쓰기보다는 우선 자기 자신을 돌봄으로써 가능한 한 탁월하고 현명한 사람이 되도록 …… 여러분 각자를 설득해보려고 했습니다.

『주체의 해석학』

이러한 예들을 통해 푸코는 자신을 안다는 것을 단순히 무지를 깨닫는 일이 아니라 자기 내면을 성찰하고 자신의 영혼을 갈고닦아 지혜로운 사람이 되기 위한 과정으로 해석해야 한다고 주장하고 있다. 푸코에 따르면 이러한 자기배려의 윤리는 소크라테스 시대로부터 로마 시대의 전통으로 이어졌다. 이제 푸코의 작업은 그 기나긴 역사적 전통의 복원으로 나아간다. 푸코는 먼저, 소크라테스와 당시 전도양양한 귀족 계급의 청년이었던 알키비아데스Alkibiades, BC 450?~404와의 대화를 다룬 대화편 『알키비아데스 IAlkibiades I』를 분석하고 있다(이 대화편의 경우 플라톤의 저작 여부에 대해 학자들 사이에 논란이 있다). 알키비아데스는 아테네에서 부유한 명망가 집안의 아들이었다. 그는 자신의 물질적, 사회적 자본들을 기반으로 정치가가 되려는 야심을 가진 인물이었다. 이에 소크라테스는 알키비아데스에게 접근해 통치한다는 것이 무엇을 의

미하는지 그리고 스스로가 통치의 자질을 소유하고 있는지를 물었다. 알키비아데스는 자신이 통치에 대해 완전히 무지하다는 사실과 통치를 위한 적절한 교육을 전혀 받지 못한 사실을 깨닫게 된다. 여기서 소크라테스는 그렇다면 우선적으로 자기 자신

:: 푸코는 자신을 안다는 것을 단순히 무지를 깨닫는 일이 아니라 자기 내면을 성찰하고 자신의 영혼을 갈고닦아 지혜로운 사람이 되기 위한 과정으로 해석해야 한다고 주장하고 있다.

을 거울에 비추는 '관조'를 통해 통치자로서의 자질을 키워나가야 한다는 것이다. 이렇듯 소크라테스와 알키비아데스의 대화에서 자기배려는 통치의 기술로 등장했다. 소크라테스는 플라톤의 대화편 『국가Politeia』에서도 정의로운 국가를 만들기 위해 각 계급이 자신들의 고유한 영혼(절제, 용기, 지혜)을 제대로 돌보아야 한다고 말했는데 이 또한 동일한 의미다.

그런데 통치의 덕목으로의 자기배려는 헬레니즘 시대와 로마 제정 시대에 들어오게 되면서 의미상으로 중대한 변화가 있게 된다. 그 변화의 핵심적 내용들은 다음과 같다. 첫째, 자기배려는 더 이상 다른 사람을 통치하기 위한 기술이 아니며 자신을 위해 필요한 기술로 바뀌었다. 둘째, 자기배려는 통치자가 되고자 하는 청년들만이 아니라 모든 사람이 전 생애에 걸쳐 수행해야 하는 생활 방식으로 바뀌었다. 셋째, 자기를 관조하고 성찰하는 관념적 성격으로부터 실제 영혼을 다듬는 실천의 성격이 중요해졌다. 헬레니즘 시대를 대표한 스토아 철학과 에피쿠로스 철학에서 자기배려는 궁극적으로 모든 사람들이 죽을 때까지 자신의 영혼을 정화하는 구체적인 실천적 행위로 이해되기 시작했다. 영혼의 정화 작업은 곧 정념으로부터 해방되는 일로서 이를 위해서는 반드시 교육이 필요하다. 그런 관점에서 교육과 학교는 치료와 병원에 비유되곤 했다. 푸코는 스토아 철학자인 에픽테토스Epiktētos, 50?~138?의 이야기를 인용하고 있다.

철학 학원은 무엇인가? 그것은 이아테리온iaterion, 즉 진료소다.
철학 학원을 나서면서는 기쁨을 취하지 말아야 하고 아파야 한다. 왜냐하면 여러분이 건강해서 철학 학원에 온 것이 아니기 때문이다. 어떤 사람은 어깨가 탈골되어 학원에 오고, 또 어떤 사람은 종기 때문에, 또 염증 때문에, 혹은 머리가 아파서 학원에 온다.

『주체의 해석학』

푸코는 로마 제정기 시대의 스토아 철학자 세네카$^{Lucius\ Annaeus\ Seneca,\ BC\ 4?\sim AD\ 65}$가 말한 '스툴티티아^{Stultitia}'에 주목하고 있다. 이 개념은 "아무 결정도 내리지 못하고 아무것에도 만족하지 못하는" 상태를 뜻한다. 말하자면 자기배려의 부재 상태인 것이다. 이렇듯 자기배려를 하지 못하는 사람을 '스툴투스^{Stultus}'라고 불렀는데, 이들은 자기의 영혼 내부로 침잠하지 못하고 외부로부터 들어오는 욕망, 정념, 환상 등에 노출된 사람이다. 즉 스툴투스는 진정한 욕망의 대상인 자신을 돌보지 않고 오히려 외적인 것들에만 심취해 있는 자들이다. 그러므로 이들에게는 자신의 영혼을 치료할 자기배려의 기술이 요청된다. 하지만 구체적으로 그 방법이 무엇인가? 어떠한 훈련이 필요한가? 이와 관련해 푸코는 청년 시절의 마르쿠스 아우렐리우스$^{Marcus\ Aurelius,\ 재위\ 161\sim180}$가 자신의 스승 프론토$^{Marcus\ Cornelius\ Fronto,\ 100?\sim166?}$에게 보낸 한 서신을 예로 들어 설명하고 있다. 조금 길지만 푸코의 설명을 이해하기 위해서는 전체를 다 인용할 필요가 있다.

제가 가장 친애하는 선생님, 안녕하십니까? 우리는 모두 잘 있습니다. 저는 가벼운 감기 때문에 오늘 아침 늦잠을 조금 잤습니다. 지금은 감기 기운이 어느 정도 가라앉은 듯합니다. 그래서 새벽 5시부터 9시까지 저는 카토$^{\text{Marcus Porcius Cato, BC 234~149}}$의
『농업론$^{\text{De agri cultura}}$』을 읽기도 하고 글을 쓰기도 하며 시간을 보
냈는데, 맹세코 어제처럼 바보 같은 글을 쓰지는 않았습니다.
그다음 아버지께 문안 인사를 드린 후 저는 아픈 목을 부드럽게
했습니다. 양치질로 그렇게 하지 않고 …… 목 깊숙이까지 꿀물
을 삼킨 후, 다시 그것을 토해내는 식으로 했습니다. 그렇게 목
을 부드럽게 한 후 저는 아버지를 찾아갔고 함께 희생제의에 참
석했습니다. 그 후 우리는 점심을 먹으러 나갔습니다. 우리가
무엇을 먹었는지 짐작이 가시는지요? 다른 사람들이 콩과 양
파, 알이 가득 밴 청어를 게걸스럽게 삼키는 것을 보았지만 우
리는 빵을 아주 조금 먹었을 뿐입니다. 그 후 우리는 열심히 포
도를 땄고 이렇듯 땀 흘려 일하고 나니 기분이 상쾌했습니다.
시인이 노래했듯이, "포도 수확을 했다는 흔적으로 포도를 몇
송이 높이 매달아" 놓았습니다. 6시가 넘은 후 귀가했습니다.
저는 거의 아무 일도 하지 않았고, 아무런 계획도 없었습니다.
저는 침대 위에 앉아 있는 키가 자그마한 어머니와 오랫동안 이
야기를 나누었습니다. 제가 "사랑하는 프론토 선생님은 지금 무
얼 하고 계실까?"라고 말문을 열자, 어머니께서는 "내 사랑 그
라티아(프론토의 딸)는 무얼 하고 있을까?"라고 말씀하셨습니
다. 그래서 저는 "나의 작은 참새, 귀여운 그라티아는 무얼 하고
있을까?"라고 말을 받았습니다. 우리가 이런 식으로 잡담을 하
고 우리 중 누가 선생님과 그라티아 두 사람 가운데 한 사람을
더 사랑하는지를 논하고 있는 동안, 징 소리가 울리며 아버지께
서 목욕탕으로 들어갔다고 알려주었습니다. 그래서 우리는 기

름 짜는 방에서 목욕한 후 저녁을 먹었습니다. 이 말은 기름 짜는 방에서 목욕을 했다는 말이 아닙니다. 목욕을 하고 나와 기름 짜는 방에서 저녁을 먹었다는 말입니다. 그 방에서 우리는 시골뜨기들이 재잘거리며 떠드는 소리를 듣고 즐거워했습니다. 방으로 돌아와 뒤치다꺼리하다 코를 골며 자기 전에 저는 제가 한 일을 마치고, 이제 제가 가장 사랑하는 선생님께 오늘 한 일을 자세히 보고드리고 있습니다. 만일 제가 선생님을 더 그리워할 수만 있다면 저는 편지를 쓰는 데 얼마의 시간이 더 든다 한들 아깝게 생각지 않을 것입니다. 안녕히 계십시오. 사랑하는 프론토 선생님. 선생님께서 어디 계시든 저의 최고이시며 저의 사랑이시고 저의 기쁨이십니다. 선생님과 저와의 거리가 얼마나 될까요? 저는 선생님을 흠모하지만 선생님께서는 지금 제 곁에 계시지 않습니다. 「자기의 테크놀로지Technologies of the Self」(1988)

이러한 하루의 이야기를 담은 서신의 내용을 푸코는 크게 세 범주로 구분한다. 첫째, 건강과 양생술養生術(생명을 보양하는 기술)에 관한 내용이다. 예컨대, 감기가 걸렸다거나 꿀물을 마시고 약간의 빵만을 섭취했다는 등의 이야기를 들 수 있는데 푸코는 수면, 기상, 목욕, 의약품 복용 등은 히포크라테스Hippokratēs, BC 460?~377? 이래로 중요한 건강술이었음을 지적한다. 둘째, 가사, 노동, 종교 행위에 관한 내용이다. 어머니와 담소를 나누고, 아버지와 희생제의에 참석했으며, 포도를 땄다는 등의 이야기다. 여기서 푸코는 마르쿠스 아우렐리우스의 이러한 행위들을 자기훈련의 과정으로 해석하고 있다. 특히, 노동을 할 필요가 없는 귀족 가문의, 그것도 훗날 로마 황제가 될 마르쿠스 아우렐리우스가 땀을 흘리며 포도 수확에 참여했다는 것은 노동과 그 뒤에 오는 여유를 누림으로써 인생에서 가장 기본적으로 필요한 것들과 가장 고귀한 것들을 아우를 수 있는 정신적 능력을 배양하는 과정을 의미한다. 셋째는 사랑에 관한 내용이다. 즉 '프론토와 마르쿠스 아우렐리우스'라는 두 남자 간의 사랑, 그리고 '어머니와 그라티아'라는 두 여자 간의 사랑에 관한 이야기다. 푸코에 의해 각각 양생술, 가정 관리술, 연애술로 명명되는 이러한 훈련들은 서로 밀접하게 연관된 당대의 자기배려의 기술들이었다. 푸코는 다음과 같이 말하고 있다.

> 그러나 이제 이 세 영역(양생술, 가정 관리술, 연애술)은 성찰의 표면의 자격으로, 즉 내가 스스로의 실존 규칙이자 실존 목표인 자기실천을 체험하고 훈련하고 발전시킬 수 있는 기회의 자격으로 재통합된다. 양생술, 가정 관리술, 연애술은 자기실천의 적용 영역으로 등장한다. 『주체의 해석학』

이러한 사례는 자기배려가 생활의 기술로서 개인의 실존 전반에 걸쳐 수행되어야 하는 것임을 말해준다. 그런데 이렇듯 생활 속에서 이루어지는 자기배려의 훈련은 매우 중대한 의미를 갖는다. 그것은 타자에 대한 관심의 시선을 거두어들여 자기 내부를 들여다보는 기술이다. 자기 바깥에 존재하는 것들에 예속되어 동요되고 평정을 잃지 않도록 자신의 세계 속으로 들어가는 기술이다.

자기 자신에 몰두해야 한다. 다시 말해서 우리는 우리 자신을 에워싸고 있는 사물들로부터 벗어나야 한다. 우리의 주의, 열의, 열정을 촉발시킬 수 있는 모든 것과 우리 자신이 아닌 모든 것으로부터 우회할 필요가 있다. 우리 자신으로 돌아가기 위해 이 모든 것들로부터 벗어날 필요가 있다. 『주체의 해석학』

이는 곧 주체성의 관점에서 외부 세계에 고착된 '타동-주체화trans-subjectivation'로부터 내면적 성찰을 통해 진정한 주체로 거듭나는 '자동-주체화auto-subjectivation'로 이행하는 기술이다. 이쯤 되면 근대적 주체의 문제와 관련해 푸코가 무엇을 말하려 하는지 이해할 수 있다. 근대적 주체는 자기 내부의 성찰과 훈련이 아니라 외부에 존재하는 대상 인식을 통해 비로소 주체가 된다. 근대인들이 광인, 죄수, 이상 성욕자와 같은 존재들을 자신의 외부에 만들어놓고 그들을 인식함으로써 주체의 개념을 축조했다는 것이다. 하지만 그것은 외부의 타자에 의해서 부여되는 것일 뿐 진정한 의미의 주체일 수 없다. 예컨대 근대 사회에서 정상인은 미치지 않은 사람, 자유인은 죄를 짓지 않은 사람, 정상적 성인은 일탈적 성욕을 가지지 않은 사람으로 정의되고 있지 않은가?

한편, 우리는 앞의 서신에서 주목할 만한 또 다른 지점을 발견한다. 그것은 마르쿠스 아우렐리우스가 하루 동안에 수행한 자기배려의 과정을 프론토라는 '스승에게' 아주 '솔직하게 이야기하고' 있다는 것이다. 여기서 우리는 자신의 참된 주체성을 찾아가는 훈련 과정은 혼자가 아니라 타인과의 언어 행위를 통해 이루어진다는 사실에 접근하게 된다. 푸코는 그러한 언어 행위를

'파르헤지아^{parrhésia}'로 명명했다. 어원상 '모든 것^{pan}을 말하기^{rhesis}'로 정의되는 파르헤지아는 본질적으로 솔직하게 말하는 것을 의미한다. 그런 면에서 파르헤지아는 도덕적 자질이자 태도라고 할 수 있다. 그런데 파르헤지아는 인간에게 선천적으로 내재된 능력이 아니라 엄격한 훈련을 통해 습득되는 특별한 도덕적 재능이다. 스승은 제자가 자신을 솔직하게 드러낼 수 있도록 가르쳐야 하는데 그것은 스승 스스로가 제자에게 파르헤지아를 실천함으로써 가능하다. 제자는 정숙과 경청을 통해 스승이 실천하는 파르헤지아를 확인하는 과정이 필요하며 스승은 일정한 단계에 이르러 제자가 자신의 진실을 드러내는 파르헤지아를 수행할 수 있도록 유도해야 한다. 이 파르헤지아는 물리적으로는 타자를 필요로 하지만 그 본질은 타자를 의식하지 않는 주체 스스로의 언어적 실천이다. 왜냐하면 파르헤지아는 타자에게 어떤 영향을 미치려는 것도, 타자로부터 어떠한 이익을 얻으려는 것도 아니며, 오직 자신의 진실한 모습을 언어적으로 표현함으로써 도덕적 실천을 수행하는 것이기 때문이다. 이러한 점에서 푸코는 언어 행위를 통해 타인으로부터 이익을 얻으려는 아첨과, 타인을 설득하려는 수사학을 파르헤지아와 대비시킨다. 타자를 향하는 아첨과 수사학적 담론과는 달리 파르헤지아는 사람들이 참된 주체가 되도록 서로 이끄는 과정인 것이다. 푸코의 표현을 빌리자면 "서로를 구원하며 서로에 의해 구원되는 것"이다.

지금까지 우리는 근대적 주체와는 본질적으로 상이한 개념으로서 윤리적 주체의 본질과 형성 과정에 대한 푸코의 논의를 살펴보았다. 윤리적 주체는 자기를 배려하는 주체다. 자기의 내면으로 들어가 자신의 영혼을 연마하고 자신의 참된 모습을 솔직하게 말하는 언어적 실천 과정을 통해 형성되는 주체다. 그렇다면 근대적 주체 형성의 패러다임에 의해 단절되어버린 고대 헬레니즘 시대와 로마 시대의 윤리적 주체 복원이라는 푸코의 작업이 오늘날 우리에게 주는 메시지는 무엇인가? 그것은 과연 근대적 억압을 해결하는 데 어떠한 통찰력을 제공하는가?

근대 세계에서 가장 중요한 정치 투쟁의 목표는 국가 권력을 민주적으로 통제하기 위한 제도적 기반을 마련하는 일이다. 예컨대, 선거 제도를 경쟁적이고 투명한 방식으로 제도화하는 것, 의회를 강화해 행정부를 통제하는 것, 시민 단체의 제도적 힘을 육성해 국가 기관을 감시하게 하는 것 등이다. 푸코의 관점에서 볼 때 이러한 투쟁은 어떠한 유용성도 없다고는 할 수 없지만 많은 한계를 지니고 있다. 왜냐하면 그가 분석하고 있듯이 근대 사회에서 정치적 지배의 본질은 집단적이고 가시적인 차원이 아니라 개별적이고 은밀한 차원으로 수행되고 있기 때문이다. 그것은 개별자들을 향한 특정한 도덕의식과 진리 체계의 내면화를 통해 이루어진다. 집단화된 정치 투쟁을 통해 지배 권력에 대한 민주적 통제를 실현한다고 하더라도 근대인들의 삶에 은밀히 깔려 있는 권력의 메커니즘을 해체하기란 불가능하다.

푸코는 이 지점에서 새로운 정치 윤리를 모색할 것을 주장한다. 이 정치 윤리는 통치자와 시민 모두에게 해당되는 것이다. 우선적으로 푸코는 통치자를 향해 스스로가 윤리적 주체가 되어야 한다고 역설한다. 이와 관련해 우리는 세네카의 입을 통해 그리고 푸코 스스로가 말하는 바를 들어보기로 하자.

도시와 국가 전체의 지배자가 된 사람은 수없이 많다. 하지만 자기 자신의 지배자가 된 사람은 참으로 적다. 이 세상에서 위대한 것은 무엇이 있을까? 그것은 운명의 위협과 약속보다 영혼을 더 높게 상승시키는 것이다. …… 위대한 것은 역경 속에서도 마치 그것을 원하기라도 하듯이 모든 사건을 받아들이는 굳건하고 평안한 영혼이다.
『주체의 해석학』

왜냐하면 타인들을 지배하거나 그들에게 폭군적인 권력을 휘두를 위험은 그가 자신을 배려하지 않거나 자기 욕망의 노예가 될 때에만 나타나는 문제이기 때문이다. 그러나 만약 자기 자신을 올바르게 배려한다면, 즉 자신이 존재론적으로 무엇인가를 인식한다면, 또한 자신이 할 수 있는 것이 무엇인지를, 한 도시의 시민이 된다는 것 그리고 한 가정의 가계를 책임지는 가장이 된다는 것이 어떤 의미임을 안다면, 두려워해야 할 것과 하지 말것을 인식한다면, 자신이 소망해도 되는 것과 완전히 무관심해야 할 것을 안다면, 마지막으로 죽음을 두려워해서는 안 된다는것을 안다면, 자기의 권력을 타인에게 남용할 수 없을 것이다.
『미셸 푸코의 권력이론』

결국, 푸코는 통치자가 자기배려를 통해 윤리적 주체로 거듭날 필요가 있음을 강조하고 있다.

다음으로, 푸코는 시민들이 근대 세계가 개인들에게 은밀히 강제하는 왜곡되고 기만적인 주체화의 논리에 저항해야 하며 자신의 참된 모습을 자유롭게 표출할 수 있는 환경을 만들고 스스로 훈련해야 한다고 역설한다. 그런 차원에서 푸코는 억압으로부터 해방된 자유로운 상태를 자유의 실천과 동일한 것으로 보지 않는다. 진정한 자유는 스스로 윤리적 주체가 되도록 자기배려의 실천을 수행함으로써 이루어지는 것이기 때문이다.

이렇듯 통치자와 시민들이 자신의 내면과 영혼을 배려하면서 윤리적 주체가 되기 위한 노력 속에서 푸코는 새로운 이성을 발견한다. 그는 에픽테토스의 통찰력에 기대어, 대상과 외부 세계로 향하는 근대의 이성과는 다른 새로운 이성의 빛을 보았다.

> 자유롭고 이성적인, 또 이성적일 만큼 자유로운 한 인간은 자연 속에서 자기를 돌보도록 위임받은 존재다. 『성의 역사 3: 자기에의 배려』

하버마스와 '의사소통'의 인간

하버마스의 경우, 그의 근본적인 문제의식은 18세기 서유럽의 부르주아 공론장에 대한 역사적 관찰에 그 뿌리를 두고 있다. 즉, 절대주의 군주 체제에 대한 정치적 비판과 통제를 통해 민주주의의 원리를 구현해낸 18세기 부르주아 공론장이 19세기 후반~20세기 중반에 이르는 일련의 정치, 경제, 사회적 과정, 즉 국가개입주의와 복지국가의 확장 속에서 해체되었다는 인식하에, 권력에 대한 민주적 통제를 수행할 영역을 어떠한 방식으로 복원하는가에 그의 문제의식이 놓여 있다. 이를 볼 때 하버마스는 서구 사회의 민주주의적 잠재력에 대해 부정적인 견해를 펼치고 있는 베버 및 아도르노와 호르크하이머의 진단에 일정 정도 동의하는 것 같다. 하지만 어떠한 새로운 희망의 가능성도 없다는 비관적 전망 속에 빠져 있는 그들과는 달리 하버마스는 서구 사회 내에 여전히 민주주의의 잠재력이 존재한다는 믿음을 버리지 않았다. 그는 역사적 고찰을 바탕으로, 권력을 통제할 수 있는 정치적 힘이 사회의 어딘가에 숨어 있음을 의심하지 않았던 것이다.

18세기 부르주아 공론장의 역사가 증명해주고 있듯이 권력을 통제할 수 있는 실질적 힘의 기초는 권력의 도덕성과 정당성을 근본적으로 조형할 수 있는 정치적 규범의 형성에 있다. 그렇다면 그러한 정치적 규범은 어떻게 만들어지는가? 그것은 정치 공동체의 구성원들이 평등한 주체로서 자유롭게 서로의 의견을 표출하고 토론하면서 합의에 이를 때 창출된다. 역으로 말하자면, 정치적 의사소통 과정에서 한 행위자가 다른 행위자의 발언을 억압하거나 자신의 의견을 일방적으로 강요해서는 참된 정치적 규범이 만들어질 수 없다. 이를테면 개방적이고 자유로운 의사소통의 조건이 확보되어야 한다는 것이다.

그렇다면 그러한 민주적이고 개방된 의사소통이 가능한 영역이 어디인가? 현대 사회에서 부르주아 공론장을 그대로 복원하는 것이 하나의 방법일까? 그러나 현대 사회에서는 공론장 형성의 근본적 원리인 사적 영역과 공권력 영역의 구분이 더 이상 유효하지 않을뿐더러 특정한 계급에 배타적인 공론장이 실현될 수도 없다. 따라서 결론은 현대 사회의 조건에 부합하는 새로운 정치적 의사소통의 영역을 발견하는 것으로 귀결된다. 이제 하버마스를 따라 이 작업을 시도해보자.

사회는 다양한 조건과 기능의 재생산을 통해 유지된다. 행정,

경제, 교육, 의료, 종교, 법률, 문화 등 이루 헤아릴 수 없이 많은 조건과 기능이 존재한다. 하버마스를 따르자면 사회적 영역들은 크게 둘로 구분된다. 하나는 체계^{System}이고 다른 하나는 생활세계$^{Lebenswelt;\ life\text{-}world}$이다. 체계는 본질적으로 사회를 유지하기 위한 핵심적인 두 기능, 즉 행정과 경제를 담당하고 있다. 그 속에서는 물질의 생산 기능과 생산된 물질들의 분배 기능이 작동한다. 그리고 생활세계는 사회 구성원들의 사회화, 통합, 문화 전승을 담당하는 영역으로, 대표적으로는 교육, 문화, 종교적 기능들을 들 수 있다. 이렇게 개념적으로 구분되고 있는 두 영역이지만 사실상 사회 공간 속에서 그 두 영역은 서로 밀접한 상호관계를 맺고 있다. 예컨대, 생활세계가 노동력을 체계로 공급하고 체계는 그에 상응하는 임금을 제공한다. 또한, 생활세계는 체계의 유지를 위한 정치적 지지를 보내고 체계는 그에 상응하는 정치적 결정(정책)들을 생활세계에 제공한다. 흥미롭게도 법은 체계와 생활세계를 교차하고 있는 영역으로 나타난다.

체계와 생활세계의 이분법은 하버마스의 독창적인 발견은 아니다. 그것은 사회 통합에서 구성원들 간에 형성되는 문화적·종교적 정체성 의식에 관심을 둔 프랑스의 사회학자 뒤르켐, 사회를 그 구성원들이 참여하는 상징적 상호작용으로 이해하고 있는 미국의 심리학자 미드, 그리고 사회 통합의 구조와 기능적 조건들을 탐구한 미국의 사회학자 파슨스 등의 학문적 영향을 받아 이룩된 성과물이다. 하버마스는 이러한 이분법적 도식을 통해 자신의 학문적 스승들인 베버와 아도르노, 호르크하이머 등의 합리성 이론이 가진 결함을 극복하면서 합리성에 대한 새로운 사고의 지평을 열어주었다. 앞서 살펴본 바와 같이 베버와 프랑크푸르트학파 1세대 학자들은 합리성을 체계의 관점에서만 파악하고 있다. 그것은 도구적 합리성을 의미하는 것이다. 그 결과 그들은 합리성의 또 다른 측면, 즉 생활세계에 존재하는 합리성을 전혀 이해하지 못했다. 만약 그들이 생활세계에서 작동하는 합리성을 제대로 이해했다면 결코 끝 모를 비관주의로 빠져들지는 않았을 것이라는 게 하버마스의 주장이다. 왜냐하면 체계의 도구적 합리성을 막아낼 일종의 방어 진지가 있기 때문이다.

이러한 관점에서 하버마스는 사회의 진화를 다층적으로 포착한다. 이론적으로 고찰할 때 최초의 사회에서 생활세계와 체계의 구분은 무의미하다. 그 둘은 일종의 원시적 생활세계의 영역 속에 포괄되어 있었다. 원시적 생활세계에서 가장 중요한 영역은 신화라고 할 수 있다. 사회의 진화는 생활세계 내부에서 시작되는데 신화 속에서 신성함을 부여받고 있던 기능들이 이제 합리적으로 이해되기 시작한다. 하버마스는 이를 뒤르켐의 용어를 빌려 "신성한 것의 언어화"로 명명했다. 예컨대, 종교적 신비와 경외 속에서 정당성을 부여받은 정치권력과 제도가 점차 종교적 영역으로부터 떨어져 나와 합리적으로 이해 가능한 방식으로 새롭게 주조된다는 것이다. 이는 법과 도덕의 경우에도 마찬가지다. 이러한 생활세계의 합리화 과정에 이어 사회의 물적 생산과 분배를 위한 기능 영역들이 떨어져 나온다. 그렇게 되면서 체계는 이제 생활세계의 합리성과는 다른, 권력과 화폐라는 고유의 합리성을 따라 움직인다. 바로 여기까지가 서구 근대 사회의 진화 과정에 대한 도식적 틀이라고 할 수 있다. 하버마스는 체계가 생활세계로부터 분리되고 자기 고유의 합리성을 정초하는 일은 결코 부정적이지 않다고 생각하고 있다. 그것은 오히려 바람직한 현상이다. 문제는 체계의 합리성이 역으로 생활세계의 합리성을 침범할 때 발생한다. 국가 권력과 과학기술의 합리성이 삶의 영역에 과도하게 침투함으로써 대중의 정치의식이 파편화되고 민주주의가 훼손되는 것, 하버마스는 이것이 현대 서구 사회의 본질적 위기라고 진단하면서 이런 현상을 '생활세계의 식민화'로 불렀다.

이제 논의 방향을 약간 바꾸어, 체계와 생활세계 속에서 전개되는 행위의 특성에 주목해보자. 행정과 경제 영역, 즉 체계는 무엇보다 효율적으로 사회를 관리하고 물질을 생산하는 것을 목표로 삼고 있다. 그렇지 않다면 그 영역은 존재 이유가 없다. 그렇게 보자면 그러한 목표를 위해 수행되는 행위는 다분히 도구적이고 기능적일 수밖에 없다. 말하자면 목표 달성을 위해 필요한 모든 자원이 하나의 대상으로 취급된다는 것이다. 인간도 예외일 수 없다. 기업과 정부 조직에 속한 사람들이 어떠한 방식으로 다루어지고 있는가를 보면 금방 이해될 수 있다. 이와는 달리 사회화, 문화 전승, 통합과 같은 기능을 담당하는 생활세계에서 이루어지는 행위는 대상의 차원이 아니라 주체의 차원에 자리한다. 왜냐하면 구성원들이 사회적 정체성을 확보하고, 자신이 속한 사회의 문화를 내면화하고, 그 사회에 대한 자발적인 소속의식을 지니는 과정은 자신들에게 투입되는 문화적, 도덕적 정보들을 주체적으로 해석하고 의미를 부여하는 과정이기 때문이다. 물론, 물리적 위협을 통해 강제적으로 부과될 수도 있지만 그런 경우라면 실질적인 사회화와 통합이 이루어질 수 없을 뿐만 아니라 그러한 강제적 과정 속에서도 사람들은 문화적 정보들을 주체적으로 해석할 것이다.

여기서 행위의 관점에서 생활세계가 갖는 특성에 주의할 필요가 있다. 우리의 행위가 체계의 영역에서 이루어진다고 가정해 보자. 그 행위는 특정한 목표에 지향되어 있기 때문에 의식적인 계산과 판단에 기초한다. 만약 어떤 기업의 직원이 아무런 목적 없이 잡담을 하거나 통로를 배회한다면 분명 징계를 받게 될 것이다. 그런데 우리가 일상적으로 살아가고 있는 생활세계에서는 어떠한가? 대부분의 행위가 특정한 의식적 지향과 무관하게 이루어지고 있지 않는가? 우리는 아무 의심 없이 자연스럽게 행동하고 관계를 맺는다. 친구들과 만나서 대화하는 것은 그 자체가 의미를 갖는 일이며, 전시회나 음악회에 가서 예술을 감상하는 일 또한 그 자체의 의미로 다가온다. 이러한 일이 가능한 것은 생활세계 내에 구축되어 있는, 행위를 유도하는 문화적 배경들이 구성원들에게 이미 내면화되어 있어 상호 이해를 가능하게 하기 때문이다. 예컨대, 한 외국인이 우리의 일상적 삶의 영역에서 어떻게 행동하는지 관찰해보자. 그는 일정 기간, 말하자면 우리의 문화적 틀을 이해하거나 체화하기 전까지는 의식적 지향성(계산, 판단) 아래에서 행위하지 않을까? 이러한 모든 사실은 생활세계에서 행위는 근본적으로 '주체/주체'의 패러다임 속에서 작동한다는 것을 말해준다.

그런데 체계와 생활세계에서 이루어지는 행위들은 공히 언어에 의해 매개된다. 기업이든, 정부 조직이든, 일상적 삶의 공간에서든 언어를 상정하지 않는 행위를 상상할 수 있을까? 그러나 이런 언어 행위도 체계에서의 언어 행위와 생활세계에서의 언어 행위가 서로 다르다. 왜냐하면 행위의 근본적인 원리가 다르기 때문이다. 우선, 체계 내에서의 언어는 전략적이다. 상대방을 효과적으로 설득해 자신이 원하는 목표를 달성하기 위한 도구가 언어이기 때문이다. 그와는 달리 생활세계의 언어는 의사소통적이다. 생활세계 속에서 언어를 교환하는 사람들 사이에는 특정한 목적을 둘러싼 전략적 긴장이 존재하지 않는다. 그저 그들은 자신들의 주체성을 확인하고 서로의 의미를 공유하기 위해 의사소통하는 것이다. 물론 외견상 의사소통 자체에 의미를 둔 것처럼 보이지만 사실은 특정한 이해관계를 감추고 있는 이른바 은

체계 내 의사소통	본질	생활세계 내 의사소통
전략적 의사소통	본질	상호 이해적 의사소통
권력	목적	부편적 정당성
미약한 정당성 논증	논증의 특성	상호 승인에 기초한 정당성 논증
보상과 영향력	설득 방식	진실성, 도덕적 정당성, 투명성, 미학적 표현성
주체/객체	행위관계	주체/주체
전략적 관계	상대관계	상호 이해의 관계
기술의 매개	행위 매개 양식	상징의 매개
없음	의사소통 피드백	있음
획득	합의의 본질	공유

폐된 전략적 언어 행위가 있을 수도 있다. 하지만 그렇더라도 그 행위는 적어도 언어 행위의 형식으로서는 의사소통적 행위이다. 이러한 논의를 기초로 우리는 체계와 생활세계 내 의사소통의 특성을 앞의 표와 같은 방식으로 정리할 수 있다.

여기서 잠깐 '말을 한다는 것'에 대해 살펴보기로 하자. 오스틴[John L. Austin, 1911~1960]에 따르면 언어 행위는 분리될 수 없는 세 차원, 즉 언명적 차원, 행위적 차원, 수행적 차원으로 구분된다. 예를 들어보자. 한 사람(갑)이 옆에 있는 사람(을)에게 "차가 지나가니 조심해라"라고 말했다고 가정해보자. 우선, 갑은 을에게 객관적 사실에 대한 정보를 제공했다. 을이 그 말이 사실인지 아닌지 알기 위해서는 옆을 돌아보면 된다. 다음으로 갑은 을에게 단순히 하나의 객관적 사실을 말한 것뿐만이 아니라 조심하라는 '경고'도 했다. 아울러, 만약 을이 갑의 말을 듣고 뒤를 돌아보면서 차를 피했다면 갑의 말은 을을 통해 일정한 행위 효과를 이끌어낸 것이다. 이러한 세 가지 상황이 각각 언어 행위의 언명적, 행위적, 수행적 차원이다.

이러한 예를 통해 알 수 있는 사실은 언어란 단순히 객관적 사실을 표상하는 수단이 아니라 행위자들의 상호관계를 이끌어내는 힘이자 그들 사이에서 실제적인 효과를 창출하는 장치라는 것이다. 전자가 의미론[意味論, semantics]의 대상이라면, 후자는 화용론[話用論, pragmatics]의 대상이다. 앞서 살펴본 체계와 생활세계에서의 언어 행위를 이해하기 위해서는 의미론이 아니라 화용론의 입장에 서야 할 것 같다. 그런데 여기서 주목해야 할 매우 중요한 논점이 있다. 앞의 예로 돌아가보자. 두 사람 사이에서 완전한 의사소통이 이루어지기 위해서는 어떠한 조건이 성립해야 할까? 완전한 의사소통이란 갑과 을이 서로에 대해 왜곡됨 없이 상호 이해에 도달하는 것을 뜻한다. 그러한 상호 이해에 기초해야만 갑은 을의 안전이라는 자신의 의지를 구현할 수 있으며 을은 실제로 자신의 안전을 도모할 수 있는 것이다. 그런데 갑이 '차가 지나가니 조심해라'라는 말에 대해 을이 전혀 이해하지 못했다고 가정해보자. 그러한 요인은 여러 가지가 있을 수 있다. 그런 경우 둘 사이의 의사소통은 어려워진다. 둘째 가정으로, 갑이 농담을 했다고 치자. 그 경우에는 명제 자체가 거짓이므로 진정한 의사소통이 이루어질 수 없다. 또 다른 가정으로, 갑과 을이 아주 오랫동안 서로 적대적인 관계를 지속해왔다고 생각하자. 그렇다면 을은 갑의 말이 현재 상황에 전혀 부합하지 않는다고 생각해 듣지 않을 수도 있다. 그 경우에도 완전한 의사소통이 이루어지기 어렵다. 마지막 가정으로, 갑이 거짓말을 자주 해왔다고 생각하면서 을이 갑의 말을 일부러 듣지 않을 수 있다. 그렇게 되면 갑은 자신의 의도를 구현하지 못할 뿐만 아니라 을 또한 위험한 상황에 처할 수 있다. 역시 참된 의사소통이 아니다.

이러한 예는 실제 사회적 상황 속에서 이루어지는 언어 행위를 이해하기 위해 화용론이 필요하다는 사실만이 아니라 진정한 의사소통을 위해서는 최소한의 조건이 필요하다는 사실을 말해준다. 첫째, 화자의 말이 청자에게 이해 가능해야 한다(이해 가능성). 이는 사실상 의사소통을 위한 가장 기본적인 조건이다. 둘째, 화자의 말이 명제적 차원에서 거짓이 아니어야 한다(진리성). 거짓된 명제를 알려주었다면 설령 화자가 원하는 결과가 우연적으로 산출되었다고 하더라도 논리적으로 참된 의사소통일 수 없다. 셋째, 아무리 화자가 참된 명제를 전달했다고 하더라도 그 말이 효과가 있으려면 화자와 청자 사이에 형성된 관계에 부합해야 한다(적합성). 넷째, 화자는 진실한 자세로 말을 해야 한다(진실성). 그렇지 않으면 청자는 그의 말을 거부할 것이고 이는 곧 의사소통의 불가능을 초래할 것이다.

하버마스는 이러한 네 가지 조건을 '타당성 요구'로 정의한다. 이 타당성 요구가 완벽하게 실현될 때라야 비로소 참된 의사소통이 이루어질 수 있는데, 타당성 요구가 실현된다는 것은 곧 의사소통이 주체와 주체 사이에서 개방적으로 이루어지고 있음을 뜻한다. 참된 의사소통을 하고자 한다면 청자는 화자에게 그러한 타당성 요구를 할 권리가 있고 화자 또한 청자의 그러한 요구에 부응해야 할 의무가 있다. 청자는 화자에게 당신의 말을 못 알아들었다고, 진리를 이야기하고 있는지, 상황을 고려할 때 과연 적합한 것인지, 그리고 다른 의도가 없는지를 물을 수 있으며 화자는 청자가 자발적으로 수용할 때까지 그에 답해야 한다. 만약 그러한 요구를 거부할 경우 그것은 곧 참된 의사소통을 할 의지가 없는 것으로 해석할 수 있다. 한 사람이 다른 한 사람에게 명령을 내리는 일은 근본적으로 상대방을 대화 주체로 인정하는 것이 아니므로 참된 의사소통의 영역에 들어올 수 없다.

다음으로 전략적 언어 행위, 특히 은폐된 전략적 언어 행위는 청자의 타당성 요구에 대해 거짓된 논증을 이끌고 나갈 것이다. 예컨대, 거짓을 말하면서도 참이라고 할 것이고, 다른 속셈이 있으면서도 진실한 자세로 이야기하고 있다고 주장할 것이다. 따라서 그 행위는 타당성 요구의 윤리를 따르지 않은 것이며 참된 의사소통이 아니다. 참된 의사소통은 네 가지 타당성 요구를 주장하고 수용할 때 형성된다. 하지만 그러한 타당성 요구에서부터 서로에게 동의하는 수준에까지 이르는 과정은 그렇게 수월하지 않다. 서로 상대방 말의 진리성과 적합성과 진실성을 둘러싸고 장시간 논쟁을 벌일 수 있기 때문이다. 그렇게 보자면 완전한 의미의 참된 의사소통은 이상에 가까울 수도 있다.

그럼, 하버마스가 이상적인 의사소통의 원칙을 이야기하는 이유가 무엇일까? 그것은 완전무결한 의사소통의 조건을 구축함으로써 현실 속에서의 의사소통이 갖는 문제를 비판적으로 고찰하고 그러한 이상적 기준에 접근하기 위한 기준을 확립하기 위해서다. 하버마스는 이러한 작업을 보편화용론$^{universal\ pragmatics}$, 즉 어떠한 상황에서도 보편적으로 적용될 수 있는 완벽한 의사소통의 조건을 탐색하는 일로 명명했다.

이제, 처음의 논의로 돌아가보자. 타당성 요구를 만족하는 이상적인 의사소통을 통해 어떠한 합의가 도출되었다고 생각해보자. 그 합의를 명령이나 은폐된 전략적 행위에 의해 획득된 합의와 비교해보자. 전자의 합의가 대화에 참여한 사람들이 자발적으로 수용하는 공유된 규범이 될 수 있는 반면, 후자의 합의는 겉으로는 사람들을 통제하더라도 실제로는 사람들이 자발적으로 복종하는 규범이 될 수 없다. 이러한 차이가 어떠한 정치적 의미를 갖는가는 아주 명확하다. 어떠한 정치적 결정이 구성원들의 자발적 수용과 복종을 이끌어내는 규범적 기능을 수행하기 위해서는 명령이나 전략적 의사소통이 아니라 타당성 요구를 만족하는 합리적 의사소통이 이루어져야 한다. 이러한 논리 속에서 우리는 권위주의 정치 체제에서 내려진 결정이 궁극적으로 국민적 정당성에 의해 도전받는 이유를 이해하게 된다. 그것은 합리적 의사소통의 산물이 아니기 때문이다.

하버마스는 의사소통 과정에서 주체성이 작동하고 있는, 말하자면 타당성 요구를 둘러싼 토론이 원활하게 작동하는 생활세계의 정치화를 통해 현대 사회의 위기를 극복하고자 한다. 이 생활세계의 힘은 무엇보다 민주적 법치국가를 기초하는 힘이다. 이는 베버에 대한 비판에서 잘 드러나고 있다. 베버는 법률의 정당성을 합리성과 합법성legality에서 찾았다. 이때 말하는 합리성과 합법성이란 법률이 논리적 일관성을 기초로 투명한 형식 속에서 만들어졌음을 의미한다. 이에 대해 하버마스는 법률의 형식적 합리성과 의사소통을 통해 구현되는 실질적 합리성을 구분하고 참된 의미의 법률적 정당성은 바로 실질적 합리성을 통해 확립되는 것임을 주장하고 있다.

> 이러한 차원, 즉 법률 제정을 위한 제도적 경로와 도덕적 논증 경로의 상호 연결성이 사라져버린다면 법률의 자율성이 법률 체계의 자율성을 의미하는 것은 아니라는 점을 인식하지 못하게 될 것이다. 법률 체계의 자율성은 그 체계의 내적 논리로부터 나오는 것이 아니다. 입법과 사법의 제도적 절차가 여론과 의사를 공평하게 반영하고 도덕적 기초의 절차 합리성이 법률과 정치 영역 속에 투영될 수 있도록 할 때만 법률의 자율성이 확보되는 것이다. 「법과 도덕Law and Morality」(1986)

법은 단순히 실증적 차원에서 투명한 절차를 밟았다고 해서 정당성을 확보하는 것이 아니라 공동체 구성원들이 합리적 의사소통을 통해 이끌어낸 합의를 반영할 때만 그 정당성이 실현된다는 것이다. 나아가 하버마스는 체계로부터 생활세계로 침투해 오는 여러 형태의 위협들을 막아낼 수 있는 힘이 생활세계 내부의 의사소통에서 형성될 수 있다고 강조하고 있다. 이러한 맥락에서 하버마스는 생활세계의 합리적 의사소통에 기초하는 사회운동이 "대규모 산업에 의한 생태학적 균형의 위협", "재생 불가능한 자연 자원의 고갈", "군사적 파괴의 잠재력", "핵폐기물, 유전자 조작, 개인 정보의 집적과 중앙 집중적 사용", "문화적 대립과 빈곤화" 등에 정치적으로 저항하고 있는 상황에 주목하고 있다.

> 저항 운동들 가운데서 우리는 다시금 기존의 전통적인 사회적 소유·서열관계를 방어하려는 운동과 이미 합리화된 생활세계의 토대 위에서 새로운 형식의 협동과 공동생활을 시험하는 방어 운동을 구별할 수 있다. …… 후자의 예로는 생태와 평화의 주제들에서 점화되어, 성장에 대한 비판을 공통의 초점으로 하는 청년 운동과 대안 운동 같은 것을 들 수 있다. 이런 갈등들이 생활세계의 식민화 경향에 대한 저항으로 파악될 수 있다는 점을 나는 최소한 개략적으로라도 보여주고자 한다.
>
> 『의사소통행위이론 2: 기능주의적 이성 비판을 위하여』

하버마스의 정치적 희망은 이렇듯 생활세계 내 합리적 의사소통의 활성화에 자리하고 있다. 현실 정치의 차원에서 그것은 지난 1968년의 68혁명에서 점화되어 체계 내의 정치적, 경제적 이해관계를 추구하는 노동운동 중심의 사회운동과는 다른, 문화, 삶의 질, 환경, 연대, 평화 등 일상적 삶의 가치들을 지향하는 사회운동으로 표출되고 있다. 우리는 후자를 전자의 구사회운동에 대비되는 개념으로서 '신사회운동'으로 부른다.

Michel Foucault

Chapter 3

대화
TALKING

지금까지 푸코와 하버마스의 철학을 살펴보았다.
이제 우리는 그러한 지식을 우리의 정치적 경험에 대입해보기로 하자.
그럼으로써 푸코와 하버마스의 사상을 명확하게 이해할 수 있을 것이다.

Jürgen Habermas

🎙 대화

푸코와 하버마스, 촛불 시위를 이야기하다

2008년 봄과 여름, 대한민국 사회는 미국산 쇠고기 수입 재개를 반대하는 시민들과 사회단체들의 촛불 시위로 엄청난 정치적 혼란과 갈등을 겪었다. 2008년 5월 2일에 시작된 촛불 시위는 전국으로 확산되어 한국 민주화의 상징적 시점인 6월 10일에 그 정점에 이르렀다. 그러한 움직임들이 정치적 압력으로 작용하면서 급기야 6월 19일 대통령의 대국민 담화를 이끌어낼 수 있었다. 하지만 담화는 심리적 위안을 제공하는 상징적인 조처일 뿐이었다. 왜냐하면 쇠고기 재협상이라는 시위대의 요구가 결코 수용되지 않았기 때문이다. 오히려 시간이 지날수록 국면은 정부에 유리하게 돌아갔고, 정부의 강력한 물리적, 법률적 통제로 인해 시위는 점차 그 위력을 잃어가기 시작했다. 결과만 따져본다면 2008년 촛불 시위는 성공적이라고 말할 수 없지만 시위 전개 과정상의 독특성으로 인해 지난날의 그 어떤 다른 시위들보

다 더 큰 관심과 주목을 받았다. 정부, 친정부 사회단체, 보수 언론 등은 그 의미를 대수롭지 않게 평가했지만, 학계, 언론계, 사회·문화계 등 사회의 여러 부문에서는 촛불 시위가 갖는 정치·사회적 의미에 대해 깊은 성찰과 논의를 시도했다. 촛불 시위를 참여민주주의의 새로운 모델로 평가하는 긍정적 시각과, 시민의 정치적 참여 필요성과 중요성을 인정하면서도 그것이 갖는 정치적 한계를 지적하는 비판적 시각으로 논의 지평이 형성되었던 것처럼 보인다.

자, 만약 푸코와 하버마스가 대한민국의 촛불 시위를 보고 토론한다면 어떠한 논점들이 제시될 것인가? 대한민국 지식인들의 논의를 재현할 것인가, 아니면 전혀 새로운 독창적 관점들을 보여줄 것인가? 여기서는 이러한 흥미로운 문제의식을 가지고 푸코와 하버마스가 촛불 시위에 대해 토론하는 상황을 가상으로 설정해보기로 한다. 각각 자국의 언론을 통해 촛불 시위에 관한 보도를 접한 푸코와 하버마스가 그로부터 몇 달 뒤 한국을 방문해 서울 광화문의 한 카페에 앉아 촛불 시위에 대해 논의한다고 상상해보기로 하자.

|푸코| 하버마스 선생, 그동안 잘 지내셨지요? 이웃한 나라에 살면서도 만나기 어렵더니만 먼 나라 한국에서 이렇게 보는군요.

|하버마스| 그러게 말입니다. 그런데 저는 지난 1996년에 한국을 방문해 여기저기를 다녀서 그런지 별로 낯설지 않은데, 푸코 선생은 처음이지요?

|푸코| 그렇습니다. 한국의 첫인상에 대해서는 뭐라 말하기 어렵지만…… 듣던 대로 바삐 돌아가는 사회라는 느낌입니다.

|하버마스| 저도 같은 느낌입니다. 그러다 보니 하루도 조용할 날이 없는 것 같아요.

|푸코| 유럽과는 많이 다른 것 같네요. 사실 저는 좀 시끄럽고 북

적대는 것도 좋다고 생각해요. 너무 정적이고 변화하지 않는 프랑스가 싫어서 기회만 되면 다른 나라로 가고자 했던 때가 떠오르는군요.

|하버마스| 푸코 선생께서 스웨덴 웁살라에 가시게 된 것도 그런 이유였던가요?

|푸코| 예. 물론 다른 더 중요한 이유가 있긴 하지요. 그건 그렇고…… 저곳이 바로 그 유명한 촛불 시위가 열린 광화문이군요. 그런데 저 앞에는 무슨 공사를 하고 있네요?

|하버마스| 저 뒤로는 조선이라는 왕조가 개국하면서 건립한 경복궁이라는 궁궐이 있지요. 그 궁궐의 정문인 광화문을 목조 건물 형태로 새롭게 짓고 있는 공사라 들었습니다.

|푸코| 그렇군요. 저 너머에는 청와대라 불리는 대통령 관저가 있다지요. 그리고 저쪽에는 정부종합청사가 있고…… 어쩐지 이곳은 대단히 상징적이고 정치적인 공간인 것처럼 느껴집니다.

|하버마스| 촛불 시위가 여기서 벌어진 이유가 대충 감지되지요?

|푸코| 예. 언제부터인가 '촛불 시위' 하면 한국을 떠올리게 되는 게 참 흥미롭네요. 이 나라에서 처음으로 시작된 게 아님에도 워낙 유명한 촛불 시위들이 이곳에서 열렸으니 말입니다. 한국 사

람들은 그동안 몇 차례의 정치적 사안들을 촛불 시위 형식으로 이끌면서 반정부 시위의 새로운 가능성을 보여주었다고 볼 수 있겠지요.

|하버마스| 그렇죠. 저는 한국의 촛불 시위를 보면서 생활세계의 민주주의적 잠재력을 증명하는 좋은 사례가 아닐까 생각해봤습니다. 푸코 선생께서도 잘 아시겠지만 저는 현대 사회의 정치적 위기를 설명하기 위해 '체계/생활세계'라는 구도를 끌어들이고 있지요. 그것은 우리 사회의 발전 과정으로부터 추출된 논리적 구도입니다. 모든 사회는 미분화된 상태로부터 두 가지 방향으로 진화해나가는 것 같습니다. 그 하나가 정치와 경제적 방향의 진화라면 다른 하나는 우리가 문화라고 부르는, 삶의 영역에서 일어나는 진화입니다. 저는 전자를 체계로, 후자를 생활세계로 불렀습니다. 체계와 생활세계가 각각 고유한 논리를 따라 발전해나간다면 문제가 없지만 만약 어느 한쪽, 특히 체계의 논리가 생활세계로까지 확장되게 되면 영역 간 불균형이 초래될 것입니다. 서구 사회의 경우 19세기 후반부터 체계의 논리, 즉 권력과 돈의 논리가 생활세계의 논리를 침범하기 시작했지요. 그러한 경향이 20세기 중반부터는 한층 더 빠른 속도로 진행되었다고 볼 수 있습니다.

|푸코| 그렇지요. 1960년대 후반 유럽 사회를 뒤흔들어놓았던 이른바 68혁명은 본질적으로 체계의 지배에 대한 생활세계로부터의 저항이라고 할 수 있겠지요?

|하버마스| 정확한 지적이라고 생각합니다. 권력과 화폐의 논리를 거부하는 집단적 목소리가 힘차게 분출되었다는 사실을 환기할 필요가 있을 겁니다. 이후에도 그러한 생활세계의 저항이 신사회운동이란 이름으로 전개되기 시작하지 않았습니까?

|푸코| 그런데 한국의 촛불 시위가 과연 하버마스 선생께서 말씀하시는 생활세계 개념에 포함될 수 있을까요?

|하버마스| 예, 저는 그렇게 생각합니다. 한국 정부가 미국과 쇠고기 협상을 진행한 과정을 돌아보면 본질적으로 권력과 돈이라는 체계의 논리가 관철되고 있는 것으로 파악됩니다. 정부가 국민들과의 대화를 무시하고 일방적으로 미국산 쇠고기 수입 재개를 결정한 것은 결국 권력의 논리가 아니겠습니까? 그리고 그렇게 서둘러 협상을 마무리한 건 궁극적으로 한·미 FTA라는 경제적 이해관계와 깊은 관련이 있는 것 아니겠습니까? 아울러 미국산 쇠고기가 아무런 위험이 없다는 정보를 국민들에게 일방적으로 전달하면서 합목적성의 논리를 재현했던 것이고요. 다분히 전략적인 의사소통의 형식이었다고 할 수 있습니다.

|푸코| 그렇지요.

|하버마스| 서울을 비롯해 전국 주요 도시의 시민들이 거리로 나와 외친 게 무엇이었나요? 안전한 먹거리 아니었나요? 자신들은 물론이려니와 자녀들이 안심하고 음식을 먹고 생활하면 좋겠다는

소박한 바람이었지요. 시위에 참가한 사람들의 면면을 보면 그러한 점들을 금방 알 수 있습니다. 조직화된 운동 단체들도 있었지만 유모차를 끌고 나온 주부들, 어린 학생들, 평범한 직장인들이 절대적 다수가 아니었나 생각합니다. 그들에게 중요한 문제는 정치권력, 경제권력과 같은 게 아니라 일상적 삶의 질과 가치였던 거지요. 그게 바로 생활세계의 핵심적 측면입니다.

|푸코| 한국의 촛불 시위를 생활세계 개념으로 끌어들이는 데는 큰 문제가 없어 보이는군요. 그런데 생활세계의 정치적 본질은 합리적 의사소통과 그것을 통해 체계의 정당성에 대한 도덕적 기초를 만드는 것 아닙니까? 생활세계의 그러한 정치적 기능이 실현되기 위해서는 합리적 의사소통이 선생께서 말씀하시는 이상적 조건에 부합해야 하는 것 같습니다. 문제는 이상적 수준의 합리적 의사소통이 과연 가능하겠냐는 거지요.

|하버마스| 예, 조금 어려운 얘기 같습니다. 선생께서는 어느 책에선가 제가 말하고 있는 합리적 의사소통이 지극히 이상적이라고 비판했던 것으로 기억하는데요. 맞습니까?

|푸코| 예, 그랬지요. 아무래도 제가 볼 때 자유롭고 합리적인 사고의 주체들이 진실한 자세로 의사소통에 참여하고 그로부터 도출된 합의가 서로를 규범적으로 규제하는 상황은 현실적으로 실천되기가 어려울 것 같거든요. 저는 순수한 관계란 존재하지 않는다고 생각합니다.

|하버마스| 그런 측면이 있을 수 있습니다만 그렇다고 해서 이상적인 의사소통 모델이 아무런 소용이 없다고 할 수는 없지 않을까요? 예컨대, 베버가 말하고 있는 지배의 이념형 ideal type이 현실세계 속에서 작동하는 지배의 원리와 특성을 비춰주는 거울이듯이 제가 구축한 이상적인 의사소통 모델 또한 현실적 상황 속에 존재하는 사회적 의사소통의 원리와 특성을 밝혀주는 기능을 한다고 생각합니다. 나아가 그것은 현실적 상황을 비판적으로 성찰하기 위한 이론적 근거가 되기도 하는 것이지요.

|푸코| 그럼, 그러한 의사소통의 측면에서 한국의 촛불 시위를 어떻게 이해할 수 있을까요? 촛불 시위는 이상적 의사소통에 얼마나 근접했다고 할 수 있을까요?

|하버마스| 제 생각으로는 촛불 시위는 여러 가지 면에서 이상적 의사소통 모델에 부합하는 것으로 보입니다. 촛불 시위에 참여한 사람들은 많은 차이에도 불구하고 생활세계 내 일상적 삶의 안전이라는 공통의 사회적 목표를 가진 존재들입니다. 말하자면 그들을 수평적 관계망 속으로 통합할 수 있는 핵심적 조건이 있다는 거지요. 이는 합리적 의사소통을 위한 매우 중요한 요건입니다. 안전한 삶이라는 목표 아래 모인 사람들이 과연 진실하지 않은 사고와 행동을 한다고 말할 수 있을까요? 또한 촛불 시위가 이루어진 거리에는 동일한 목적을 지닌 사람들이라면 누구든지 들어와 자신의 의견을 자유롭게 표출할 수 있었습니다. 한마디로 말하자면 개방된 공간이었다는 거지요. 그러한 개방성은

인터넷 중계를 통해 한층 더 높은 차원으로 실현된 측면이 있습니다. 개방성 또한 합리적 의사소통의 필수적 요건입니다.

|푸코| 저도 촛불 시위 속에서 형성된 의견들이 정부의 권력 의지와 경제적 논리에 대한 도덕적 비판을 이끌어냈다는 점은 인정될 수 있다고 봅니다. 하지만 그것이 정부의 정책 결정을 실질적으로 바꾸지는 못하지 않았습니까?

|하버마스| 물론 그렇습니다. 하지만 저로서는 선생께서 말씀하신 도덕적 비판에 강조점을 두고 싶군요. 68혁명 또한 기성의 정치 질서와 경제 질서를 근본적으로 바꾸는 데는 성공했다고 할 수 없지만 그럼에도 불구하고 합목적성 또는 도구적 합리성만을 맹목적으로 밀고 나가는 체계의 독단적 힘에 도덕적 문제 제기를 했다는 점에서 정치적 의의를 찾을 수 있을 겁니다. 이런 시각은 한국의 촛불 시위에도 동일하게 적용될 수 있다고 생각합니다.

|푸코| 늘 생각하는 거지만 우리는 문제의 본질을 언제나 거시적 관점에서만 찾으려 하는 것 같군요. 선생의 이론적 틀에서 말해보자면 이렇습니다. 선생은 현대 사회의 민주적 가능성을 생활세계 속에서 찾고 그 해답이 생활세계 내에서 합리적 의사소통의 구축을 통해 체계를 통제하는 데 있다고 생각하시는 거지요. 물론 눈에 보이는 체계의 정치적, 경제적 힘들을 도덕적으로 규제하고 통제하는 일은 중요합니다. 하지만 그렇다고 해서 사회적 해방이 완성되고 자유가 확보되는 것은 아니라고 생각합니다.

|하버마스| 그럼 문제의 본질을 보는 대안적 시각은 무엇일까요?

|푸코| 저는 『감시와 처벌』과 『성의 역사 1 : 앎의 의지』에서 권력과 지배에 대한 미시적 접근의 필요성을 제기한 바 있습니다. 우리는 일반적으로 권력을 특정한 인물이나 집단이 제도적인 차원에서 소유하는 것으로 생각하는 경향이 있습니다. 그리고 그러한 권력을 이용해 상대방을 통제하고 억압하는 방식으로 지배가 행사된다고 생각하곤 하지요. 물론 그러한 사고가 틀린 건 아니지만 그렇게만 봐서는 현대 사회에서 작동하는 권력과 지배의 본질을 파악하기 어렵습니다. 권력은 특정한 사람이나 조직이 소유하는 게 아닙니다. 그것은 오히려 사회 곳곳에 편재되어 있는 촘촘한 망과 같은 것입니다. 또한 권력은 제도적 틀 속에 갇혀 있지 않습니다. 그것은 우리의 삶의 영역 속에 존재하고 그곳에서 작동합니다. 권력이 없는 삶을 상상할 수는 없지요. 아울러 지배는 단순히 사람들의 사고와 행동을 억제하는 데 그치지 않습니다. 지배는 사람들이 특정한 욕망, 도덕의식, 가치 체계, 담론 양식 등에 아주 자연스럽게 적응하도록 하면서 자신들이 지배받는다는 사실을 인지하지 못하는 방식으로 관철되는 것입니다. 그래서 사람들은 자신의 의식과 신체 그리고 자신의 주변에서 어떠한 억압의 냄새도 맡지 못합니다. 스스로 자유롭다고까지 생각할지도 모릅니다. 문제의 핵심은 그렇게 눈에 보이지 않는 방식으로 편재하고 있는 억압에 저항해야 한다는 거지요. 하지만 바로 그렇기 때문에 저항이 용이하지 않은 역설적 상황에 우리가 봉착해 있다는 겁니다.

|하버마스| 권력과 지배에 대한 선생의 논리는 저도 익히 알고 있습니다. 아마 선생께서는 그러한 시각을 "권력의 미시물리학"이라고 정의하신 것 같은데요.

|푸코| 그렇습니다. 『감시와 처벌』에서죠. 제 생각을 말씀드리자면, 하버마스 선생께서 민주주의적 잠재력을 발견하신 생활세계 속에 바로 그러한 권력과 지배의 논리가 강고하게 침투해 있다는 것입니다.

|하버마스| 한국의 경우를 예로 들어 설명하실 수 있는지요?

|푸코| 물론입니다. 한국 사람들은 광화문에서 체계의 억압을 비판하고 공격했습니다. 그건 눈에 보이는 거지요. 물론 그렇게 가시적인 체계에 대해서도 통제하기가 어렵긴 하지만……. 문제는 그들의 삶을 지배하는 억압의 논리가 그들의 일상, 즉 생활세계에 존재한다는 사실을 전혀 감지하지 못한다는 겁니다. 저는 우선 거주와 이동 공간의 예를 들어보겠습니다. 지난번에 한 신문에서 흥미로운 기사를 읽었어요. 한 프랑스인이 한국의 아파트를 방문했는데 아파트 벽에 설치된 스피커로부터 갑자기 안내방송이 나오더라는 겁니다. 관리사무소나 경비실 같은 데서 공지 사항을 전하는 것이었겠지요. 당연히, 그 프랑스 사람이 어떻게 그러한 무례와 폭력이 가능한가라고 물었는데 한국 사람은 오히려 뭐가 잘못되었는가라는 식의 반응을 했다고 합니다. 그건 명백히 효율의 논리와 전체주의적 사고를 바탕으로 하고 있

는 폭력입니다. 개인의 사적인 삶에 대해서는 일절 고려하지 않는 거지요. 그런데 한국 사람들은 그러한 폭력을 전혀 감지하지 못하는 겁니다. 그건 그들의 몸과 정신이 아주 오랫동안 그러한 환경에 길들여졌기 때문이지요. 아마 그런 방송이 나오지 않으면 오히려 불편하다거나 허전하다고 생각할지도 모릅니다. 또 다른 예를 들어보겠습니다. 저는 서울의 지하철이 궁금하기도 해서 이곳으로 올 때 지하철을 탔습니다. 파리의 낡고 오래된 지하철에 비해 너무 깨끗하고 편하더군요. 그런데 지하철 역사 안에는 참 기묘한 문구들이 있었습니다. 외국인 여성을 모델로 한 '한 줄 서기 no, 두 줄 서기 yes'라는 포스터를 봤습니다. 그리고 지하철을 타려고 승강장에 서 있는데 바닥에 두 줄 서기 하라는 발바닥 그림들이 붙어 있더군요. 그뿐 아니라 에스컬레이터를 탈 때는 서 있을 사람은 오른쪽으로, 걸어갈 사람은 왼쪽으로 가라는 안내 표지판이 있었고, 큰 짐을 들고 타지 마라, 노란선 안에 타라, 손잡이를 꼭 잡으라는 안내 방송도 쉴 새 없이 들어야 했습니다. 한국에서 그러한 환경에 저항감을 느낄 사람이 몇이나 될까요? 그건 지하철을 이용하는 대부분의 한국인들에게 너무나도 자연스러운 환경이 된 겁니다. 하지만 저는 그것 역시 개인의 신체와 생각을 일정한 방향으로 몰고 가는 보이지 않는 폭력이라고 생각합니다.

|하버마스| 역시 푸코 선생은 예리하시군요. 저는 크게 주의 깊게 보지 않았거든요.

|푸코| 그러한 예들은 또 있습니다. 한국인들은 세계적으로 유례가 없는 예절의 나라로 인정받고 있지요. 겉으로 보면 그런 것 같습니다. 부모와 자녀, 선생과 학생, 상사와 부하 직원, 선배와 후배, 어른과 아이 등의 대인관계에서 아랫사람은 윗사람에게 말과 행동으로 예의를 표합니다. 한국어가 어려운 이유 중의 하나가 존칭어법이라지요? 한국 사람들은 일상적 대화에서 존칭어법에 아주 잘 길들어 있는 것 같더군요. 저는 그걸 대단히 권위적인 상황이라고 생각합니다만 한국인들은 오히려 바람직하고 이상적인 대인관계를 실천하는 것으로 여기는 것 같습니다. 부모와 선생에게서 배운 여러 지식들이 그러한 가치관을 만들어 준 게 아닐까요?

|하버마스| 물론 그렇게 생각할 수도 있지만…… 원만하고 조화로운 대인관계를 만들어가는 데 필요한 것들이라고 할 수도 있지 않을까요?

|푸코| 그건 분명 예법과 도덕 교육으로 정당화되고 있는 억압적 상황입니다. 다시 촛불 시위로 돌아가볼까요? 선생께서도 말씀하셨지만 촛불 시위를 주도한 보통 사람들은 유모차를 끌고 온 주부들, 어린 학생들, 직장인들입니다. 이들은 분명 체계의 과도한 합목적성에 저항했습니다. 저는 그 사실을 부정하고 싶지 않습니다. 그런데 다시 생활 공간으로 들어간 그들의 몸과 정신은 특정한 욕망의 추구에 몰입합니다. 주부들은 자녀들이 이 사회에서 물질적으로 성공하길 바라면서 늘 그렇듯이 무의식적으로,

너무나 자연스럽게 아이들을 경쟁의 논리가 지배하는 학원으로 보냅니다. 더 좋은 학원, 더 효율적인 학원을 찾습니다. 또한 광우병 쇠고기 수입 금지를 외치던 어린 학생들은 좋은 대학교를 가서 성공하기 위한 욕망의 주체가 되어 자신들의 몸과 마음을 혹사시킵니다. 물론 그들은 그걸 좋다고 생각하지 않지요. 하지만 어쩔 수 없다고 체념할 겁니다. 보통의 직장인들은 어떨까요? 그들이 과연 물질적 욕망의 체계로부터 자유로울까요? 생활세계를 살아가는 사람들은 광화문에서는 해방을 외친 정치적 주체로 행동했지만, 일상에서는 한국의 사회 문화 속에서 구조화된 삶의 방식, 관계 양식, 가치관, 욕망에 종속된 주체들로 살아가는 것입니다. 그들은 그러한 종속적 주체성에 대해 아무런 문제 제기도 하지 않습니다. 아니, 할 수가 없는 거지요. 왜냐하면 너무나 자연스러운 삶의 환경이 되었으니까요.

|하버마스| 그러한 지적에 동의합니다. 그런데 따지고 보면, 그러한 문제들은 궁극적으로 체계의 논리가 생활세계 속으로 깊이 침투하게 되면서 발생한 것들이 아닐까요? 저는 그걸 생활세계의 식민화라고 말했습니다만, 그렇다면 문제의 해결은 생활세계 내부에서 일어나는, 체계의 논리를 거부하는 운동에서 시작된다고 할 수 있지 않을까요?

|푸코| 생활세계 내에서 작동하고 있는 권력과 지배의 논리는 생각 이상으로 은밀하고 정교합니다. 구조적인 차원에 자리하고 있다는 거지요. 예컨대 오랜 시간 속에서 무의식의 영역 안에 패

턴으로 자리 잡은 한국인들의 위계적인 언어 행태를 어떻게 생활세계 내의 운동을 통해 바꿀 수 있지요? 오랜 근현대사의 크고 작은 집단적 경험들 속에서 형성된 한국 사회의 물질적 욕망의 법칙을 어떠한 운동으로 해체시킬 수 있지요?

|하버마스| 선생은 너무 비관적이군요. 어떠한 희망도 없다는 말씀 같습니다. 그렇다면 우리는 우리의 삶을 옥죄고 있는 억압을 감수해야 합니까? 어떠한 대안도 해결책도 없다고 말하는 선생의 철학적 진단은 결과적으로 현재의 억압 체계를 온존시키는 효과를 낼지도 모릅니다. 제가 선생의 철학을 보수적이라고 부르는 이유도 거기에 있습니다. 저는 가시적이고 구체적인 억압의 지점을 공격하는 것에서부터 해결의 실마리를 찾을 수 있다고 생각합니다. 그렇지 않을까요?

|푸코| 저는 대안이 없다고 말하는 게 아니라, 보다 근본적인 대안이 필요하다는 겁니다. 제가 생각하는 대안은 집단화된 운동이 아니라 개별적 차원의 노력을 기초로 합니다. 특정한 구조와 욕망의 법칙에 종속된 사람들이 새로운 인간으로 거듭나기 위해 노력해야 한다고 생각합니다. 저는 그걸 '자기의 테크놀로지'라고 말한 바 있습니다만 중요한 건 외부로부터 강제된 욕망의 논리를 벗어나 진정한 자율적 주체로 거듭나는 일입니다. 유럽 사람들도 마찬가지지만 한국 사람들 또한 자신의 진정한 가치와 욕망이 무엇인지를 잊어버린 지 오래입니다. 오로지 사회 구조 속에서 인위적으로 창출된 욕망과 삶의 법칙만을 따르고 있으며

그것들이 자기 고유의 것이라고 착각하고 있습니다. 그러한 사실을 깨달아야 합니다. 생활세계에서 일어나는 의사소통은 체계의 억압을 고발하고 공격하는 정치적 여론 형성이 아니라 사람들이 외적인 욕망의 법칙에 얼마나 종속되어 있는가를 알고 느끼게 하는 과정이어야 합니다. 궁극적으로 저는 개개인들이 외부로부터 강제된 욕망과 가치의 굴레를 벗어나 스스로 성찰하면서 참된 자신을 발견해나가기를 바라는 것입니다. 그건 시민들에게만이 아니라 통치자들에게도 해당되는 겁니다.

|하버마스| 그거야말로 이상적인 주문이 아닐까요? 선생께서는 1970년대에 여러 지식인들과 함께 죄수들의 인권을 위한 사회운동을 이끌지 않았습니까? 그건 분명 집단화된 운동이라고 할 수 있는데 그렇다면 선생의 논리는 모순적인 게 아닌가요?

|푸코| 그렇게 생각하지 않습니다. 제가 당시 그 운동을 한 궁극적 이유는 감옥이라는 제도를 개선하는 데 있었던 것이 아니라 죄수들 개개인들이 자신들의 목소리로 감옥에서 관철되고 있는 구조적 억압을 폭로하도록 하려 했던 것입니다.

|하버마스| 충분히 이해합니다만, 그렇다 하더라도 우리는 개인적 삶의 변화가 사회의 제도적 변화에 의해 추동될 수 있다는 점 또한 인정해야 합니다. 우리가 경험한 68혁명은 생활세계로부터 전개된 집단적 운동이었지만 궁극적으로 유럽인 개개인들의 삶을 실질적으로 바꾸어내지 않았습니까? 저는 그런 차원에서 사

회운동의 의미와 중요성을 간과해서는 안 된다고 생각합니다. 한국의 촛불 시위 또한 그런 맥락에서 볼 수 있다고 판단합니다.

|푸코| 저는 생활세계가 체계에 대한 민주적 통제를 성공적으로 실현한다고 해도, 그래서 선생께서 말씀하시는 해방이 도래한다고 해도 문제는 여전히 남는다고 생각합니다. 선생께서는 그렇게 시작해야 한다고 말씀하시지만 저는 생각이 다릅니다. 제도적 차원의 해방과 민주주의가 실현되었다고 해도 외적인 욕망에 종속된 존재로서 살아간다면 그 속에는 자유가 없습니다. 자유란 외적인 변화를 통해 주어지는 것이 아니라 스스로 실천하는 거지요.

|하버마스| 어째 서로 평행선을 달리는 느낌입니다. 좀 쉬었다 말씀 나누시죠?

|푸코| 그러죠. 잠깐 광화문에 나가서 바람 좀 쐴까요?

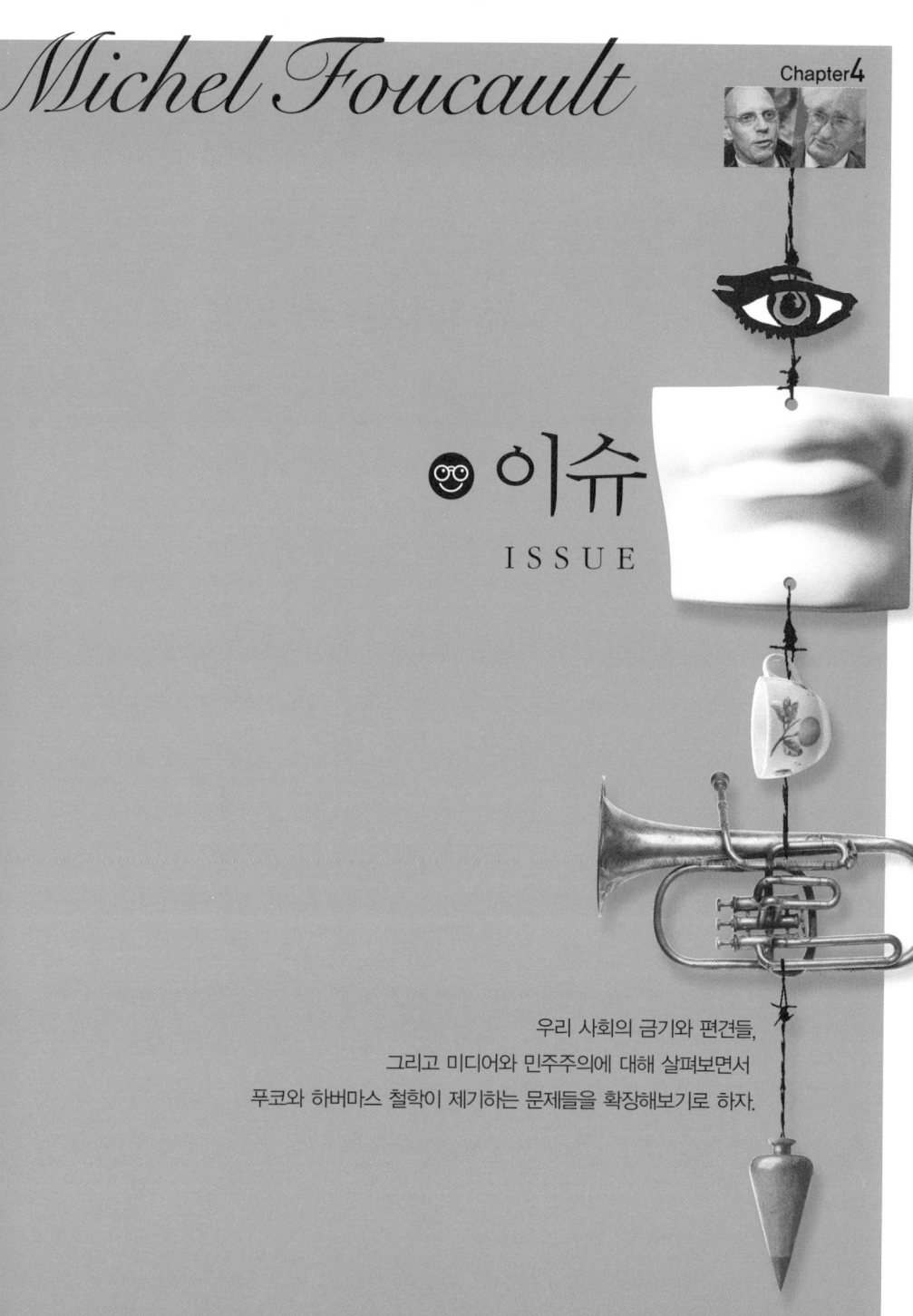

Michel Foucault

Chapter 4

이슈
ISSUE

우리 사회의 금기와 편견들,
그리고 미디어와 민주주의에 대해 살펴보면서
푸코와 하버마스 철학이 제기하는 문제들을 확장해보기로 하자.

Jürgen Habermas

◎◎ 이슈 1

우리 사회의
금기와 편견에 도전하기

　지난 2007년 7월 30일자 「한겨레신문」 사회면에는 파키스탄에서 귀화한 한국인 임란 알리 씨의 안타까운 이야기가 실렸다. 2000년 한국에 온 임란 알리 씨는 두 아이를 둔 여성을 만나 결혼한 뒤 한국인으로 귀화했다. 그런데 이질적인 외모와 성을 가진 아버지를 둔 아이들이 친구들의 놀림을 견디지 못했다. 임란 씨는 결국 아내와 협의 이혼 했다. 한 달 후 그는 가족들을 만나러 파키스탄으로 갔다. 임란 씨의 아버지는 자신의 조카딸과 아들의 결혼을 바랐다. 그는 아버지의 뜻에 따라 사촌 여동생과 혼인을 하고 한국으로 돌아왔다. 그는 혼인 신고를 하고 부인의 비자 발급을 위해 파키스탄 주재 한국 대사관으로 호적 등본을 보냈다. 그런데 비자 발급을 위한 인터뷰에서 임란 씨의 부인은 "결혼은 어떻게 했습니까?"라는 직원의 질문에 아주 자연스럽게 남편이 사촌 오빠라고 말했다. 한국 대사관은 8촌 이내 혈족 간의 혼인을 금지하는 민법 규정을 들어 비자 발급을 거부했다. 이에 맞서 임란 씨는 국가인권위원회에 진정서를 제출했다. 그는 진정서를 통해 파키스탄에서는 오랜 기간 근친혼을 유지해왔다는 점과 이미 파키스탄에서 합법적으로 이루어진 혼인이라는 점을 강조했다. 하지만 관련 당국자는 임란 씨가 법률적으로 한국인이란 사실을 지적했다. 그는 호적 등본에 혼인 사실이 기록되어 있어도 민법상 혼인 무효가 되므로 비자 발급이 어렵다고 답했다.

우리나라 민법 제809조(근친혼 등의 금지) 1항은 "8촌 이내 혈족 사이에는 혼인할 수 없다"라고 규정하고 있다. 1997년 헌법재판소의 헌법 불합치 결정으로 인해 지난 2005년 3월 31일, 민법 조항이 바뀌기 전에는 금혼 범위가 8촌이 아니라 동성동본同姓同本이었다. 지난 시절 많은 사람들이 동성동본 금혼 규정에 의해 얼마나 큰 고통을 받았는지 우리는 잘 알고 있다. 하지만 이 기사를 통해 알 수 있듯이 파키스탄은 8촌만이 아니라 사촌 간에도 혼인을 인정하고 있다. 이게 어찌 된 일일까? 둘 중에서 어느 것이 진실인가? 우리가 진실을 절대적이고 보편적인 것이라고 말한다면 둘 중 어느 것도 진실이 아니다. 하지만 사회·문화 공동체가 믿고 따르는 것이 진실이라는 문화적 상대주의에 입각한다면 둘 모두가 진실일 수 있다. 어쨌든 중요한 사실은 우리가 믿어 의심치 않았던 동성동본 또는 8촌 이내의 혈족 간 혼인금지라는 법률적, 윤리적 규정은 보편적인 진리가 아니라는 점이다.

그렇다면 우리나라 사람들은 어떠한 이유로 그러한 법률적 규정을 참된 것이라고 믿게 되었을까? 여기서 우리는 푸코가 제시한 지식과 진리의 관계를 생각해봄 직하다. 1960년부터 시행된 우리나라 민법의, 성과 본이 같은 남녀는 혼인할 수 없다는 법률과 도덕적 규정이 21세기 초엽에 들어 바뀌었다는 사실 자체만으로도 금혼 규정이 대단히 자의적이고 임의적이라는 의심을 하지 않을 수 없다.

근친혼 금지 규정을 법률적, 도덕적으로 정당화하는 지식들은 과연 어떤 것들일까? 그리고 그러한 지식들이 말하고 있는 논리가 과연 보편적인 설득력이 있을까? 우선, 우리나라 사람들은 언제부터인가 순수 혈통의 단일 민족이라는 역사학적, 민족학적 지식을 공유해왔다. 그러한 지식 공유를 가능하게 하는 대표적인 담론의 공간은 아마도 초등학교일 것이다. 우리의 역사 교육은 단군의 자손이라는 신화로부터 시작하고 있으며 곰은 우리 민족의 순혈주의를 상징하는 정치적 기호로 작용하고 있다. 그러한 교육은 중등학교로도 연장되어 가정, 학교, 교우, 직장 등 다양한 사회적 공간에서 담론의 주제로 재생산되고 있는 것이다. 이러한 순혈주의 교육은 북한에서도 예외가 아닌 것처럼 보인다. 북한에서 단군릉을 발견했다는 오래전의 에피소드가 이를 단적으로 보여주고 있지 않는가? 하지만 그러한 역사적 기원이 정말로 객관적인 사실인지에 대해서는 확증된 바 없다. 돌이켜 보면 단군과 순혈주의, 단일 민족의 지적 담론들은 정치 공동체의 통합과 안정을 위해 권력 주체가 창출한 이념적 전략의 한 측면일 수 있다. 말하자면 우리는 같은 집안, 같은 겨레이기 때문에 싸워서는 안 된다는 논리가 성립한다는 것이다.

한편, 잘 알려져 있다시피 생물학적 지식은 같은 혈족 간의 성적 결합을 금지하는 논리를 제공하고 있다. 유전학적 관점에서 볼 때 동종교배同種交配는 열성 인자의 출현 가능성을 상대적으로 증가시킨다는 것이다. 동종교배로 인한 열성 인자 발생이라는 생물학적 입론이 경험적으로 상당한 타당성을 얻고 있긴 하지만 문제는 동종의 기준이 왜 8촌 이내여야 하는가다. 여기서 8촌이라 함은 생물학적 지식에 근거한 것이라기보다는 우리나라에서 전통적으로 통용되고 있는 친족에 대한 관념에 기초한 것이 아닐까? 그렇다면 친족 간의 유대관계가 점차적으로 약화되고 있는 현대 사회에서 8촌을 금혼의 경계로 정하는 것이 과연 합당한 것일까? 심리학적 지식 또한 동종 간의 금혼을 정당화하는 논리를 제공하고 있다. 예컨대, 인간은 본성적으로 어릴 때부터 같이 자란 사람들에 대해서는 성적 욕망을 느끼지 못하거나 억제하려 한다는 '웨스터마크 효과Westermarck effect'를 들 수 있다. 하지만 그 이론은 보편적 설득력을 얻고 있지 못한 상태다. 일찍이 프로이트는 그 이론을 정립한 핀란드의 철학자이며 사회학자인 웨스터마크Edward A. Westermarck, 1862~1939에 맞서 같은 가족의 자녀들이 서로 더 큰 성적인 욕망을 드러낸다는 반론을 펼친 바 있다. 근친상간 금기의 제도화가 그러한 사실을 반증하고 있다는 것이다. 그렇다면 동종 간의 혼인 금지와 관련해 사회학은 어떠한 이야기를 하고 있을까? 통합의 가치를 중요시하는 사회학적 전통에 서게 되면 사회라는 공동체를 유지하기 위해서는 제도적 질서가 필요하고 그중에서도 가족 제도의 질서는 가장 기초적으로 요청되는 것이라는 논리를 수용하게 된다. 아마도 그것은 가족이 가장 중요한 사회·경제적, 문화적 기능을 수행했던 시대에서라면 보편적 설득력을 지닐 것이다. 그러나 가족의 사회적 기능이 점차 줄어들고 있을 뿐 아니라 가족 형태도 점차 다양화되고 있는 현대 사회에서라면 이에 대한 새로운 성찰이 필요하지 않을까?

근친혼 금지는 맹목적으로 강요되지 않는다. 그것은 역사학, 생물학, 심리학, 사회학 등 일련의 과학적 지식들을 근거로 그 타당성과 정당성을 부여받고 있다. 지식은 단순히 한 제도의 사회적 정당성을 확보해주는 힘이 아니다. 그것은 그 제도가 도덕적 가치 위에 자리 잡게 하면서 그 제도를 받아들이지 않거나 위반하는 사람들을 정죄하는 근거로 작용한다. 왜냐하면 과학적 지식의 승인을 받은 제도는 진리의 위상을 지닐 것이기 때문이다. 그리하여 근친혼 금지를 둘러싸고 가치의 이분법, 즉 자연스러움/부자연스러움, 정상/비정상, 도덕/부도덕이라는 대립 구도가 성립한다. 만약 그러한 이분법이 사회 구성원들의 사고와 행위를 통제하는 힘으로 작용한다면 그건 명백히 정치적이며 권력적이다. 지식과 권력은 그렇게 밀접한 연관 속에 자리한다는 것이 푸코의 통찰력이었다. 이러한 맥락에서 우리는 우리 사회 대부분의 사람들이 믿어 의심치 않는 윤리적 가치들이 과연 보편적으로 참인가를 묻지 않을 수 없다. 동성애는 부자연스럽다는 것, 여성은 이성적이지 못하다는 것, 미혼모는 도덕적 일탈이라는 것, 빈곤은 개인의 의지나 노력의 부족에 기인한다는 것, 피부색이 다르면 같은 민족이 될 수 없다는 것 등, 만약 이런 것들이 보편적인 참이 아니라면 정치적인 차원에서 이해해야 하지 않을까?

👀 이슈 2

매스미디어, 공론장, 민주주의

매스미디어에 대한 가장 중요하면서도 논쟁적인 정치적 테마는 매스미디어가 민주주의에 긍정적인가, 부정적인가에 관한 것이다. 두 차례의 대전으로 말미암아 유럽에서는 오랫동안 매스미디어에 대한 부정적인 시각이 팽배했다. 매스미디어, 특히 라디오는 자국 국민들에게 전쟁의 정당성을 설득하며 동원을 독려하는 도구로 그 군사적 능력을 유감없이 발휘했기 때문이다. 이러한 역사적 경험을 통해 매스미디어는 정치권력을 위해 대중을 아무런 어려움 없이 전쟁 속으로 끌어들이는 무소불위의 힘으로 간주되었다.

이러한 시각을 이끈 대표적인 연구자들로서 먼저, 러시아 출신의 독일 사회학자 차호틴^{Sergei S. Tschachotin, 1883~1973}이 있다. 그는 『군중에 가해지는 정치 선전의 폭력^{Le Viol des Foules par la Propaganda politique}』(1939)이라는 저술을 통해 매스미디어에 의한 대중 설득과 동원을 선전propaganda이라는 개념 속에서 설명했다. 그는 인간의 특정한 욕구, 예컨대 공격성, 성욕, 사랑 등을 자극하는 기술(매스미디어 기술)을 통해 인간을 원하는 대로 이끌 수 있다고 주장했다. 또한, '비판 커뮤니케이션critical communication'을 창시한 아도르노, 호르크하이머, 마르쿠제 등 프랑크푸르트학파 연구자들은 매스미디어를 비판 정신을 마비시키는 매우 부정적인 도구로 간주했다. 왜냐하면 그것은 사람들의 물질적 소비 심리를 자극하고 그들이 외양을 통한 자기과시에 열광하도록 하면서 궁극적으로 자신들이 놓여 있는 사회 체제의 억압과 불평등의 문제를 인식하지 못하게 한다고 보았기 때문이다.

그런데 그러한 부정적인 시각은 20세기 중반에만 국한된 것은 아니었다. 20세기 후반의 정치학, 경제학, 사회학 등에서도 여전히 그러한 전망이 위력을 발휘했다. 예컨대, 매스미디어는 다양한 정치적 정보를 전달함으로써 외견상 시민의 정치적 관심을 증대시키는 것 같지만 사실 그것은 정치에 대한 근본적인 비판 정신의 형성에 어떠한 기여도 하지 못하고 오히려 '가벼운 시민 정신easy citizenship'만을 유포할 따름이라고 주장하는 켈너Douglas Kellner, 1943~와 하트Roderick P. Hart, 매스미디어는 거대한 자본주의적 문화산업의 중요한 톱니바퀴로 기능하면서 자본주의 사회의 유지와 재생산에 기여하는 '상부구조'의 하나라고 평가하는 커뮤니케이션 정치경제학자 실러Herbert I. Schiller, 1919~2000와 간햄Nicholas Garnham, 1937~, 매스미디어가 보편적인 사회 환경 또는 네트워크로 구축됨에 따라 시민들이 일종의 감시 체제 속에 놓일 수도 있다는 사회학자이자 커뮤니케이션 정치경제학자인 모스코Vincent Mosco와 워스코

Janet Wasco 등을 들 수 있다.

하버마스와 그의 이론적 지평 위에 서 있는 연구자들은 그러한 부정적이고 비관적인 전망에 맞서 매스미디어의 민주주의적 잠재력을 적극 옹호하고 있다. 하버마스가 『공론장의 구조변동』에서 매스미디어(신문)를 커피하우스, 독서 클럽 등 부르주아의 정치적 공론장에서 정치적 정보의 교류를 가능하게 했던 핵심적인 도구였다고 지적했음을 환기하자. 하버마스의 이러한 문제의식의 연장선상에서 리빙스턴Sonia Livingstone과 런트Peter Lunt 같은 연구자들은 『텔레비전과 공중Talk on Television』(1994)이라는 저술을 통해 공론장의 재형성을 위한 현대 매스미디어의 가능성을 탐색하고 있다. 이들은 텔레비전 프로그램에 대한 경험적 분석을 통해 하버마스의 공론장이 현대 매스미디어를 매개로 어떻게 재형성될 수 있는가의 문제를 고찰하고 있다.

하지만 텔레비전 프로그램만으로는 매스미디어의 공론장 기능을 설득력 있게 제시했다고는 할 수 없을 듯하다. 그렇다면 어디에서 추가적인 사례들을 찾을 수 있을까? 주목할 만한 몇 가지 예를 들어보기로 하자. 우리나라의 사례에서 시작해보면, 1988년 11월 초에 시작된 국회 청문회를 KBS와 MBC 등 공중파 방송국들이 직접 중계했다. 그 청문회는 전두환 정권인 제5공화국의 정치적 비리들을 조사하기 위한 국정 감사의 연장선상에서 실시된 것으로, 당시 MBC와 KBS는 사측과 기자들의 토론을 거쳐 청문회 중계를 결정했다. 청문회 중계는 11월 7일부터 다음해 2월 말까지 단절 없이 계속되었다. 사상 초유의 청문회 중계는 온 국민을 텔레비전 앞으로 끌어들였다. 그동안 은폐되어 있던 권력의 비리가 국민들 앞에 고스란히 공개되면서 궁극적으로 권력자에 대한 국민적 심판이라는 정치적 효과를 만들어 냈다. 두 방송사는 정규 프로그램을 중단하면서까지 청문회에 대한 국민적 관심을 충족시키기 위해 노력했다. 모든 정규 프로그램을 중단하고 국가적 사안에 집중하는 텔레비전 방송의 기능, 즉 '의례의 텔레비전^{ceremonial television}' 기능을 수행했다. 텔레비전이 특정한 정치적 사안을 둘러싸고 국민적 여론을 창출해내는 공론장의 형성에, 보다 일반적으로는 참여민주주의의 활성화에 얼마나 중요한 역할을 수행할 수 있는가를 극적으로 보여준 사건이었다.

매스미디어의 공론장 기능에 대한 한층 더 드라마틱한 사례들은 동유럽에서 찾을 수 있다. 주지하다시피 1980년대 중반 이전까지 동유럽의 많은 나라들은 전체주의적 또는 권위주의적 커뮤니케이션을 특징으로 하고 있었다. 서방 세계의 정보들이 들어오지 못했던 것은 물론, 내부의 정치적인 정보들 또한 권력 당국에 의해 선별되고 여과되었다. 하지만 1980년대 중반 이후 구소련에서 시작된 자유화 물결이 동유럽의 여러 나라들로 확산되면서 동유럽의 커뮤니케이션 지형은 크게 바뀌기 시작했다. 서방 세계의 정치, 사회, 문화적 정보들이 통제할 수 없을 정도로 자유롭게 들어왔으며 정부의 공식적 커뮤니케이션을 우회해 반정부 집단들을 하나로 묶을 수 있는 대안적 커뮤니케이션 네트워크가 구축되기 시작했다. 폴란드의 민주화를 주도했던 바웬사^{Lech Wałęsa, 1943~}의 자유노조 운동은 이러한 대안 커뮤니케이션 네트워크에 크게 힘입었다. 이렇듯 1980년대 중반 이후 동유럽의 매스미디어는 정권에 대한 비판적 여론을 주조해내는 정치적 공간으로 기능하면서 궁극적으로 체제의 분열과 붕괴를 이끌어냈다.

한편, 현대 사회에서 정치적 공론장 형성과 관련해, 신문, 라디오, 텔레비전 등 전통적인 매스미디어를 넘어 인터넷을 필두로 하는 뉴미디어가 점점 더 중요한 역할을 수행하고 있음은 주지의 사실이다. 이러한 전망은 사실상 토플러^{Alvin Toffler, 1928~}나 네이스빗^{John Naisbitt, 1929~} 등 정보화 이론가들에 의해 선구적으로 제시된 바 있다. 네그로폰테^{Nicholas Negroponte, 1943~}와 같은 디지털 사회 이론가들은 인터넷과 같은 뉴미디어가 전통적 미디어보다 한층 더 위력적인 민주주의적 동력을 내재하고 있다고 주장한다. 그러한 논리를 뒷받침하는 사례들이 적지 않은 것이 사실이다. 1999년 12월 WTO 각료 회의가 열렸던 미국 시애틀의 반세계화 시위, 2001년 1월 에스트라다^{José Ejército, 재임 1998~2001} 필리핀 대통령 탄핵 요구 시위, 2001년 7월 이탈리아 제노바에서 전개된 반세계화 시위, 2003년 봄에 미국에서 열린 반전 시위, 2003년 6월 프랑스 에비앙^{Évian}에서 발발한 반세계화 시위, 그리고 2002년 11월에 우리나라에서 열린, 미군 장갑차에 희생된 두 여중생의 추모 시위 등, 이 모든 예들은 정치권력에 대한 시민적 저항에서 인터넷과 휴대폰 등 뉴미디어가 얼마나 중요한 매개체가 되고 있는지 잘 보여준다. 그러한 뉴미디어들은 광범위한 네트워크를 통해 시민들이 정치적 정보를 공유할 수 있도록 하면서 비판적 여론 형성의 기초로 기능하고 있으며 실제적인 시위의 전개 과정에서도 매우 중요한 지도력을 행사했던 것이다. 또한, 『아시아의 인터넷, 정치, 커뮤니케이션^{Rhetoric and Reality: The Internet}

Challenge for Democracy in Asia』(2003)과 같은 책에서는 아시아 국가들에서 인터넷이 공권력과 시민 집단을 정치적으로 매개하고, 시민 집단들의 정치적 연결망이 되고, 시민들의 정치 참여를 독려하는 창구가 되는 등 인터넷의 중요한 공론적 역할이 소개되고 있다. 아울러, 『클릭 민주주의 Click on Democracy』(2002)에서는 미국에서 인터넷이 정치적 공론장의 형성에 어떠한 기능을 담당하는지가 잘 묘사되고 있다. 지난 수년간 인터넷은 투표 전략, 대안 정당 건설, 사회적 부정의에 대한 고발, 소수 민족의 정체성 구축 등 다양한 정치적 이슈와 목표들이 확장되고 실현되는 데 핵심적인 기능을 수행했다. 그러한 정치적 기능들은 '신념 공동체 communities of belief', '행동 공동체 communities of action', '정체성 공동체 communities of identity', '담론 공동체 communities of discourse' 등 사이버 정치 공동체를 기반으로 실행되었다는 사실에 주목할 필요가 있다.

에필로그
Epilogue

1 지식인 지도

2 지식인 연보

3 키워드 찾기

4 깊이 읽기

5 찾아보기

Epilogue1

지식인 지도

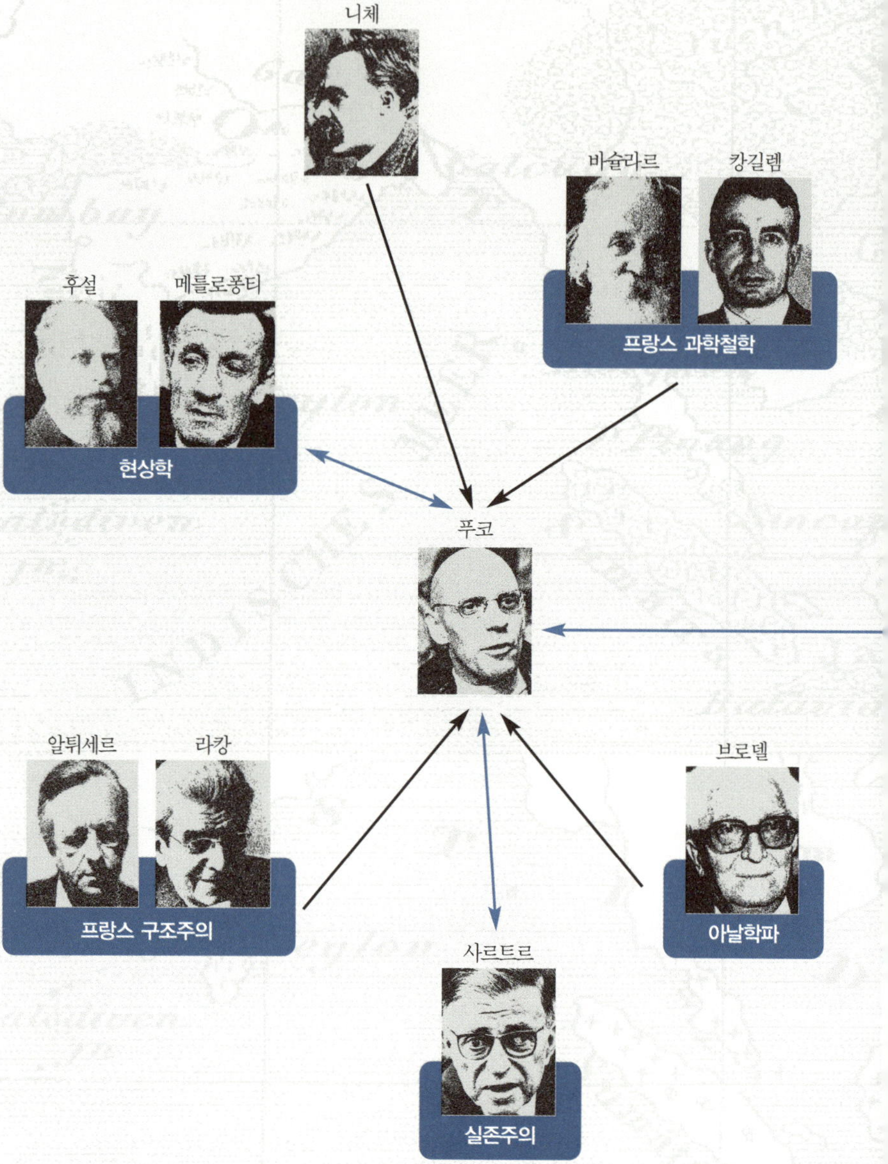

- 니체
- 바슐라르, 캉길렘 — 프랑스 과학철학
- 후설, 메를로퐁티 — 현상학
- 푸코
- 알튀세르, 라캉 — 프랑스 구조주의
- 사르트르 — 실존주의
- 브로델 — 아날학파

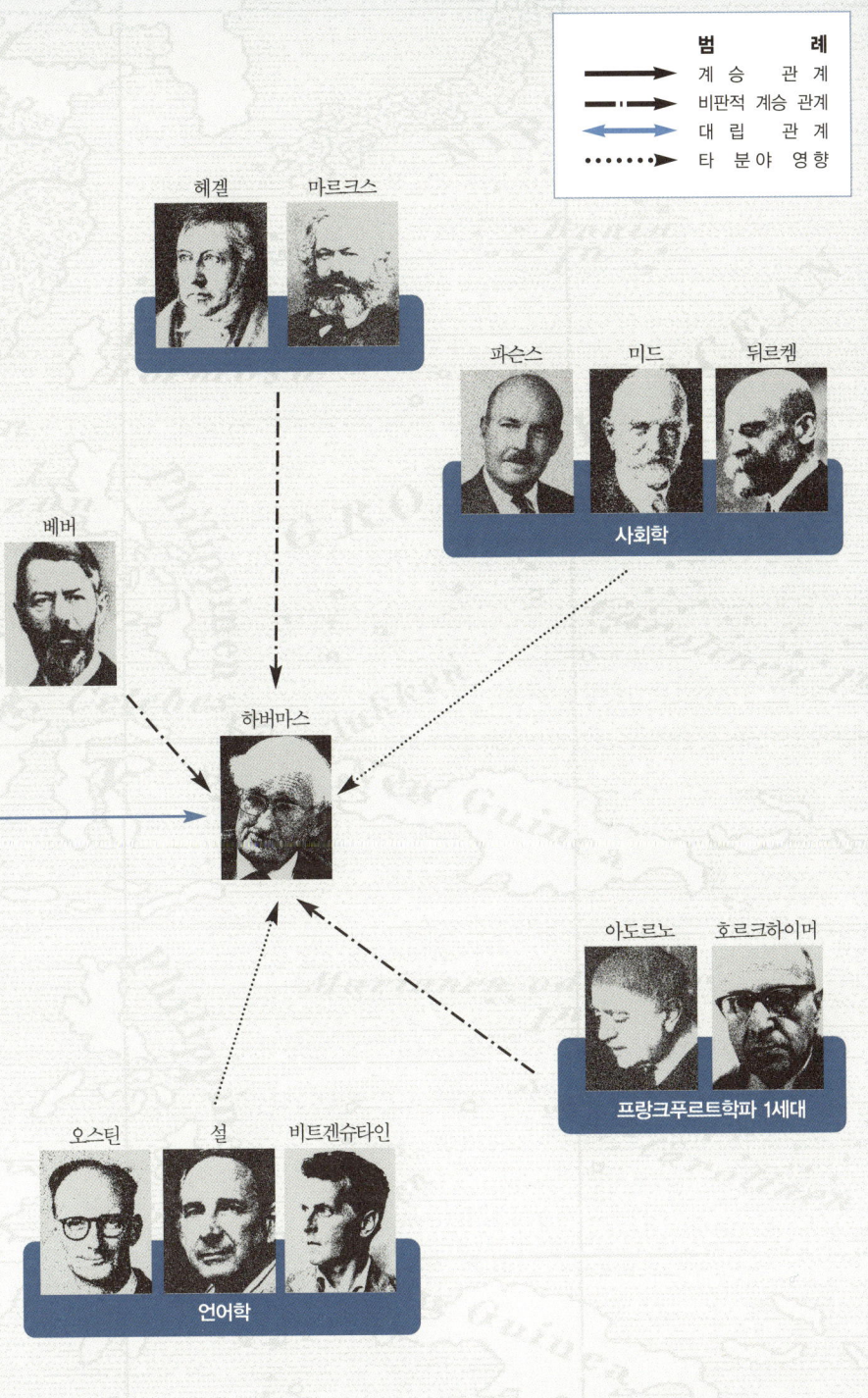

Epilogue2

지식인 연보

• **미셸 푸코**

1926	프랑스 푸아티에에서 출생
1946	파리 에콜 노르말 쉬페리외르 입학
1951	철학 교사 자격(아그레가시옹) 취득
1952	정신병리학 학위 취득 릴 대학에서 심리학 강의
1954	최초 저술『정신병과 인격』출간
1955	스웨덴 웁살라 소재 프랑스 문화원장으로 취임 박사학위 논문에 관련된 고문서 수집 작업 수행
1958~1961	파리 체류 이후 바르샤바 대학의 프랑스 연구원장, 함부르크 대학의 프랑스 문화원장 재직
1961	소르본 대학에서 국가 박사학위 논문『광기와 정신착란』통과
1961~1966	클레르몽페랑 대학 철학 교수 재직
1963	『임상의학의 탄생』출간
1965	튀니지 튀니스 대학으로 옮김
1966	『말과 사물』출간
1968	프랑스로 돌아와 뱅센의 파리 8대학 철학과 교수 취임
1969	『지식의 고고학』출간
1970	콜레주 드 프랑스 철학 교수 취임

1970	『담론의 질서』 출간
1971	들뢰즈 등과 함께 '감옥 정보 모임(GIP)' 운동 시작
1975	『감시와 처벌』 출간
1975~1981	스페인, 이란, 폴란드에서 자행된 인권 침해에 저항
1976	『성의 역사』 제1권 출간
1984	『성의 역사』 제2권, 제3권 출간 파리 라살페트리에르 병원에서 에이즈로 사망

• 위르겐 하버마스

1929	독일 뒤셀도르프에서 출생 이후 구머스바흐에서 유소년기를 보냄
1944	2차 대전 중 히틀러유겐트 단원으로 활동
1949~1954	괴팅겐 대학, 취리히 대학, 본 대학에서 철학과 역사학 등 전공
1953	《프랑크푸르터 알게마이네 차이퉁》에 「하이데거와 함께 하이데거를 비판적으로 성찰하기」 기고
1954	본 대학에서 철학 박사학위 논문 「절대자와 역사」 통과
1955	우테 베젤회프트와 결혼
1959~1961	프랑크푸르트 대학 사회조사연구소에서 교수 자격 논문 준비 지도교수 호르크하이머와 결별
1961	마르부르크 대학과 하이델베르크 대학에서 강의 마르부르크 대학에서 교수 자격 논문 『공론장의 구조변동』 통과
1963~1964	'실증주의 논쟁' 참여
1965	프랑크푸르트대학 철학·사회학 정교수 취임
1970	헤겔상 수상

1971	막스 플랑크 연구소로 이직
1976	프로이트상 수상
1980	아도르노상 수상
1981	『의사소통행위이론』(전2권) 출간
1983	프랑크푸르트 대학으로 복귀
1986	독일 역사 논쟁에 참여
1994	프랑크푸르트 대학 정년 퇴임
1997~	《독일과 국제 정치》의 공동 편집자로 활동
1999	코소보 사태 관련, 세르비아에 대한 나토의 군사적 개입의 정당성 표명
2004	교토상(예술과 철학 부문) 수상
2013	에라스무스상(유럽의 문화, 사회, 학문 발전에 기여한 인물에게 수여하는 상) 수상

Epilogue3

키워드 찾기

- **고고학**^{archéologie} 푸코는 지식에 대한 자신의 접근법을 고고학으로 명명했다. 일반적으로 고고학은 과거에 대한 광범위하고 면밀한 연구를 뜻하지만, '지식의 고고학'을 말하면서 푸코가 의미한 바는 그것이 아니다. 푸코는 지식에 대한 기존의 시각, 즉 지식을 역사적 시간 속에서 이룩된 지적인 성과로 보는 지성사적 시각과, 지성의 결과물이라는 사실에 비추어 지식을 진리와 동일시하는 계몽주의적 시각에 도전하고 있다. 그에 따르면 지식은 역사 속에서 연속적으로 누적된 것도 아니고 지성을 기초로 축조된 진리도 아니다. 지식은 특정한 시대마다 단절된 형태로 존재하는 것이며 그것의 진리성 또한 보편적이라기보다는 특정한 시대적 제약 아래에 놓여 있다. 특정 시대 속에서 지식은 다양한 학문적 성과들과 물질적 상황들의 복합적 결과물이다. 푸코는 병리해부학을 통해 지식의 그러한 형성 과정을 명확하게 제시하고 있다. 그런 맥락에서 고고학은 지식 형성에 관여하는 다양한 물질적, 정신적 지층들에 대한 탐구이다.

- **공론장**^{Öffentlichkeit; public sphere} 18세기 서유럽, 특히 영국, 프랑스, 독일의 문화적, 정치적 구조를 이해하기 위해 하버마스가 사용하고 있는 개념이다. 구조적인 관점에서 18세기 서유럽의 부르주아 사회는 경제 활동과 가족적 삶이 이루어지는 사적인 영역과 국가 권력이 자리하는 공권력의 영역으로 구분된다. 부르주아 계급은 살롱, 커피하우스, 독서 클럽, 공공 도서관 등 당대의 문화, 예술, 정치를 공개적으로 토론하는 공간을 축조했다. 최초의 공론장은 정치보다는 문학과 예술을 토론하는 경향이 짙었으나 점차 국가 정책을 비판적으로 성찰하고 권력의 정당성을 논의하는 정치적 성격을 강화해나갔다. 그런 차원에서 공론장, 특히 정치적 공론장은 근대 민주주의의 요람이었다. 하버마스는 이렇듯 사적 영역과 공권력 영역을 매개하는 공간으로서 공론장을 개념화했으며 그것은 각각의 기능에 따라 문예적 공론장과 정치적 공론장으로 구분된다. 한편,

19세기 후반 이후부터 20세기 중반까지 서구 사회에서는 사적 영역에 대한 국가의 개입이 증대되면서 공론장이 점차 붕괴되기에 이르렀는데 하버마스는 이를 '공론장의 재봉건화'로 설명했다.

• **계보학**^{généalogie} 푸코가 지식과 권력의 관계를 밝히기 위해 니체로부터 받은 방법론적 개념이다. 지식과 진리의 관계에 대한 푸코의 관심은 『말과 사물』을 계기로 지식과 권력의 문제로 전환되었다. 『감시와 처벌』은 그러한 문제의식의 집대성이었다. 그 저술로부터 『성의 역사 1 : 앎의 의지』에 이르기까지 푸코는 사람들의 신체와 정신의 통제, 즉 권력 행위에서 지식이 수행하는 역할을 세밀하게 분석하고 있는데 푸코는 이러한 방법론을 계보학으로 불렀다. 그런 면에서 계보학은 지식의 근본을 찾아가는 작업이 아니라 지식의 은폐된 권력적 차원을 폭로하는 작업이다.

• **담론**^{discours; discourse} 푸코와 하버마스 사상의 대립을 가장 명확하게 관찰할 수 있는 개념 영역이다. 푸코에게서 담론, 즉 말의 집합과 문장의 집합은 자유로운 의사 표출의 도구일 수 없으며 그런 차원에서 정치적으로 중립적일 수 없다. 담론은 권력적 작용에 의해 통제되는 언어적 질서 속에서만 수행되는 것이기 때문이다. 그 질서는 허용과 금지 즉, 말할 수 있는 것과 없는 것, 글로 표현할 수 있는 것과 없는 것이라는 이분법적 틀에 기초하고 있으며 그러한 구조 속에서 이루어지는 담론 행위는 본질적으로 정치적인 성격을 표출할 수밖에 없다. 반면에 하버마스는 담론을 자유로운 언어적 주체들이 제약 없이 수행할 수 있는 능력으로 보고 있다. 생활세계 속에서 언어적 주체들은 특정한 사안을 둘러싸고 자신들의 의견을 자유롭게 표출할 수 있으며 그들은 타당성 요구들을 중심으로 토론을 벌인다. 그러한 과정 속에서 도출된 합의는 실질적인 윤리적 규범성을 획득하게 된다. 그러한 측면에서 담론은 정치적 지배가 아니라 합의를 향해 나아가기 위해 요청되는 과정이다. 푸코가 말하는 담론과의 차이를 드러내기 위해 하버마스의 담론을 담화(談話)로 부르기도 한다.

• **에피스테메**^{épistémè} 고고학적 관점에서 지식의 단절과 불연속을 보여주기 위해 푸코가 사용하고 있는 개념이다. 푸코는 르네상스 시대부터 현대까지의 지식 체계들을 분석하면서 각 시대의 지식 체계는 서로 공통성을 찾을 수 없는 원리들로 구축되어 있다고 주장했다. 에피스테메는 각 시대의 지식 체계들을 근거 짓는 정신적 규칙을 의미한다.

• **이성**^{reason} 감성, 정열 등 유동적인 심리에 의존하지 않고 명철성과 논리성을 기초로 사물의 본질을 파악할 수 있는 정신적 능력을 뜻한다. 그러한 면에서 이

성은 전적으로 개인의 재능에 속하는 것이다. 하지만 18세기 이후 서양 사회에서 계몽주의에 의해 그러한 개인적 능력이 새로운 사회를 건설하기 위한 집단적인 정치 원리로 정착하게 되면서 이성은 마치 살아서 움직이는 객관적 실체로 이해되기에 이르렀다. 독일의 철학자 헤겔의 '역사 이성'은 바로 후자의 의미에 부합하는 개념이라고 할 수 있다. 우리가 개인의 정신적 능력으로서의 이성을 'reason'으로, 역사와 사회를 일정한 방향으로 이끄는 실체로서의 이성을 'Reason'으로 구분하는 것은 그러한 맥락과 무관하지 않다.

- **주체**^{sujet; subject} 푸코가 사용하고 있는 매우 중요한 개념으로서 특정한 정체성을 가진 인격이라는 의미를 갖는다. 푸코는 종속적 주체와 윤리적 주체를 구분하고 있다. 종속적 주체는 외부로부터 인위적으로 구축된 가치관, 사고 체계, 도덕의식들을 기초로 정체성을 형성한 존재들로서 근대인의 본질적 모습을 가리킨다. 반면에 윤리적 주체는 자기 내면에 대한 성찰을 통해 스스로의 가치관과 윤리의식을 정리한 존재들로서 자유로운 주체와 동일시된다. 푸코는 윤리적 주체 형성의 필요성을 강조하면서 고대 그리스와 로마의 철학자들을 통해 윤리적 주체가 되는 길을 제시하고 있다.

- **합리성**^{Rationalisierung; rationality} 베버는 서양 사회의 발전을 합리성이 지배적인 원리로 정착해가는 과정으로 정의했는데, 이때 말하는 합리성은 무지몽매, 미신 등에 대비되는 개념이다. 말하자면 비가시적이거나 설명 불가능한 힘이 아니라 관찰할 수 있고 추론할 수 있는 원리를 통해 사물을 이해하려는 태도를 뜻한다. 이러한 차원에서 합리성은 과학적 태도를 의미한다. 과학적 태도로서의 합리성은 모든 것을 분석과 추상적 계산의 대상으로 전환하는 능력이다. 베버와 아도르노, 호르크하이머는 합리성을 이러한 차원에서 고찰하면서 매우 부정적인 평가를 내리고 있다. 그것은 사물을 인위적으로 나누고 무미건조한 숫자의 논리로 축소시켜 버리는 폭력적 힘이라는 것이다. 이러한 맥락에서 아도르노와 호르크하이머는 도구적 합리성(instrumental rationality)을 이야기하고 있다. 하지만 하버마스는 베버와 프랑크푸르트학파 1세대 연구자들의 합리성 이해가 너무 협소하고 편향되었다고 주장하면서 도구적 합리성과 함께 의사소통 합리성(communicative rationality)을 강조하고 있다. 그것은 특정한 목적을 달성하기 위해 사물을 분석 대상화하는 합리성이 아니라 사물에 대한 공통의 이해관계를 구축하기 위해 개방된 자세로 대화에 임하는 과정을 의미한다. 이러한 합리성에 대한 이해 차이로 인해 하버마스는 프랑크푸르트학파 1세대 연구자들과 학문적 거리를 두게 된다.

- **체계/생활세계** System/Lebenswelt; system/life-world 하버마스는 사회를 행위와 기능의 관점에서 체계와 생활세계로 구분하고 있다. 체계는 행정 행위와 경제 행위가 이루어지는 영역으로서 물질 생산과 분배의 기능을, 생활세계는 문화, 교육, 종교 등의 행위가 이루어지는 공간으로서 개인의 사회화, 문화 전승, 사회 통합의 기능을 수행한다. 원초적 차원에서 체계는 생활세계로부터 분리되어 나왔지만 사회 진화 과정에서 이 두 영역은 고유한 합리성의 논리에 따라 발전해나간다. 체계가 전략적 행위에 기초해 도구적 합리성을 구현한다면 생활세계는 자유로운 토론 행위를 기초로 의사소통적 합리성을 만들어간다. 문제는 체계의 행위 논리가 생활세계로 침투해 생활세계가 고유의 합리성의 논리를 상실해나가는 것인데(생활세계의 식민화) 이러한 문제의식 속에서 하버마스는 생활세계의 합리성을 재활성화하는 방식으로 위기를 해결할 것을 주장하고 있다.

Epilogue4

깊이 읽기

- 디디에 에리봉 지음, 박정자 옮김, 『미셸 푸코 : 광기와 성의 철학자, 그 고통과 투쟁의 삶』(상, 하) ― 시각과 언어, 1995

어린 시절부터 죽음에 이르는 순간까지 푸코의 삶과 학문 세계를 풍부하고 세심하게 그려낸 책이다. 이 책을 통해 우리는 철학자 푸코의 여러 모습을 균형 있게 관찰할 수 있다.

- 이영남 지음, 『푸코에게 역사의 문법을 배우다』 ― 푸른역사, 2007

역사학을 전공한 연구자가 쓴 푸코 해설서로서, 어려운 푸코의 사상을 소설적 글쓰기에 가까운 필치로 전달해주고 있다. 더불어 푸코의 철학적 시각을 한국의 현대사 이해에 응용하고 있는 점도 흥미롭다.

- 이광래 지음, 『미셸 푸코』 ― 민음사, 1989

푸코의 이름이 우리나라에 소개되는 초기 시점에 그의 철학을 선구적으로 알리는 데 중요한 기여를 한 연구자가 시도한 푸코에 관한 체계적인 저술서. 읽기가 그렇게 쉽진 않다.

- 김재현 외 지음, 『하버마스의 사상 : 주요 주제와 쟁점들』 ― 나남출판, 1996

국내 하버마스 연구자들이 하버마스의 사상을 알리기 위해 쓴 책으로서 그의 사상적 진화의 궤적으로부터 언어, 법 이론, 사회운동 등 주요한 영역들을 아우르고 있다. 약간 어렵긴 하지만 하버마스를 이해하는 데 도움이 되는 책이다.

- 하버마스 지음, 한상진 편, 『현대성의 새로운 지평』 ― 나남출판, 1996

1996년 하버마스의 한국 방문기와 함께 민주주의를 비롯해 독일 통일, 한반도 통일 등 실천적 쟁점들에 대한 하버마스의 성찰들을 엿볼 수 있는 책이다.

• 에리 브랜드 지음, 김원식 옮김, 『이성의 힘』 — 동과서, 2000

공론장 이론과 함께 하버마스 사상의 꽃이라고 할 수 있는 의사소통 행위 이론을 쉽게 이해할 수 있도록 소개하고 있는 입문서이다. 더불어 생활세계와 의사소통 행위 개념을 확립하는 데 결정적인 영향력을 미친 사상가들, 뒤르켐, 미드, 파슨스 등에 대한 하버마스의 해석이 소개되고 있다.

• 윤평중 지음, 『푸코와 하버마스를 넘어서』 — 교보문고, 1990

푸코와 하버마스 사상의 공통점과 차이점에 대한 이해를 위한 비교론적 연구서. 어려운 내용들을 알기 쉽게 잘 설명해주고 있다.

Epilogue5

찾아보기

ㄱ

『가르강튀아 팡카그뤼엘』 p. 46
『가르강튀아』 p. 47
가치 합리적 행위 p. 167, 168, 170
간햄, 니콜라스 Garnham, Nicholas p. 264
갈레노스 Galenos p. 60, 67
갈릴레이, 갈릴레오 Galilei, Galileo p. 57~59
『감시와 처벌』 p. 101, 102, 140, 142, 143, 150, 245, 250
감옥 정보 모임 p. 100
객관적 이성 p. 169~172
겔렌, 아르놀트 Gehlen, Arnold p. 157
경험론 p. 62
『계몽의 변증법』 p. 157, 172~176
「계몽이란 무엇인가」 p. 74
계몽주의 p. 62, 69, 70, 74, 76, 80~84, 86, 167, 170, 172, 189
공감 p. 128, 129
공공 도서관 p. 188, 201
「공공영역과 정치적 공론장」 p. 152, 155
공론장 p. 158, 159, 183, 184, 186, 189, 190-203, 206~208, 224, 225
『공론장의 구조변동』 p. 159, 187, 191, 199, 200, 202
『공산당선언』 p. 198
과학혁명 p. 29, 53, 54, 61
관념성 충족의 법칙 p. 141
『관용론』 p. 70
광기 p. 91, 93, 94, 106, 107, 109~112, 115, 118

『광기』 p. 119
『광기와 정신착란』 p. 93, 96, 104, 106, 107, 110, 111, 113
『광기의 역사』 ☞ 『광기와 정신착란』
「군중에 가해지는 정치 선전의 폭력」 p. 263
권력의 미시물리학 p. 149
권리장전 p. 79
권리청원 p. 77, 78
그란콘테사 La Grancontessa p. 40
「그리스도교 강요」 p. 52
근친혼 p. 258~262
글로리콜 p. 69
글루아르 p. 69
금지 p. 140
금치산자 p. 116
김춘수 p. 178, 179
「꽃」 p. 178, 179

ㄴ

나폴레옹 p. 81
네그로폰테, 니콜라스 Nigroponte, Nicholas p. 267
네이스빗, 존 Naisbitt, John p. 267
뉘른베르크 군사재판 p. 154
『뉴욕 모닝 저널』 p. 204
『뉴욕 월드』 p. 204
「니체, 계보학, 역사」 p. 140
니체, 프리드리히 빌헬름 Nietzsche, Friedrich Wilhelm p. 139, 140

ㄷ

다르장송 d'Argenson p. 68
디미앵 Damien p. 101, 102
다빈치, 레오나르도 da Vinci, Leonardo p. 41, 44
단테, 알리기에리 Dante, Alighieri p. 35
달랑베르, 장 르 롱 d'Alembert, Jean Le Rond p. 75
담론 p. 95, 97, 98, 101, 102, 111, 112, 134, 137, 138, 145~149, 202, 221
담론 공동체 p. 268
『담론의 질서』 p. 97, 98, 101, 140
대간의서 p. 78
대감금 p. 109, 111
대공포 p. 111
대립적 모방 p. 128
데카르트, 르네 Descartes, René p. 59, 60, 75, 89
『데카메론』 p. 35
『도구적 이성 비판』,☞『이성의 상실』
도나텔로 Donatello p. 43
독서 클럽 p. 188, 192, 201, 202
『독일과 국제 정치』 p. 164
『돈키호테』 p. 129
돌바크, 폴 앙리 d'Holbach, Paul Henri p. 75
『동물의 심장과 혈액의 운동에 관하여』 p. 60
두치케, 루디 Dutschke, Rudi p. 162
뒤러, 알브레히트 Dürer, Albrecht p. 46
뒤르켐, 에밀 Durkheim, Émile p. 163, 226, 227
뒤메질, 조르주 Dumézi, Georges p. 100
듀이, 존 Dewey, John p. 155
들뢰즈, 질 Deleuze, Gilles p. 100
디드로, 드니 Diderot, Denis p. 75
디즈레일리 내각 p. 197, 198
디즈레일리, 벤자민 Disraeli, Benjamin p. 197

ㄹ

라블레, 프랑수아 Rabelais, François p. 46, 47
라이프니츠, 고트프리트 Leibniz, Gottfried Wilhelm p. 59
라캉, 자크 Lacan, Jaques p. 100
런던 노동자협회 p. 265
런트, 피터 Lunt, Peter p. 115
로렌초 데메디치 Lorenzo de'Medici p. 41, 42
로크, 존 Locke, John p. 66~68, 72, 74, 79, 86, 159
로타커, 에리히 Rothacker, Erich p. 156
로피탈 제네랄 p. 109
루소, 장 자크 Rousseau, Jean Jacques p. 69, 71, 72~74, 75, 83, 159, 189
루터, 마틴 Luther, Martin p. 49, 50
「르 마탱」 p. 205
「르 주르날」 p. 205
르네상스 p. 31, 53, 61, 107~110, 118, 128, 129, 131, 165~167
리바이어던 p. 66, 73, 79
『리바이어던』 p. 64
『리베라시옹』 p. 92
리빙스턴, 소냐 Lovingstone, Sonia p. 265
린네, 칼 폰 Linné, Carl von p. 121

ㅁ

마르쿠스 아우렐리우스 Marcus Aurelius p. 216, 218, 220
마르쿠제, 헤르베르트 Marcuse, Hervert p. 157, 264
마르크스, 카를 Marx, Karl p. 155, 161, 163, 198, 207
마셜 플랜 p. 203
마틸데 디카노사 Matilde di Canossa p. 40
『막스 베버로부터』 p. 166
막스 플랑크 연구소 p. 162

『말과 사물』 p. 96, 97, 120, 126, 131, 132, 134, 138
『모니퇴르』 p. 192
모스코, 빈센트 Mosco, Vincent p. 264
모어, 토마스 More, Thomas p. 48, 49
목적 합리적 행위 p. 167, 168, 170, 180
몬드리안, 피터르 Mondriaan, Pieter Cornelis p. 155
몽탕, 이브 Montand, Yves p. 103
몽테뉴, 미셸 에켐 드 Montaigne, Michel Eyquem de p. 46, 47
몽테스키외 Montesquieu p. 68, 82
문서고 p. 135, 137
문화산업 p. 177
미드, 조지 허버트 Mead, George Herbert p. 163, 226
미라보 Miraveau p. 83, 112
미메시스 mīmēsis p. 182
『미셸 푸코: 광기와 성의 철학자, 그 고통과 투쟁의 삶』 p. 91
「미켈란젤로, 문화 형이상학을 위한 장」 p. 44
미켈란젤로, 부오나로티 Michelangelo, Buonarroti p. 41, 42, 44

ㅂ

「바보들의 배」 p. 107, 108
바슐라르, 가스통 Bachelard, Gaston p. 99
발생론 p. 130
배제의 원칙 p. 140
『백과전서』 p. 75, 76
백과전서파 p. 75, 82
『법의 정신』 p. 68
베로키오, 안드레아 델 Verrocchio, Andrea del p. 41
베버, 막스 Weber, Max p. 163, 165-170, 178, 180, 181, 196, 201, 224, 227, 235

베이컨, 프랜시스 Bacon, Francis p. 175
베커, 오스카어 Becker, Oscar p. 156
벤담, 제러미 Bentham, Jeremy p. 143, 144
벨라스케스, 디에고 Velázquez, Diego p. 126, 138
병리해부학 p. 120, 125, 126
보르헤스, 호르헤 L. Borges, Jorge L. p. 127
보카치오, 조반니 Boccacio, Giovanni p. 35
보티첼리, 산드로 Botticelli, Sandro p. 41, 43
보편수학 p. 130
보편적인 진실의 법칙 p. 142
복지국가 p. 205, 224
볼테르 Voltaire p. 69~72, 75, 83, 100, 189
부르디외, 피에르 Bourdieu, Pierre p. 103, 195
부르주아 공론장 p. 159, 183, 186, 189, 193-196, 198, 202, 208, 224, 225
분류법 p. 121, 127, 130
분류의학 p. 120-122, 124, 130
분할과 배척 p. 140
브로델, 페르낭 Braudel, Fernand p. 99
브루넬레스키, 필리포 Brunelleschi, Filippo p. 42
브루노, 조르다노 Bruno, Giordano p. 55, 56
블랑쇼, 모리스 Blanchot, Maurice p. 100
『비너스의 탄생』 p. 43
『비정상인들』 p. 101
비판 커뮤니케이션 p. 264
비합리성 p. 87

ㅅ

사르트르, 장 폴 Sartre, Jean-Paul p. 100, 155
『사실성과 타당성』 p. 164
『사자들의 대화』 p. 69
사케티, 프랑코 Sacchetti, Franco p. 31

『사회계약론』 p. 72, 73
『사회과학의 논리』 p. 160
사회법 p. 200
살롱 p. 188, 189, 201
상갈로, 줄리아노 다 Sangallo, Giuliano da p. 41
상호 주관성 p. 152, 182, 183
생피에르, 아베 드 Saint-Pierre, Abbé p. 68, 69
생활세계 p. 206, 226~231, 244, 246
샤르티에, 로저 Chartier, Roger p. 76
『성의 역사 1: 앎의 의지』 p. 103, 140, 146, 147
『성의 역사 2: 쾌락의 활용』 p. 103
『성의 역사 3: 자기에의 배려』 p. 103, 224
세네카 Seneca p. 216, 222
「세인트루이스 포스트디스패치」 p. 204
셀스키, 헬무트 Schelsky, Helmut p. 207
소로, 헨리 Thoreau, Henry D. p. 16
소바주, 프랑수아 부아시에 드 Sauvages, François Boissier de p. 112
소크라테스 Socrates p. 212-215
『소크라테스의 변명』 p. 212
『수상록』 p. 47
슈미트, 카를 Schmitt, Carl p. 157
『슈타츠안차이겐』 p. 192
스미스, 아담 Smith, Adam p. 185
스키너, 버러스 Skinner, Burrhus, F. p. 16
스툴투스 p. 216
스툴티티아 p. 216
「시녀들」 p. 116, 138
시드넘, 토머스 Sydenham, Thomas p. 121
『신곡』 p. 35
신념 공동체 p. 268
신사회운동 p. 237
실러, 헤르베르트 Schiller, Herbert p. 264
실성 p. 94, 106, 111, 133

ㅇ

아날학파 p. 98-100
아도르노, 테오도어 Adorno, Theodor p. 157, 160, 165, 172, 173, 175~178, 181, 182, 196, 224, 226, 264
아리스토텔레스 Aristoteles p. 37
『아시아의 인터넷, 정치, 커뮤니케이션』 p. 267
아펠, 카를 오토 Apel, Karl-Otto p. 156
『알마게스트』 p. 55
알베르티, 레온 Alberti, Leon p. 43
『알키비아데스 I』 p. 214
알키비아데스 Alkibiades p. 214, 215
알튀세르, 루이 Althusser, Louis p. 100
앙가주망 p. 71. 100
야경국가 p. 199
양생술 p. 218, 219
언표 p. 134-137
에라스뮈스, 데시데리위스 Erasmus, Desiderius p. 48~50, 52
에리봉 디디에르 Eribon, Didier p. 91
에이크, 얀 반 Eyck, Jan Van p. 46
에피스테메 p. 96, 128, 132, 138
에픽테토스 Epiktetos p. 215, 224
여론 public opinion p. 186, 192, 195~197, 203, 235
『영혼불멸론』 p. 38
예속화의 원칙 p. 149
「옐로 키드」 p. 204
『오디세이아』 p. 172
오성 p. 62, 74, 75
오스틴, 존 Austin, John p. 231
완벽한 확실성의 법칙 p. 141
왕권신수설 p. 79
「왕의 춤」 p. 193
우르체우스, 안토니우스 Urceus, Antonius p. 32
『우신예찬』 p. 126
워스코, 재닛 Wasco, Janet p. 265
『월든 투』 p. 16, 18

웨스터마크 효과 p. 261
윙거, 볼프강 Jünger, Wolfgang p. 188
윙거, 에른스트 Jünger, Ernst p. 157
유비 p. 128
의견 opinion p. 195, 225
의미론 p. 73, 231
의사소통 p. 231~236
의사소통적 합리성 p. 163, 164
『의사소통행위이론』 p. 163, 180, 183, 236
이디오진크라지 p. 176
이론과 실천 p. 159
이성 p. 28~30, 45, 53, 55, 62, 64, 74~77, 79, 82, 86, 88, 94, 95, 105, 106, 109~111, 113~115, 117~120, 136, 151, 163, 165, 173, 175, 177, 178, 181-183, 193, 196, 197, 207~209, 224
『이성의 상실』 p. 196
이폴리트, 장 Hyppolite, Jean p. 97
『인간 불평등 기원론』 p. 72
『인간의 존엄에 대하여』 p. 36
『인간이라는 자연의 미래』 p. 164
인권 선언 p. 80, 82, 84, 113
『인식과 관심』 p. 160
인식론 p. 61, 62, 124, 181
임상의학 p. 120, 123, 126, 130
『임상의학의 탄생』 p. 95, 120, 126, 130

ㅈ

자기배려 p. 211, 214~216, 219, 220, 223, 224
『자기 자신과 많은 삶들의 무지에 대하여』 p. 34
자기의 테크놀로지 p. 211
자동―주체화 p. 220
『자본론』 p. 198
자연권 p. 64, 66, 69, 70, 73, 74, 79
자연법 p. 64~66, 70, 74

『자연철학의 수학적 원리』 p. 59
적합 p. 128
전통적인 행위 p. 167
『절대자와 역사 셸링의 이중적 사유』 p. 156
절대주의 p. 67~69, 80, 122, 184, 185, 224
『정신병과 심리학』,『정신병과 인격』 참고
『정신병과 인격』 p. 92
정체성 공동체 p. 268
조쿠르, 루이스 드 Jaucourt, Louis de p. 75
조토, 디본도네 Giotto, di Bondone p. 32, 39
졸라, 에밀 Sola, Émile p. 100, 205
종교개혁 p. 165, 167
주관적 이성 p. 169, 170, 181
『주체의 해석학』 p. 211, 214, 219, 220, 223
중농주의 p. 185
중상주의 p. 184, 185
지멜, 게오르크 Simmel, Georg p. 44
『지식의 고고학』 p. 98, 99, 120, 134
『지식인 저널』 p. 192
진위의 대립 p. 140

ㅊ

차호틴, 세르게이 S. Tschachotin, Sergei S. p. 263
『참을 수 없는 것』 p. 101
『천체의 회전에 관하여』 p. 56
체계 p. 226~228, 230, 231, 235~237, 244, 246
최상의 특성화 법칙 p. 142
최소 분량의 원칙 p. 141
츠빙글리, 울리히 Zwingli, Ulrich p. 50, 51
측면적 효과의 법칙 p. 141

ㅋ

『카페하우스의 문화사』 p. 188, 189
『칸초니에레』 p. 34
칸트, 이마누엘 Kant, Immanuel p.62, 74, 75, 175
칼라스 사건 p. 71
칼뱅, 장 Calvin, Jean p.50-52
캉길렘, 조르주 Canguihem, Georges p. 99
커피하우스 p. 188~192, 201, 202
케네, 프랑수아 Quesnay, François p. 185
케플러, 요하네스 Kepler, Johannes p. 57, 59
켈너, 더글라스 Kellner, Douglas p. 264
코르비오, 제라르 Corbiau Gérard p. 193
코무네 p. 40
코페르니쿠스, 니콜라우스 Copernicus, Nicolaus p. 55~58
콜릿, 존 Colet, John p. 48
크롬웰, 올리버 Cromwell, Oliver p. 78
『클릭 민주주의』 p. 268

ㅌ

타동—주체화 p. 220
『텔레마크의 모험』 p. 69
『텔레비전과 공중』 p. 265
『토론과 포고에 관한 저널』 p. 192
토플러, 앨빈 Toffler, Alvin p. 267
『통치론』 p. 66
퇴니에스, 페르디난트 Tönnies, Ferdinand p. 85
튜크, 사무엘 Tuke, Samuel p. 113~116, 119

ㅍ

파놉티콘 p. 143~145
파르헤지아 p. 221
『파리 저널』 p. 192
파스칼, 블레즈 Pascal, Blaise p. 29, 110
파슨스, 탤컷 Parsons, Talcott p. 163, 226
『팡세』 p. 29, 110
팡테옹 p. 29, 110
페늘롱, 프랑수아 Fénelon, François p. 82, 83
페트라르카, 프란체스코 Petrarca, Francesco p. 34, 35
폼포나치, 피에트로 Pomponazzi, Pietro p. 36, 37
푸코, 미셸 Foucault, Michel p. 24, 89~150, 208~224
프라이어, 한스 Freyer, Hans p. 297
프랑코, 프란시스코 Franco, Francisco p. 103
프랑크푸르트학파 p. 264
프로이트, 지그문트 Freud, Sigmund p. 155, 161
프론토 마르쿠스 코넬리우스 Fronto, Marcus Cornelius p. 216~220
프톨레마이오스, 클라우디오스 Ptolemaeos, Claudios p. 55, 56
플라톤 아카데미 p. 37, 48
플라톤 Platon p. 37, 170, 174, 212, 214, 215
플레톤, 게오르기오스 Plethon, Georgios p. 37
피넬, 필리프 Pinel, Phileppe p. 113~117
피치노, 마르실리오 Ficino, Marsilio p. 37, 48
피코 델라미란돌라 Pico della Mirandola p. 36, 47, 48

ㅎ

하버마스, 위르겐 Habermas, Jürgen p. 24, 151~207, 224~237
하비, 윌리엄 Harvey, William p. 60, 61

하이데거, 마르틴 Heidegger, Martin p.156, 157
하트, 로드릭 P. Hart, Roderick P. p. 264
합리론 p. 62
합리성 p. 87, 88, 163~165, 167, 169, 180~183, 193, 196, 201, 206, 208, 226~228, 235
합법성 p.44, 60, 95, 124, 125, 134, 135, 143
해부학 p. 53
행동 공동체 p. 268
헤겔, 게오르그 Hegel, Georg p. 159

『형이상학 입문』 p. 156
호르크하이머, 막스 Horkheimer, Max p. 157~160, 165, 169~173. 175~178, 181, 196, 224, 226, 264
홀바인, 한스 Holbein, Hans p. 46
홉스, 토머스 Hobbes, Thomas p. 64~67, 72, 74, 79, 159
화용론 p. 231, 232, 234
휴머니스트 p. 33
휴머니즘 p. 29, 33, 36, 37, 38, 45, 46

⊙ 이 책의 저자와 김영사는 모든 사진과 자료의 출처 및 저작권을 확인하고 정상적인 절차를 밟아 사용했습니다. 일부 누락된 부분은 이후에 확인 과정을 거쳐 반영하겠습니다.

Michel Foucault
&
Jurgen Habermas

인류의 지성사를 이끌어온
100인의 지식인 마을 주인들